天才
如何养成

THE HIDDEN
HABITS OF
GENIUS

耶鲁大学广受欢迎的成长课

〔美〕克雷格·赖特 著　黄邦福 郭舫 译
Craig Wright

北京联合出版公司
Beijing United Publishing Co.,Ltd.

图书在版编目（CIP）数据

天才如何养成：耶鲁大学广受欢迎的成长课 /（美）
克雷格·赖特著；黄邦福，郭舫译 . —北京：北京联
合出版公司，2021.11
　　ISBN 978-7-5596-5551-6

Ⅰ . ①天… Ⅱ . ①克… ②黄… ③郭… Ⅲ . ①学习方
法 Ⅳ . ① G791

中国版本图书馆 CIP 数据核字（2021）第 192487 号

北京市版权局著作权合同登记图字：01-2021-6401

天才如何养成：耶鲁大学广受欢迎的成长课

作　　者：（美）克雷格·赖特
译　　者：黄邦福　郭　舫
出 品 人：赵红仕
责任编辑：管　文
封面设计：沐希设计

北京联合出版公司出版
（北京市西城区德外大街 83 号楼 9 层　100088）
北京世纪恒宇印刷有限公司印刷　新华书店经销
字数 245 千字　700 毫米 ×980 毫米　1/16　印张 19
2021 年 11 月第 1 版　2021 年 11 月第 1 次印刷
ISBN 978-7-5596-5551-6
定价：52.00 元

谨以此书献给：

埃文、安德鲁、斯蒂芬妮、克里斯托弗、

弗雷德、苏、雪莉

击中隐藏的靶子

今天，天才无处不在，从苹果售后维修"天才吧"到婴幼儿益智产品"小小爱因斯坦"。电视真人秀明星金·卡戴珊被称为"商业天才"，她的丈夫坎耶·韦斯特据说是"天才浑蛋"。艾伦·图灵、马丁·路德·金、亚伯拉罕·林肯、史蒂芬·霍金和史蒂夫·乔布斯的故事被拍成电影，他们都被誉为天才。成功塑造这些电影人物角色的丹尼尔·戴·刘易斯、埃迪·雷德梅恩等奥斯卡奖得主，他们也是天才？游泳运动员迈克尔·菲尔普斯被誉为"运动天才"。网球巨星罗杰·费德勒和拉菲尔·纳达尔打出了"天才之击"。马友友被称作"大提琴天才"。内布拉斯加大学奥马哈分校工商管理学院每年都开设"天才沃伦·巴菲特"课程。2019 年 5 月 23 日，唐纳德·特朗普在白宫面对摄像机镜头宣称自己是一个"极其稳定的天才"。

作家乔治·艾略特在 1872 年说过，人们"渴望天才"，[1] 对此，我们该如何理解？这个被过度使用的词汇，隐藏着人类理解未知事物的一种严肃的、永恒的、深刻的渴望。为此，我们把以前许多思想家的复杂作用简单地归因于杰出个体："天才"。通常，天才具有救世主的特质，承载着人类对美好世界的希望。同时，天才也为我们自身的缺点提供了安慰、解释，甚至是借口。"哦，也难怪，她是个天才！"但我们会好奇：天才"魔法"是怎样练成的？表象之下隐藏着什么？抛开围绕这些特殊个体的种种神话，天才们的生活和习惯到底是什么样的？我们能从他们身上学到什么？

1951年，马萨诸塞州综合医院的医生将脑电图仪连接到阿尔伯特·爱因斯坦的大脑上，观察指针的摆动，试图找出他的天赋位于大脑什么部位。[2] 1955年爱因斯坦去世后，雄心勃勃的病理学家、耶鲁大学出身的托马斯·哈维博士提取了他的大脑，将其切成240片，供自己和他人研究。[3] 迄今为止，神经学家已经研究了爱因斯坦大脑的每个角落、缝隙和沟壑，但仍然无法解释其想象思维的工作机制。萨尔茨堡的法医病理学家将莫扎特的头骨与其葬于该市圣塞巴斯蒂安墓地的亲属的DNA进行比对。[4] 然而，到目前为止，莫扎特的基因组依然难以捉摸。同样，米兰的科学家们也在研究达·芬奇的DNA，但同样没有发现"天才基因"。[5] 对此，我们并不感到意外。为什么？因为天才涉及太多未知的个体特质的复杂表达，根本无法将其简化为大脑或基因的某个部位。个体的特质是如何共同作用创造天才的？这依然是个谜。这些特质是什么、如何培养这些特质？这正是本书要讨论的问题。

首先，什么是天才？答案因人而异、因时而异。古希腊人有好几个词语来形容天才，包括"daemon"（守护者，恶魔或精灵）和"mania"（诗人被神灵附体后的创作"迷狂"）。我们的英语单词"genius"来自拉丁语名词"genius"，意思是"守护精灵"。在古希腊和古罗马，每个人都有一个守护精灵，但奇怪的是，这个守护精灵并不属于他们。拉丁语单词"genius"变成法语"génie"，继而由法语变成英语单词"genie"。想想华特迪士尼公司推出的《阿拉丁》系列电影中那个逃出神灯的精灵（Genie），想想你生日蛋糕上的蜡烛和你许下的愿望。从古罗马时代起，生日蜡烛和许愿就是每年献给精灵的还愿祭，好让你的守护精灵来年好好对待你。

中世纪的天才名单很短——我们可能只会想到但丁、乔叟和圣女贞德。是黑暗时代的天才亮光熄灭了吗？不是的，天才只是被教会收编和"重塑"了。在古典时代，人们向自己的守护精灵许愿；在中世纪，人们向名为主保圣人的精神力量祈祷，不仅是为获得救赎，也为治愈疾病或找到丢失的梳子。那个时代的伟大作品——比如高耸的哥特式大教堂——大都是名字和面貌不为人知的普通人受到外部神灵（基督教上帝）启示而创造的。

文艺复兴时期，世界上具有变革思想的天才们重新拥有了面貌和名字：列奥纳多·达·芬奇、米开朗琪罗、拉斐尔、莎士比亚等。一些意大利诗人和画家被冠以"神圣"之名，比如"神圣的列奥纳多"。现在，他们也像圣徒一样享有半神的神力，他们的双手可以表现上帝的想法。然而，到了18世纪启蒙运动时期，天才和上帝分道扬镳。上帝隐退，个体的人成为天才的唯一拥有者。现在，天才完全成为固有之物——它伴随出生而来，并存留于个体之中。

19世纪浪漫主义的感性，使天才的面貌再次发生变化，变得扭曲，有时甚至怪诞。你可以想象某个孤独、衣冠不整、古怪、不合群、为艺术而煎熬的人。恰好在此时期，出现了19世纪的天才音乐家贝多芬。他在维也纳的大街上蹒跚而行，大声地自顾自唱，看上去确实有点疯狂。大致同一时期，又出现了疯狂的弗兰肯斯坦博士（玛丽·雪莱小说中的著名人物）和畸形的天才卡西莫多（维克多·雨果小说《巴黎圣母院》中的人物）。后来，一个精神错乱的幽灵游荡在巴黎歌剧院的舞台——又一个毁容的天才。

今天，我们在卡通片中看到灯泡被点亮，会把它视为某人想到"聪明点子"的视觉象征。事实上，这种天才的行为——现代白炽灯的发明——正是美国第一个研究实验室、位于新泽西门罗公园的托马斯·爱迪生"发明工厂"的产物。[6] 现在，诺贝尔物理学、化学和医学奖通常颁给各学科的两三个人，这表明现代科学团队已经取代了曾经孤独的爱因斯坦。

数个世纪以来，"天才"一词的含义几经变化，这一事实告诉我们：天才是在相对时间和空间的概念下被我们主观臆定的东西，"天才"是我们随意命名的人。纯粹主义者会反对这种无常的民粹主义说法。难道没有绝对的真与美？难道莫扎特的交响乐和爱因斯坦的方程式不是普适而永恒的？显然，答案是否定的——这取决于你问谁。莫扎特（1756—1791）的音乐虽然在西方音乐厅仍然备受推崇，但尼日利亚人民不会对它产生特别的共鸣，他们有自己喜爱的音乐和音乐英雄，比如非洲打击乐先驱费拉·库蒂（1938—1997）。爱因斯坦对万有引力的解释，也只是古希腊以来具有重大影响的四种解释之一。艺术和科学领域的天才光芒，随着时间的推移在不同文化和各个时代中发生折射。直到最近，西方天才史还被"伟人"（意思是白人男性）统治着，女性和有色人种大多被边缘化。但这种情况正在改变，我们每个人都有权决定什么是非凡的人类成就。

几乎所有词典对天才的定义都包含"聪明"和"天赋"两个词。我们将在第 1 章探讨"聪明"的含义。至于"天赋"，有人把它视为天才的必要成分，这种误解应该立即纠正。正如我们将读到的，天赋和天才是两个截然不同的概念。德国哲学家叔本华在 1819 年精妙地指出："有天赋的人击中别人击不中的靶子；天才击中别人看不见的靶子。"[7] 有天赋的人能够巧妙理解眼前显而易见的世界，而天才却能看到我们根本无法看见的东西。1998 年，《商业周刊》援引史蒂夫·乔布斯的话说："很多时候，人们都不知道自己想要什么，直到你展示给他们看。"[8]

早在 1919 年，尼古拉·特斯拉就预见到收音机、机器人、太阳能和"手表大小"的智能手机。[9] 如今，地球上三分之二的人都在通过特斯拉预言的智能手机进行交流。1995 年，杰夫·贝佐斯在纽约一家量化对冲基金工作时观察到互联网流量比上年增长了2300倍；他还意识到，挨家挨店开车购物是低效的购物方式。贝佐斯设想出了亚马逊，并从图书销售开始实践。20年后，他的公司成长为全球最大的电子商务市场，销售几乎所有可以想到的产品。事实证明，生活中唯一不变的，是改变，而天才可以提前看见改变的到来。

根据我们现代的定义，要成为天才，不仅需要击中隐藏的靶子，还需要第一个击中它。独创性是很重要的，但在西方并非向来如此。例如，古希腊人认为模仿《荷马史诗》的能力是天才的标志。同样，自古以来，中国人也根据推陈出新的程度来评判价值。有趣的是，在中国现代文化中，集体成就仍然胜过个人成就。大约在1780年，西方人开始有了不同的看法。首先是哲学家伊曼努尔·康德，他认为天才"与模仿精神完全对立"；[10]接着是英国、法国和美国的专利立法者，独创性成为检验非凡成就的试金石，是保护个人知识产权的标准。西方的"自我造就者"和"坚毅的个人主义者"信念，可以追溯到这个时期，它很好地映射到西方传统的天才观念上。但天才的独创性是社会的还是个人的？也许，我们需要对各个历史时期各种文化中的天才加以定义。

为了搭建本书的框架，我想给出自己对天才的定义：天才是具有超凡智力且其独创性作品或洞见给社会带来某种有益或有害的、跨越文化和时间的重大改变的人。因此，最伟大的天才会对最多数量的人产生最持久、最重大的影响。在我的定义中，我强调"对社会的改变"，是因为天才意味着创造力，而创造力意味着改变。显然，这个游戏需要两个玩家：一个是有独创性的思想家；另一个是乐于接受的社会。[11]如果爱因斯坦住在荒岛并选择不与他人交流，他就不会是天才；如果爱因斯坦选择与他人交流，但人们没有倾听，或者选择不改变，那他也不会是天才。除非爱因斯坦带来社会变化，否则他就不是爱因斯坦。

基于创造力的重要性，我们会发现，当今被普遍称为"天才"的人，很多仅仅是名人。要确定真正的天才，我们首先就可以排除大多数表演者。虽然他们可能很有天赋，但表演他人作品的人（比如剧本或音乐作品），并不是天才。天才的关键在于创造力和创造性，这就是坎耶·韦斯特、Lady Gaga和贝多芬被视为天才而马友友不是天才的原因。大多数伟大的运动员也不是天才，尽管菲尔普斯和费德勒打破了不可思议的世界纪录，但他们的得分并没有任何创造性。是其他人发明了这项运动。但沃伦·巴菲特那样的亿万富翁金融奇才呢？显然，聚敛金钱和影响变化是不同的。金钱是天才的燃料，但并不是天才本身，天才在于如何利用金钱提供的机会。

排除这些"误报"后，我们就可以重点关注符合上述定义的真正的天才的行为。不过，"真正的天才"的构成要素并不明确，也永远不会有一致的看法。在本书中，我将杰夫·贝佐斯、马云（中国企业家、贝佐斯的同行）、企业家理查德·布兰森和废奴主义者哈里特·塔布曼纳入天才行列，我的网可能撒得过宽，可能你不同意我的天才观，不同意我对天才的遴选。如果你不同意，那就太好了！正如我们将读到的，逆向思维是天才的隐秘习惯之一。

本书是我毕生观察和研究的结晶。在我的职业生涯中，周围都是某方面有特别天赋的人——数学、象棋、古典音乐、创造性写作，等等。但我发现自己在任何方面都没有特别的天赋，只是资质平平。如果你是有某种天赋的神童，那你很容易在某方面做到极致，但可能不会意识到为什么做，你不会问问题。事实上，我遇到的天才似乎太专注于天才行为，所以没有思考自己取得创造性成就的原因。也许，只有像我这样不是天才的人才能解释天才。

"不会创作，就去表演；不会表演，就去教书"——这是伊斯曼音乐学院这类学校的口头禅；在那里，我开始接受作为古典钢琴家的教育。我既不能作曲，也不能以演奏家的身份谋生，于是我进入哈佛大学研究生院，获得了博士学位，成为一名古典音乐史教师和研究者——也就是所谓的音乐学家。最终，我在耶鲁大学谋得一份工作，教授古典音乐"三 B"：巴赫、贝多芬和勃拉姆斯。但是，我在这里遇到的最迷人的人物却是老"M"：莫扎特。他风趣、充满激情、调皮、天赋异禀，作曲独一无二，看起来是个相当优秀的人。我几次去佛罗伦萨出差，有一次是去研究"土著"达·芬奇。我很快就发现，达·芬奇和莫扎特拥有许多相同的天才特征：天赋异禀、充满勇气、拥有生动的想象力、兴趣爱好广泛，以及"孤注一掷"的生活和艺术态度。

还有多少天才也具有这些特征？莎士比亚、伊丽莎白一世、凡·高、毕加索。最终，以这群伟人为基础，我在耶鲁大学开设了本科课程"探索天才本质"。选课学生人数逐年增加。如你所料，耶鲁大学的学生们排队上这门课，有些学生并不是来听听天才的定义或追踪这一术语的历史，而是想知道自己是不是天才、有怎样的未来。大多数学生想知道自己如何也能成为天才。他们听说我研究了从奥尔科特到佐拉等众多天才，并确定了一组天才的共同性格特征。和你一样，他们也想知道这些天才的隐秘习惯。

这些隐秘习惯是什么呢？我们先来看看本书各章讨论的重点：

· 职业精神（第 1 章）

· 复原力（第 2 章）

· 独创性（第 3 章）

· 孩童般的想象力（第 4 章）

· 永不满足的好奇心（第 5 章）

· 激情（第 6 章）

· 创造性精神失调（第 7 章）

- 叛逆（第8章）

- 跨界思维（第9章）

- 逆向思维（第10章）

- 做好准备（第11章）

- 痴迷（第12章）

- 放松（第13章）

- 专注（第14章）

此外，在这些章节中，我还给出了关于天才的实用见解，包括：

- 智商、导师和常春藤盟校教育的作用被大大高估。

- 不管你的孩子多有"天赋"，如果把他当成神童，对他没有丝毫益处。

- 获得绝妙顿悟的最佳方法，是进行有利于创造的放松活动——散步、淋浴，或者睡个好觉并在床边放好纸笔。

- 养成日常工作习惯，可以提高工作效率。

- 搬到大都市或大学城，可以增加成为天才的机会。

- 找到你热爱的事业，可以延长寿命。

- 最后，请充满信心，因为创新永远不会晚：有年轻的莫扎特，就有年迈的威尔第；有神童毕加索，就有"摩西奶奶"。

读完本书，你可能不会因此而成为天才，但它会迫使你思考如何度过此生、如何养育孩子、如何选择孩子就读的学校、如何分配时间和金钱、如何在民主选举中投票，最重要的是思考如何发挥创造力。揭秘天才的习惯，已经改变了我，也改变了我对世界的看法。仔细读完本书，你也会发生改变。

目
录

让一个人成为天才的关键，是先天因素还是后天因素？

基因是先天性的，决定了我们出生时的智力；而后天的因素——我们如何被养育、我们的生活环境、我们的习惯，这些也会影响我们的成就。

后天因素告诉我们：只要愿意为之努力，每个人都可以掌控自己成为什么样的人。

第2章　天才与性别：被操纵的比赛

当我们在脑海里搜索那些改变世界的天才时，会发现绝大多数天才都是男性。

女性为什么不容易成为天才呢？这不是因为女性不具备成为天才的能力，而是源于世界对女性的偏见。

历史上有太多被遮蔽、被质疑、被冷落的优秀女性，她们告诉我们，女性同样可以很出色，成为天才。

第3章　远离神童泡沫

人们对神童很着迷，但神童就是天才吗？

"天才儿童"和天才是有本质区别的：天才具有创造力，他们通过改变社会行为和价值观的创新思维改变世界；神童只是模仿而已。

第4章　保持童心，重拾创造性想象力　

为什么人类的想象力会随着年龄的增长而黯然失色？因为大多数人在现实生活中失去了童心。

成为永远长不大的孩子，对世界充满强烈的想象力和好奇心，这是成为天才的关键。

第5章　拥有自学的能力　

学习的路径，不是通过学校，而是通过自己。最重要的能力，是自学的能力。

想要成为天才，对于知识，要保持孩童般的好奇心，让自己成为终身学习者。

第**6**章　找到激情，撬动天赋

如果我们的激情驱使我们最终改变社会，那这种改变就是天才的标志。

所有天才创造者——作曲家、画家、作家、程序员、建筑师、律师和厨师——都曾经在工作中感受到极致的快乐。

找到令自己快乐的事情，就是激情所在，就是天赋所在。

第**7**章　杠杆差异：利用自己的不完美

大多数天才并不是完美的，他们有着各种各样的缺陷。有的精神错乱，有的自闭，有的失聪，有的脸盲……他们是大众眼中的异类。

然而，这些缺陷也许正是他们能够成为天才的原因。

正如梅纳德·所罗门说："失聪并没有削弱甚至可能提升了贝多芬的作曲能力。"

第8章　反叛者、异类和麻烦制造者

什么叫反叛？反叛意味着突破。不反叛现状，就没有天才。

我们应该尊敬反叛的天才，因为他能够让我们以不同的方式看待世界。

第9章　跨界思维：做有好奇天性的狐狸

天才是跨界者，是博学者，是懂数学的音乐家，是懂音乐的物理学家。

天才像狐狸一样到处"游荡"，他们有着蓬勃的好奇心，也懂得连接不同领域，发现别人看不到的东西。

他们天生的好奇心强于自律，把他们推到最初的兴趣领域之外。

我们得到的经验是：保持敏捷，广泛涉猎，终身学习。

第10章　逆向思考

当一个人越能利用生活中的矛盾，天才的潜能就会越大。伟大的艺术家、诗人、剧作家、音乐家、喜剧家和道德家，都十分擅长在作品中嵌入对立的力量，让作品更加动人。

每个人都可以采用这种策略。无论是给孩子讲故事，还是创立新公司，都可以利用逆向思考，达到出其不意的效果。

第11章　越努力练习，越幸运

运气偏爱有准备的头脑。

天才产生的环境，天才成长过程中所受到的训练，天才从阅读、学习、榜样中所受的滋养，天才在各个发展阶段从自我认可和外界认可中得到的激励——这些才是真正的原因：清楚这些细节后，我们就会明白为什么天才在机遇到来时做好了准备。

第12章　迅速行动，破旧立新   187

即使有道德感的天才，也会有意或无意地破坏事物。

破坏，毁灭，然后才能创新。

破坏是变革不可避免的过程，破坏不能使人成为天才，但所有创新天才都有破坏习惯。

第13章　在放松中寻找灵感   203

从许多天才的工作习惯来看，要想创造，就应该放空大脑，放松自己。

要获得创造性的灵感，最重要的不是"努力思考"，而是听音乐、慢跑、散步、泡澡……或者是睡个好觉。

第 **14** 章　**保持极致的专注**　

有时候，我们需要放松自己。而有时候，我们需要专注，需要在心流状态下，废寝忘食地分析和研究。

所有成就卓越的天才，都拥有人类最强大、最持久的专注力。

第**1**章

天赋或勤奋：智商或复商

让一个人成为天才的关键，是先天因素还是后天因素？

基因是先天性的，决定了我们出生时的智力；而后天的因素——我们如何被养育、我们的生活环境、我们的习惯，这些也会影响我们的成就。

后天因素告诉我们：只要愿意为之努力，每个人都可以掌控自己成为什么样的人。

先天还是后天?

"没有答案！没有答案！没有答案！"——在我的"天才课"的第一节课上，100 名热切的本科生在我的鼓动下高呼口号。学生们通常都希望下课时口袋里能揣好答案，以备今后考试之用，但我觉得必须立即告诉学生：没有答案。驱动天才的，是先天因素还是后天因素，这个简单问题确实没有答案。

在我的课堂上，这个问题常常引发争论。"数量型"（数学和科学专业）学生认为，天才源于天生的才华；父母和老师告诉他们，他们天生就有定量推理的特殊天赋。"运动型"学生（校队运动员）认为，非凡的成就来自勤奋，一分耕耘，一分收获；教练告诉他们，他们的成就是长期训练的结果。而在初出茅庐的"政治学家"中，保守派认为天才是上帝赐予的礼物，自由派则认为天才是后天环境造就的。先天还是后天？每一方都有学生支持。同样，历史上的天才也会有不同选择。

柏拉图说，成就非凡之事的能力是占卜者和神的恩赐。[1] 但莎士比亚似乎笃信自由意志和自主性，他写道："亲爱的布鲁图，错并不在命运，而在我们自己。"（《尤利乌斯·恺撒》）另外，英国博物学家查尔斯·达尔文在其自传中宣称："我们的品质大都是天生的。"[2] 当代法国哲学家西蒙娜·波伏娃则宣称："天才不是天生的；天才是后天塑造的。"[3] 天赋，还是勤奋？人们为此争论不休。

天才都有一个习惯：不认识自己的隐秘天赋，而把它留给别人识别。著名的文艺复兴艺术家、传记作家乔治·瓦萨里（1511—1574）对达·芬奇与生俱来的天赋赞叹不已，他写道："有时，一个人被超自然地慷慨赋予了如此的美、优雅和能力，无论他身处哪个领域，他的每个动作都是如此神圣，以至于把所有人都抛在身后，并清楚地证明自己是上帝赋予的天才（他就是上帝）。"[4]达·芬奇的一种天赋，是敏锐的视觉观察力，他能够"定格"运动中的物体———一只飞鸟伸展的翅膀，一匹腾空疾驰的骏马的腿，潺潺溪流的漩涡。达·芬奇于1490年在一个笔记本上写道："蜻蜓靠四个翅膀飞行，前面的翅膀抬升时，后面的翅膀就落下。"[5]当时有谁知道？

达·芬奇的"宿敌"米开朗琪罗有着摄像般的记忆力和完美的手眼协调能力，能够画出比例精确的线条。[6]特斯拉能够快速学习，因为他也有遗觉记忆能力，可以随口引用歌德《浮士德》中的任何一句话。瓦西里·康定斯基、文森特·凡·高、弗拉基米尔·纳博科夫和艾灵顿公爵都有着天生的通感能力；听到音乐、看到单词或数字时，他们能看到颜色。Lady Gaga也是如此，她在2009年接受《卫报》采访时说："写歌的时候，我能听到旋律、听到歌词，还能看到颜色，我能看见五颜六色的声音。"[7]

1806年，贝多芬大发脾气，对身份高贵的里希诺夫斯基王子吼道："你成为王子，是靠出身；我是靠我自己。过去和将来有成千上万的王子，但贝多芬只有一个！"[8]对此，我们可以恭敬地回答："说得没错，贝多芬。不过，你也是靠出身。你的父亲和祖父都是音乐家，很可能你从他们身上遗传了一些基因，包括绝对音感和音乐记忆的天赋。"

绝对音感具有家族遗传性，拥有这种天赋的人万里挑一。迈克尔·杰克逊、弗兰克·辛纳屈、玛丽亚·凯莉、艾拉·费兹杰拉、平·克劳斯贝、史蒂夫·旺德、迪米特里·肖斯塔科维奇和莫扎特都拥有绝对音感。

莫扎特生来就具有非凡的留声机般的记忆力（声音记忆）和运动记忆力，这意味着他可以将手指迅速移动到小提琴、风琴和钢琴的正确位置或琴键，将大脑中的音乐声音与产生这些声音的位置协调起来。他所有的音乐才华在 6 岁时就已显现出来，这只能是天赋。

23 枚奥运金牌得主、游泳健将迈克尔·菲尔普斯身形酷似鲨鱼，有时还与鲨鱼比赛。[9] 作为游泳运动员，菲尔普斯天生就具有人体工程学优势：最佳的游泳身高（195 厘米），不寻常的大脚（脚蹼），超长的双臂（划桨）。正如达·芬奇的著名素描《维特鲁威人》里所展示的，正常人的双臂展开的长度等于身高；菲尔普斯的"翼展"（200 厘米）却比身高长了 5 厘米。不过，如前文所述，菲尔普斯并不是天才。虽然他很有天赋，但他没有为奥运会游泳规则或某个赛事带来改变或影响。

被《纽约时报》称为"史上最伟大的美国体操运动员"的西蒙妮·拜尔斯的情况则有所不同。[10] 她非凡的运动才华为体操带来了革命性的变化。2019 年 8 月 9 日，拜尔斯成为第一个完成平衡木双空翻下法和自由体操三次双空翻的体操运动员，以其名字命名的体操动作数量达到 4 项。每一个新动作都需要评委们确定新的"难度系数"。与游泳运动员菲尔普斯相比，带来革命性变化的体操运动员拜尔斯身材矮小（146 厘米）、紧凑、肌肉发达。因此，她可以在旋转和空翻时团紧身体，从而保持速度。2016 年，拜尔斯谈到自己的紧凑身材时说："我生就这种身材，肯定是有原因的，所以，我要充分利用。"[11] 然而，她在 2019 年一个"大师班"在线教育视频中同时强调："我必须专注于基本的事情，比如训练、各种基础动作、思考，这样我才达到了今天的水平。"[12] 如此说来，到底是先天，还是后天？

"先天或后天"这一说法，因为查尔斯·达尔文的表弟法兰西斯·高尔顿的著作《遗传天才》（1869）而得到普及。高尔顿研究了近千名"杰出"的个人，其中绝大多数是英国男性，包括他的一些亲戚。你不必是天才也能猜出高尔顿的观点：天才有着直接的家族血统，具有遗传性；你的潜能是天生遗传的。

高尔顿在《遗传天才》的首页写道："通过精心挑选，我们可以繁殖出具有独特奔跑能力或其他任何能力的马种或狗种。"同样，也可以"通过连续几代的婚姻改良，培育出具有高度天赋的人种"。[13] 请不要忘记：高尔顿的选择性繁殖观点是优生学的基础，导致了死亡集中营的诞生。高尔顿完全错了：通过选择性繁殖，是不可能培育出超级马种或"天才人种"的。[14] 为了说明这个问题，请和我一起回到 1973 年的肯塔基赛马会，认识一匹名叫"秘书处"（Secretariat）的赛马。

1973 年 5 月 5 日，一个阳光明媚的春日下午，我站在丘吉尔唐斯赛马场跑道四分之三千米处的围栏外面。我手里捏着两张两美元的"独赢"马票，一张下注的是一匹名叫"沃巴克斯"的赛马，另一张是为朋友下注的最有希望获胜的赛马"秘书处"。赛马开始进入赛道热身，"沃巴克斯"率先出场，赔率为 7∶1。这匹马看起来很小，不过，赛马体形的大小也许和速度并没有关系。几匹赛马出场之后，"秘书处"以 3∶2 的赔率登场，它体形高大，有着发达的胸肌和闪亮的栗色皮毛。它还神气十足、大摇大摆。如果上帝是一匹马，那他肯定就是这副模样。

比赛开始，"秘书处"以 1 分 59.4 秒的成绩赢得了 2000 米赛道比赛；它至今仍然保持着肯塔基赛马会和其他三冠王赛事的纪录。我下注的那匹赛马成绩垫底。我排队等了 40 分钟才把朋友的两美元赌注兑换为三美元现金。真是缺乏远见天赋，我应该给朋友三美元，自己留着马票，今天拿到 eBay 上出售。但在当时，谁能预见到 eBay 会出现，预见到如今被称为"天才赛马"的"秘书处"会成为 20 世纪甚至永远的最伟大的赛马？

天赋也许会遗传，但天才不会

天才（或那匹赛马的非凡成就）是无法世代相传的，而更像是"完美风暴"。经过尸检，"秘书处"的心脏重达 9.5 千克，是其父亲"大独裁者"心脏重量的两倍。"秘书处"拥有优良但绝非特别的血统，也没有留下任何杰出的后代。它繁殖的四百个后代中，只有一匹马赢得过三冠王比赛。同样，大多数天才的父母也没有明显的特别之处。[15] 没错，有六对父子和一对母女（玛丽·居里和伊琳·约利奥特·居里）获得过诺贝尔奖。[16] 也许更有说服力的例子，是约翰·塞巴斯蒂安·巴赫和他的三个儿子：卡尔·菲利普·伊曼纽尔、威廉·弗里德曼和约翰·克里斯蒂安·巴赫。但这些家庭只是规则的例外。想想毕加索的四个孩子（没有一个是杰出的画家），或者看看玛格丽特·马蒂斯的网上作品，或者听听弗朗茨·萨弗·莫扎特的钢琴协奏曲（拥有超级的音乐耳朵，但缺乏想象力），然后想想天才的后代为什么往往不是天才。想想这些天才——达·芬奇、米开朗琪罗、莎士比亚、牛顿、富兰克林、特斯拉、塔布曼、爱因斯坦、凡·高、居里夫人、刘易斯·卡罗尔、斯蒂芬·金、沃霍尔、乔布斯、莫里森和马斯克——他们似乎不知是从哪里冒出来的。爱因斯坦认为，祖先不是预测天才的好方法，他说："我研究了我的祖先……毫无结果。"[17] 这说明：天才是一种爆发性的随机事件，由许多个体性状（包括智力、韧性、好奇心、远见卓识）组合而成，不只是某些痴迷行为。[18] 心理学家称之为"突现"（emergenesis），[19] 我们外行人更喜欢"完美风暴"这个说法。它可能发生，但概率不大。

高尔顿不知道孟德尔的研究，这位天才为我们科学地解释了叫作"基因"的遗传单位。高尔顿也不可能知道哈夫洛克·埃利斯的著作《英国天才研究》（1904），该书力图从统计学上证明天才通常是家中的长子，却选择性地忘记了伊丽莎白一世（排行老三）、简·奥斯汀（排行第七）、弗吉尼亚·伍尔夫（排行第六）等女性天才。[20] 如今，高尔顿、孟德尔和埃利斯的思想构成了所谓"生物决定论"或"生命蓝图"理论的基础：你的基因提供了一个模板，上面刻好了你将成为的一切。正如你会怀疑的，宿命论的天才"蓝图理论"并不是答案。

也许，我们可以从现代表观遗传学（epigenetics）中找到答案。表基因（"外基因"）是附着在基因组每个基因上的小标签。从出生到死亡，我们的生长都受制于这些"开关"的工作，因为它们控制着我们的基因是否表达、何时表达。简单地说，基因是先天性的，而外基因是后天性的。我们如何被养育、我们的生活环境，以及我们如何控制自己和环境，这些都会影响外基因的激活。此外，外基因还会触发由环境刺激的遗传发育。正如神经学家吉尔伯特·戈特利布所说，在我们的发育过程中，基因和环境不仅相互合作，而且基因需要环境输入才能保持正常功能。[21] 外基因给予我们可能性：只要愿意为之努力，每个人都可以掌控自己成为什么样的人。

你听说过懒惰的天才吗？应该没有吧。天才们习惯勤奋工作，因为他们对工作非常痴迷。此外，在他们的公开声明中，父母遗传因素（天赋）的重要性远低于他们自己的劳动，正如下面几位西方天才所言："如果你知道我投入了多少工作，你就不会称我为天才"（米开朗琪罗）；"如果我不继续勤奋工作或更勤奋工作，我就会灰心丧气"（凡·高）；"天才是勤奋的结果"（高尔基）；"我不相信周末，我不相信度假"（比尔·盖茨）；"没有勤奋，就没有天赋或天才"（德米特里·门捷列夫）；"有天赋的人和成功的人，二者的区别在于大量的勤奋工作"（斯蒂芬·金）；"我年轻时非常勤奋，所以现在不必那么勤奋"（莫扎特）；"人们的工作成果，也许不会全部独享，但他们所得的一切，肯定都来自工作"（弗雷德里克·道格拉斯）；"每周只工作40个小时，没有谁能改变世界"（埃隆·马斯克）；"上帝赐予天赋，勤奋将天赋转化为天才"（安娜·帕夫洛娃）。对此，我也曾深信不疑。

勤奋的作用是有限的

你可能还记得这个笑话：一个年轻的音乐家来到纽约，天真地问："怎么去卡内基音乐厅？"回答是："练习！"我试过，但没用。勤奋的作用是有限的。

我从4岁就开始接受音乐训练，弹奏"Acrosonic"牌的立式钢琴，师从和蔼可亲的特德·布朗；6年后，换成了1.8米高的"Baldwin"牌钢琴，师从华盛顿特区最好的音乐老师。为了成为一名钢琴演奏家——成为下一个范·克莱本——我考入著名的伊斯曼音乐学院并顺利毕业。22岁，我已经练习了大约18000个小时，但我知道，作为一名钢琴演奏家，我一分钱也挣不到。我具备所有的优势：大手、修长的手指、最好的训练和强烈的职业精神。我只缺一样东西：音乐天赋。是的，我很有才华，但我没有非凡的音感、音乐记忆力或手耳协调性，没有任何非凡的天赋。不过，我倒是有一个负面的基因遗传：怯场——钢琴或小提琴上的毫米之差就可决定成功或失败，因此，怯场并不是一种财富。时至今日，作为钢琴家的这种"发射失败"，让我不禁要问：光靠勤奋，天赋就能转化为天才？"熟能生巧"是真的？

在表演技能训练法"教父"安德斯·艾利克森看来，"熟能生巧"是真的。从1993年他在《心理学评论》上发表的一篇文章开始，一直到他和罗伯特·普尔合著的《刻意练习：如何从新手到大师》（2016）一书，艾利克森坚持认为，伟大成就不是源于遗传天赋，而只是勤奋、专注地练习10000个小时的结果。艾利克森这一理论的证据，最初来自他和其他心理学家对西柏林音乐学院小提琴家和钢琴家的跟踪研究。[22] 年龄相仿但表演水平不同的学生（从中学音乐教师到未来的国际明星）与练习时长和质量相关。研究发现："我们的结论是，通过相关活动（刻意练习），普通人也可以拥有专家表演者几乎所有的显著特征。"[23] "10000 小时规则"很有吸引力，很多人加入"练习"潮流，包括一流的人文主义者，如诺贝尔奖获得者丹尼尔·卡尼曼（著有《思考，快与慢》）、戴维·布鲁克斯（著有《天才现代观》）以及畅销书作家、记者马尔科姆·格拉德威尔（著有《异类》）。但是，这有一个问题——实际上是两个问题。

第一点，柏林的这些心理学家一开始就没有测试学生的音乐天赋。他们没有进行同类比较，而是拿有才华的人同有真正天赋的人进行比较。非凡的天赋能力可以让练习变得轻松愉快，练习者因而会渴望增加练习。[24] 父母和同龄人往往钦佩那些不费吹灰之力就能成功的人，他们会受到表扬，从而强化正向反馈循环。艾利克森及其研究团队混淆了因果关系：练习只是结果，天赋才是初始催化剂。

第二点，也是更为重要的一点，根据字面意义，精英级表现只是"表演"（perform）——通过（拉丁语"per"）别人已有的形式（拉丁语"forma"）完成动作。如果你是寻找某个超长数字不为人知的平方根的数学奇才，或是拉斯维加斯赌场上的算牌高手，或是希望打破攀登珠穆朗玛峰用时世界纪录的运动员，或是力图在 57 秒内弹完肖邦《一分钟圆舞曲》的钢琴演奏家，那出色的表现就是有用的。但是，这些游戏、运动项目和音乐作品是别人创造的。天才会发明革命性的新东西，像空中缆车或直升机那样直达山顶。练习可能会让旧东西臻于完美，但不会带来创新。

读到这里，细心的读者已经推断出显而易见的结论：天赋与勤奋并不是对立的两面。天才是先天和后天共同作用的产物。为了证明这一点，我提议举行一次比赛。我称之为"2.5 亿美元卡塔尔拉力赛"。我们的参赛者是两位画家：保罗·塞尚先生（1839—1906）和巴勃罗·毕加索先生（1881—1973）。比赛目标是创作有史以来最昂贵的画作卖给卡塔尔君主。塞尚先出生，所以他先出发。

作为普罗旺斯艾克斯地区的一名学生，银行家的儿子保罗·塞尚更喜欢文学，不喜欢绘画。15岁时塞尚才开始接受正规的绘画训练，直到20岁，在法学院短暂学习之后，他才发誓要成为一名画家。在巴黎学了2年技艺后，他将作品提交到美术学院的官方沙龙展出，却被拒之门外。接下来的20年里，他几乎每年都提交新作品，结果都被拒绝。1882年，在他43岁的时候，终于得到官方的认可。[25]

巴勃罗·毕加索生于1881年秋，他的父亲何塞·鲁伊斯·布拉斯科任教于美术学院。小时候的毕加索还不会说话就会画画。他13岁时只用1个小时就完成的画作《萨尔莫龙》（"一位老渔夫的肖像画"），是一幅颇具心理洞察力和绘画技巧的杰作。一位艺术评论家看过这名男孩展出的其他画作后，在《加利西亚之声报》上撰文写道："他拥有光辉灿烂的未来。"[26]毕加索被巴塞罗那美术学院录取时还不到14岁。正如一位同学评价这位神童说："他远远领先于那些比他大五六岁的学生。他没有专心听教授们讲课，却能很快领会教授们讲解的东西。"[27]20多岁时，毕加索创作了世人从未见过的、最令人惊叹的系列原创性绘画——"玫瑰时期"作品、"蓝色时期"作品、"丑角"家族、早期立体派杰作和早期拼贴画。单从金钱价值的角度来看，他25岁就创作出了他最优秀的画作。[28]最终，他的《阿尔及尔女人》（1955）被卡塔尔王室成员阿勒萨尼以1.8亿美元收购。天赋异禀的毕加索是独一无二的。

然而，塞尚先生继续在巴黎和艾克斯的工作室辛勤创作。到了19世纪80年代末，在他年近50岁时，进步艺术家开始欣赏他对几何形式和平面颜色的独特强调。在生命中的最后10年里，塞尚创作了他最伟大的作品，此时距他进入美术学院已过去了半个世纪。[29]1907 年，塞尚作品回顾展在巴黎举行，参观者包括艺术界的"少壮派"——毕加索、马蒂斯、布拉克和莫迪利亚尼。[30]毕加索宣称："塞尚是我们所有人的绘画之父。"[31]2011 年，塞尚的《玩纸牌的人》以 2.5 亿美元的价格卖给了卡塔尔王室成员，比毕加索的作品高出 7000 万美元。

但 7000 万美元算什么呢？就算是平局吧。显然，创造天才有两条截然不同的道路：一条路立竿见影（天赋），另一条则更为隐蔽（辛勤地自我完善）。两者都需要，但比例是多少呢？"练习派"支持者说，80% 以上的结果是由勤奋决定的，而其他心理学家最近却建议将该比例降至 25% 左右（取决于不同的领域）。[32]

天才都是高智商吗？

长期以来，我们特别迷恋一种天赋：智商。智力的定量测量始于 1905 年，当时，阿尔弗雷德·比奈发布了一项测试，用于识别巴黎公立学校中学习迟缓的学生，以便随后为他们提供帮助。[33]到了 1912 年，"Intelligence Quotient"（简称"IQ"）一词已经司空见惯。大约与此同时，美国军方开始采用一套标准化的心理健康筛选测试，为军官培训学校选拔学员。原本用于矫正教育的智商测试，很快成为通往精英地位的大门。20 世纪 20 年代，斯坦福大学心理学家路易斯·特曼开始研究一群智商最低为 135（100 被认为是平均水平）的天才儿童，之后，天才就与极高的智商值关联起来。直到今天，1946 年于英国牛津成立的、自称"天才俱乐部"的门萨（MENSA）要求会员的智商达到 132。某些"天才儿童产业"的教育工作者走得更远，他们给天赋确定了等级：智商 130 ~ 144 为中等天赋；

145 ~ 159 为高天赋；160 ~ 174 为极高天赋；175 及以上为超常天赋。然而，史蒂芬·霍金 2004 年说得没错："夸耀智商的人是失败者。"[34] 玛丽·居里从来没有接受过智商测试，莎士比亚也没有，那我们怎么知道他们有多聪明呢？况且，"聪明"是什么意思？

智商测试考察的是逻辑以及数学和语言规则的运用。然而，在智商测试中，创造性的答案或拓展性答案绝对不会得分。1903 年，备受挫折的爱迪生发现，仅靠逻辑解决问题是有局限性的，他批评一个缺乏创造力的学徒："这正是你的问题所在，你只尝试合理的东西。合理的东西永远行不通。谢天谢地，你再也想不出任何合理的东西，于是就不得不开始尝试不合理的东西，很快就会找到解决办法。"[35]

逻辑合理性不同于创造性——打个比方，框框思维不同于跳出框框思维。严格意义上的逻辑认知过程（比如智商测试）和创造力（毕加索等艺术家所展现的那种能力）是两码事。在这个问题上，毕加索很可能会同意哈佛大学史蒂芬·杰伊·古尔德的观点："将智力抽象为单个实体、抽离为某个大脑位置、量化为某个数字并用来对人进行单一性的价值排序，这种做法是不明智的。"[36]

1971 年，美国最高法院一致裁定：使用智商测试作为招聘条件是非法的。[37] 学业能力倾向测试（SAT）是美国大学招生中广泛使用的标准化测试，它不违法，但并不是一个评估创新思维潜能的完善标准。[38] 正如最新经济数据表明，SAT 分数不但反映学生的成就潜力，也反映家长的收入和教育程度。[39] 包括著名的芝加哥大学在内的一千多所大学不再将 SAT 成绩（以及美国大学入学考试 ACT 成绩）作为入学要求。[40] 2019 年 12 月，加州一个以黑人和西班牙裔人为主的学区的学生提起诉讼，反对加州大学的录取制度，要求其停止采用此类标准化考试。[41] 同智商测试一样，SAT 成绩与高中和大学一年级的好成绩具有相关性，也与毕业后在几个专业领域获得成功和金钱相关。[42] 然而，到目前为止，还没有人证明此类测试与创作交响乐的能力存在关联，也没有人解释如何通过 3 个小时的考试测出达尔文的好奇心和耐心。

最近，许多美国精英私立中学（包括埃克塞特、道尔顿、霍勒斯·曼恩、乔特）也放弃了大学预修（AP）课程和考试。[43] 2018 年，霍勒斯·曼恩高中校长杰西卡·莱文斯坦博士说："学生常常察觉到老师左右为难：既要重视学生的问题或兴趣，又要帮助学生准备一场并非由学校制定的考试。"[44] 这样的"应试教育"，不仅会抑制学生的好奇心，还会造成压力和片面追求成绩的负面作用。

2018 年 4 月 17 日，我被耶鲁大学"全美大学优等生荣誉协会"（Phi Beta Kappa）授予"德瓦恩"优秀本科教学奖。颁奖典礼当晚，我在房间里闲逛，听到人们对我的赞誉之言，我不禁觉得有些讽刺。我念高中时是中等生，没有进入荣誉榜。我根本进不了耶鲁大学——耶鲁大学的音乐学专业很棒——所以我没有申请。尽管我在冬季和夏季选修了一系列不相关的课程，但我并没有以优异成绩从大学毕业。到了读研究生的时候，我被哈佛大学、普林斯顿大学和斯坦福大学同时录取，但耶鲁大学把我拒之门外。我压根儿就没想过会入选"全美大学优等生荣誉协会"。我的妻子雪莉是她家最聪明的孩子（耶鲁大学优等生、"全美大学优等生荣誉协会"会员），但她早就提醒我说，有时候，学生会采取稳妥的办法达到"全美大学优等生荣誉协会"的分数门槛——选修适合其天赋的课程。或许，"全美大学优等生荣誉协会"的那些合法会员是伟大的应试者，但不是冒险者，他们比逆向思维者更墨守成规。

沃顿商学院亚当·格兰特教授发表的一篇题为《全优生问题何在》的文章证实了我的怀疑。这篇文章发表于 2018 年 12 月的《纽约时报》，认为成绩不是成功的可靠标志，更不是天才的标志。格兰特说："证据清楚地表明：学业优异不是事业优异的有效预测因素。研究表明：从各个行业来看，大学毕业后第一年，成绩与工作业绩之间的相关性不大；毕业数年后，相关性更是微乎其微。例如，谷歌员工大学毕业两三年后，他们的成绩与工作业绩毫无关系。"格兰特解释道，"学业成绩几乎无法评估创造力、领导力和团队合作能力，也不能评估社交、情感和政治等素质。是的，全优生善于死记硬背，然后考试时'反刍'信息。但事业成功不是为某个问题找到正确的解决方案——更多的是找到正确的问题来解决。"[45]格兰特的结论，让我想起了一个在学术界流传已久的笑话："优等生到大学教书，中等生找到不错的工作，为差生打工。"

智商测试、SAT 测试和成绩无法可靠地预测事业成功，更无法预测天才。它们不但会误报"假阳性"（看似前途远大但最终默默无闻的人），还会误报"假阴性"（看似一事无成却最终改变世界的人）。当然，偶尔也有一些学业优秀的真正天才，比如玛丽·居里（她 16 岁时成绩全班第一）、西格蒙德·弗洛伊德（高中优等生）和杰夫·贝佐斯（普林斯顿优等生、"全美大学优等生荣誉协会"会员）。约翰斯·霍普金斯大学对少年天才做过一项著名的测试，准确预测出马克·扎克伯格、谢尔盖·布林（谷歌联合创始人）和斯特凡尼·日尔曼诺塔（Lady Gaga）的潜力。[46]然而，从 20世纪 20 年代到 90 年代，路易斯·特曼及其同事在斯坦福大学进行的著名"天才测试"，1500 名智商超过 135 的年轻人最终却没有产生一位天才。[47]后来，特曼的一位同事报告说："没有一位诺贝尔奖获得者；没有一位普利策奖获得者；没有一位毕加索。"[48]

更重要的是，看看下面这些误报的"假阴性"——标准智商测试得分不会高、不会入选"全美大学优等生荣誉协会"的天才。查尔斯·达尔文小时候学习成绩很差，连父亲都预言他会成为家庭的耻辱。[49]温斯顿·丘吉尔同样是个差生，他承认说："与理性、想象力和兴趣无关的东西，我就不会学习，也学不会。"[50]诺贝尔奖得主威廉·肖克利和路易斯·阿尔瓦雷茨在斯坦福大学天才测试中被拒绝，因为他们的智商分数太低。[51]创新小说家J.K.罗琳坦陈自己"上大学时明显缺乏动力"，她成绩一般，是因为"花在咖啡馆写小说的时间太多，花在课上的时间太少"。[52]同样，托马斯·爱迪生形容自己"在班上不是名列前茅，而是成绩垫底"。1900届毕业生中，爱因斯坦所在班上有五位同学后来成为物理学家，他的成绩排名第四。[53]史蒂夫·乔布斯的高中学业绩点（GPA）仅为2.65。阿里巴巴（中国的"亚马逊"）创始人马云参加高考，满分为120的数学，他只考了19分，而且是第二次参加高考。[54]贝多芬不太会加法计算，更不会乘法或除法。沃尔特·迪士尼的成绩中等偏下，经常在课堂上睡觉。[55]毕加索记不住字母表中的字母顺序，把数字符号看作字面符号，把"2"看作鸟的翅膀，把"0"看作鸟的身体。[56]采用标准化考试，是无法识别这些天才的。

那我们为什么还要采用标准化考试呢？我们依赖标准化测试，原因很简单：标准化。设计一套相同的考题，用来评估和比较数百万学生的认知发展水平，这对美国和中国这样的人口大国是有利的。为了提高效率，我们牺牲了理解的宽度。SAT考试，是为单一的传统问题设置某种衡量标准，而不是鼓励学生在不断变化的世界中采取质疑前提或反思概念的策略。它们确认的，是击中预定目标，而不是创造尚未看到的目标。它们将有限的认知技能（数学和语言）置于情感交流和社交能力之上。我的意思，不是建议停止通过考试来测量人的潜能，而是必须采用足够宽泛、灵活和差别化的考试来测量人的潜能。尽管目前的标准化考试非常高效，但它们在目的和内容上都过于狭窄，无法预测人生的成功，更不用说预测天才了。

舞蹈家玛莎·格雷厄姆和乔治·巴兰钦擅长运动想象；马丁·路德·金和圣雄甘地擅长人际交往；弗吉尼亚·伍尔夫和西格蒙德·弗洛伊德擅长内省；詹姆斯·乔伊斯和托妮·莫里森擅长语言表达；奥古斯特·罗丹和米开朗琪罗擅长视觉和空间推理；巴赫和贝多芬听觉敏锐；爱因斯坦和霍金擅长数学逻辑推理。上面提到的人类活动的七大领域，就是哈佛大学霍华德·加德纳提出的人类智力的七种范畴——他称之为"多元智能"（multiple intelligences）。[57] 它们是产生创造力的特定学科的思维方式。然而，在所有创造性学科中，起决定作用的是多重人格特质：智力、好奇心、韧性、恒心、风险耐受力、自信、勤奋，等等。我把运用上述特质成就天才的能力称为"复商"（MQ）。

J.K. 罗琳的书籍销量（5亿册）几乎超过其他任何在世的作家，并在年轻读者中掀起了一股阅读热潮。罗琳在 2008 年哈佛大学毕业典礼致辞时，称赞失败为美德，并强调了想象力和激情的重要性。[58] 2019 年，她在自己的网站帖文中列出了作家成功必需的五大个人品质：热爱阅读（好奇心）、自律、韧性、勇气和独立。[59] 既然这些个人因素对罗琳这样的天才都如此重要，为什么不构建一种基础广泛的测试来测量这些因素呢？也许，我们痴迷于 SAT、高考之类的大学入学考试是误入歧途；也许，我们需要的不是学校教学内容测试（SAT），而是一种包含"复商"的、更全面的"天才能力倾向测试"（GAT）。[60] 这种 GAT 测试应该包括勤奋倾向（WHAT）、激情倾向（PAT）、好奇心（CAT）、自信（SCAT）、韧性（RAT）等部分。

一个学生需要多高的"天才能力倾向测试"分数，才能进入霍格沃茨魔法学校或者哈佛大学呢？不高。今天，许多专家相信，在科学领域取得优异成绩所需的智商门槛为 115 ~ 125。超过这个分数的多余智商与创造力几乎没有任何关联性。[61] 理查德·费曼、詹姆斯·沃森和威廉·肖克利等科学家的智商都不高于这个分数，但他们在各自的领域都获得了诺贝尔奖。"研究生入学考试"（GRE）是 1949 年为美国的研究生院设立的一项标准化考试，满分为 800 分。大多数专业要求最低分为 700 分，用来快速剔除"不合格"的申请者。但是，我在耶鲁大学研究生院 30 年的申请审核经验表明，800 分的 GRE 成绩，只需 550 分就足以证明申请者的潜力。2014年，《自然》杂志上一篇题为《失败的测试》的文章援引了马里兰大学终身教授威廉·塞德莱克的话，"考试和最终成功之间的关联性很弱"。[62] 他建议淡化 GRE 的重要性，增加衡量其他特质的录取程序，如动力、勤奋和冒险意愿。至于塞德莱克愿意接受的 GRE 分数，他说 400 分就可以了。[63]

那么，所有常春藤盟校本身是否就被高估了？[64] 一项对诺贝尔奖得主的调查研究表明，进入哈佛、耶鲁或普林斯顿等名校，对于伟大成就的取得，并不比进入任何排名前 15% 的学校更重要。[65] 那么，为什么有些美国和中国家长为了让孩子进入梦寐以求的"常春藤"学校，要不惜伪造 SAT 成绩、贿赂招生官员呢？美国联邦调查局（FBI）2019 年名为"校园蓝行动"的"设套"调查表明，这种学术欺诈行为日益猖獗。[66] 为什么家长要冒着被罚款和被监禁的风险，夸大价值存疑的考试分数？为什么他们要剥夺自己的孩子从失败中学习、培养韧性的机会？耶鲁大学的鲁迪·梅雷迪思——我和我的女儿观看过他训练耶鲁女子足球队——承认收取了 86.5 万美元为两名学生伪造入学资格。[67] 更糟糕的是，几乎每年都至少有一所学院或大学因为虚报新生考试分数而受到公众谴责。[68] 但正如我对许多陪同父母参观耶鲁大学校园的申请者所说："事实上，美国至少有 300 所优秀大学，上哪所大学都关系不太大。重要的不是学校，而是你（或你孩子）的内在品质。"

智商是天才的黄金标准；SAT 是通往成功的大门；除了哈佛、耶鲁和普林斯顿，其他大学都很差劲——这些古老的认知很难消除。或许，我们应该退后一步，问问我们对智商和标准化测试这类衡量指标的依赖以及我们对精英教育的执迷，是否可以培养领导社会所需的那种公民。我们要给予特权的，是对认知分析天赋（IQ）予以奖励的体制，还是重视包括 IQ 在内的"复商"（MQ）的体制？上面提到的那些"假阴性"天才——贝多芬、达尔文、爱迪生、毕加索、迪士尼、乔布斯等表明：天才远不只是智商；"聪明"可以意味着很多东西。关键在于找到一种发现潜在天才的衡量指标。爱因斯坦有一句精彩的名言："人人都是天才。但如果你用爬树的能力来评判一条鱼，那它一辈子都会活在认为自己是笨蛋的信念中。"[69]

第 2 章

天才与性别：被操纵的比赛

当我们在脑海里搜索那些改变世界的天才时，会发现绝大多数天才都是男性。

女性为什么不容易成为天才呢？这不是因为女性不具备成为天才的能力，而是源于世界对女性的偏见。

历史上有太多被遮蔽、被质疑、被冷落的优秀女性，她们告诉我们，女性同样可以很出色，成为天才。

偏见如何扼杀创造力

2014 年，立志成为小说家的凯瑟琳·尼科尔斯做了一项实验。她以自己的名字给 50 个文学代理人发去一封询问信，阐述自己小说的创作构思，然后又以"乔治·莱尔"的男性笔名给 50 个代理人发去同样的询问信。[1]"乔治"的手稿有 17 位代理人接受，而凯瑟琳的手稿只有两位代理人接受。就连"乔治"收到的退稿信都比凯瑟琳的更温暖、更有鼓励性。从求职申请的审查过程中，我们也可以看到与性别或种族有关的类似职场偏见。[2]出版行业的性别偏见有一点令人吃惊：据统计，几乎一半的文学代理人和超过一半的出版社编辑都是女性。[3]女性可能对其他女性存有潜在偏见，这一事实多少让人感到意外；男性自古以来就歧视女性，这一点对任何人来说都不是秘密。男人如此成功地把女人排除在"天才俱乐部"之外，以致连女人也开始贬低自己的重要性。

最近，我调查了 4000 多名成年人，请他们说出西方历史上的 12 位天才。我的调查对象都是学生，57% 为女性，大多数年龄超过 50 岁，就读于"一日制大学"（One Day University，美国 73 个城市举办的继续教育项目）。我的调查目的是要确定在他们列出的天才名单中女性处于何种位置。即使这项调查的受访者多为女性，被列出的首位女性天才平均排名第八。

最常被提到的女性天才包括科学家玛丽·居里和罗莎琳德·富兰克林、数学家阿达·洛芙莱斯、作家弗吉尼亚·伍尔夫和简·奥斯汀，其中居里被提到的次数遥遥领先。没有一个人提到女性哲学家、建筑师或工程师。

我在耶鲁大学开设的"天才课"，很早就出现了这种性别失衡。尽管耶鲁大学现在的本科生性别比为 50：50，尽管"天才课"是一门面向所有本科生的通识课程，但每年选课都会出现性别偏差，男女生之比约为 60：40。即使课程评价不错，耶鲁大学和其他大学的女生也避而远之，她们对天才概念的兴趣似乎不及男同学。我还注意到，我在课堂上提问或询问反对意见时，回答的绝大多数都是男生。意识到这一点后，我开始让助教记录每个回答问题的学生的性别及其发言时间。年复一年，男女生比例都保持在 70：30 左右。

这种性别差异让我感到困惑。不久，我发现其他专业人士（包括谢丽尔·桑德伯格）也观察到，在公开讨论中，"阿尔法男性"踊跃发言，占据主导地位，而女性起初则保持沉默，观望"比赛"如何进行。[4] 2012 年，杨百翰大学和普林斯顿大学联合发布研究报告称，在学术会议上，"女性发言时间与女性人数明显不成比例——不到男性发言时间的 75%"。[5] 然而，最初的时候，我课堂上的女性参与率更低，仅为 30%。

在公众场合发言是一回事，但为什么女性不愿意参与我课堂上的话题讨论呢？是因为女性不喜欢攀比、不喜欢显得"高人一等"吗？是因为她们不太看重传统的天才标志物——世界上最伟大的绘画或最具革命性的发明？还是因为女性对天才概念本身就不太感兴趣？如果是这些原因，那为什么会这样呢？

美国大学妇女协会于 2010 年发布的题为《数学和理工科女性数量为何那么少？》的研究报告，[6] 可以让我们发现线索。报告强调指出，由于明显的成见、偏见和高校不利的工作环境，女性在 STEM（科学、技术、工程和数学）领域面临着艰苦的战斗。同样，微软于 2018 年发布的题为《为什么女性对 STEM 学科失去兴趣？》的报告也表明，缺少导师和家长的支持起到了一定作用。[7] 我找到了联系：选修"天才课"的女生更少、选择 STEM 学科的女性更少，是因为两者传统上都是由男性为男性构建的。女性更缺乏能关联的行为榜样（天才）以及能建立联系的当代导师。为什么要选修一门主要阅读"伟大男人"的成就的课程？正是出于这些和其他因素，女性远离了 STEM 学科和我的天才研究课程。

心理学家迪恩·基思·西蒙顿对天才做过 40 多年的研究，他用统计数据证明：在传统的天才领域，女性所占比例同其人口比例极不相称。根据西蒙顿的统计，历史上最重要的政治人物中，女性仅占 3% 左右。科学史册中的女性名人的比例不到 1%，只是男性"沧海"中的"一粟"。即使是对女性更"友好"的创作领域，著名女作家也只占伟大作家的 10%。有一位克拉拉·舒曼或范妮·门德尔松，就有十位著名的男性古典作曲家。[8] 作为结论，西蒙顿观察到：尽管妇女占人口的一半，但纵观历史，她们一直被描述为"不重要、不起眼，甚至与人类事务无关"。[9] 你可以相信，也可以不相信西蒙顿的统计数据。但西蒙顿最终提出的问题是：所谓的女性"成就不足"是源于遗传缺陷还是文化偏见？很多人会认为这个问题本身就是对女性的侮辱，包括天才弗吉尼亚·伍尔夫。

伍尔夫于 1882 年出生在伦敦一个富裕的中产阶级家庭。尽管她有很多书籍和私人家教，但她接受的是低成本的家庭教育，与她兄弟在昂贵的寄宿制学校和剑桥大学接受的教育相去甚远。有一次，伍尔夫为研究诗人约翰·弥尔顿，却因为是女性而被拒绝进入"牛津/剑桥"大学图书馆。伍尔夫对这种不平等感到愤怒，也好奇这种性别偏见是如何形成的，于是她开始搜寻历史上的女性天才。她得出的结论是：天才是一种男性的社会建构，正如她在 1929 年的著名文章《一个人的房间》中所描述的那样。伍尔夫对女性非凡成就（及其障碍）的观察，至今仍有共鸣。

安静的房间（在里面写作）、金钱（付账单）、思考时间（思考养育孩子以外的事情）——对伍尔夫来说，这些都是机会的隐喻，是历史上女性被剥夺的机会的隐喻。"既要挣钱，又要养育 13 个孩子，没人会受得了。"她写道，"首先，挣钱对女人来说是不可能的；其次，即使可能，法律也会剥夺女人拥有自己所挣金钱的权利。"[10] 因此，作为智力资本的引擎，"女性是不存在的……无论过去、现在，还是将来，任何女人都不可能拥有莎士比亚的天才"。[11] 伍尔夫说，纵观历史，总有人对女性断言："你做不到这个，你做不了那个。"[12] 那些设置女性"禁忌"障碍的男人中，就有著名教育家让–雅克·卢梭，他在 1758 年写道："总体而言，女人不喜欢艺术，不会欣赏艺术，也没有艺术天分。"[13]

对女性来说，失败是注定的。因此，历史上许多女性天才都会伪装自己、掩盖性别。简·奥斯汀以匿名女性的身份出版了《傲慢与偏见》，玛丽·雪莱最初出版《弗兰肯斯坦》时也是如此。其他女性天才则给自己取个男性笔名，如乔治·桑（奥罗尔·杜邦）、丹尼尔·斯特恩（玛丽·丹尼尔）、乔治·艾略特（玛丽·安·埃文斯）、科勒·贝尔（夏洛蒂·勃朗特）和埃利斯·贝尔（艾米莉·勃朗特）。也许，她们在世时永远不会享受到被认可的荣耀，但至少现在她们的作品有机会被出版和阅读。一个天才的作品不为人所知，她怎么能改变世界呢？

伍尔夫得到的认可以及她那篇著名文章提出的问题，无疑给后世的许多女性作家带来了激励和鼓舞。托妮·莫里森（曾写过一篇研究伍尔夫的硕士论文）、赛珍珠、玛格丽特·阿特伍德、乔伊斯·卡罗尔·奥茨等文学巨匠都以自己的真名进行创作。如今，女性作家似乎享有与男性作家同样的地位和话语权。但如果真是这样，为什么乔安娜·罗琳、菲利斯·多萝西·詹姆斯和埃里卡·米歇尔还认为有必要将自己的名字缩写为 J.K. 罗琳、P.D. 詹姆斯和 E.L. 詹姆斯呢？为什么妮尔·哈珀·李还要删掉名字中的"妮尔"呢？罗琳的经纪人克里斯托弗·利特尔曾告诉她，如果她把自己伪装成一个男作家，她的《哈利·波特》系列小说会更畅销。[14]

弗吉尼亚·伍尔夫在《一个人的房间》里接着写道："要写一部天才的作品，几乎总是一个困难重重的伟大壮举。"使这件事变得困难的，是这个世界似乎对有创造力的女人所承受的额外压力漠不关心，甚至连天才男人也对解除这些压力的观念持敌对态度。"世界上臭名昭著的冷漠，加剧了这些困难，使它们更难承受……天才男人发现自己难以忍受冷漠，但对女人来说，最难以忍受的还不是冷漠，而是敌意。"[15]敌意是恐惧的产物——害怕失去权威、地位和财富。害怕女性获得成就的倾向，正是伍尔夫所说的"隐晦的男性情结"的一部分。她说，这是一种根深蒂固的欲望，"与其说女人低人一等，不如说男人高人一等"。[16]

根据伍尔夫的说法，为了确保自己的优势地位，男人想出了一个简单的策略：矮化女人，让其看起来只有原本的一半大，这样男人就显得加倍高大。她称之为"镜子"或"放大效应"："数个世纪以来，女性一直充当着镜子的角色，具有美妙的魔力，能加倍放大男性的自然身材……这就是为什么拿破仑和墨索里尼都强调女性低人一等，因为如果她们不低人一等，那他们（男性）就不再显得高大。这在一定程度上解释了女性对男性的必要性。"[17]

拿破仑确实说过："女人不过是生育机器。"在我们认为伟大的男人中，并不只有他一个人有"厌女症"。诗人拜伦谈起女人时说："她们应该操心家庭、衣食无忧，但不能混入社会。还要有良好的宗教教育，但不要读诗歌，也不要读政治书籍——只能读些忏悔类和烹饪类书籍。音乐、绘画、舞蹈，偶尔也可做做园艺和耕作。"[18]音乐？为什么就不能是女作曲家呢？文人塞缪尔·约翰逊博士对此不屑一顾："先生，女人作曲，就像是狗用后腿走路。做得不好，但你会惊讶地发现它竟然做到了。"[19] 查尔斯·达尔文考虑结婚时，脑海中也浮现出一条狗，仔细权衡了狗和妻子作为未来终身伴侣的利弊。[20] 毕加索谈到狗时说："没有什么比一只贵宾犬更像另一只贵宾犬的了，这也适用于女性。"[21]

我们本来期待，至少是希望过去那些学识渊博的哲学家能够克服"厌女症"，但令人失望的是，事实往往并非如此。尽管我们要感谢亚瑟·叔本华贡献了"天才击中别人看不见的靶子"[22] 这一著名比喻，但他似乎远未克服"厌女症"，因为他在自己的名篇《论女人》（1851）中写道："只有理智被性本能蒙蔽的男人，才会将'美丽性别'之名送给这个矮小、窄肩、肥臀与短腿的人种，女人的美都是基于男人的性本能。我们更应该称之为'毫无美感的性别'，而非'美丽性别'。无论是音乐、诗歌，还是美术，女人都缺乏真正的或真实的感觉和敏感性；如果她们为了取悦男人而附庸风雅，那只会给自己留下笑柄。"[23]

当然，研究客观世界的科学家应该公正地判断世界。然而，早期神经学家皮埃尔·保罗·布罗卡（大脑的"布罗卡氏区"因其得名）于1862年宣称："男性的大脑大于女性，杰出男性的大脑大于平庸男性，优秀种族的大脑大于低等种族（非洲人）。"[24] 布罗卡的说法是不正确的，因为事实证明，大脑的大小主要与身体大小有关，与性别或种族毫无关系。也许，著名理论物理学家史蒂芬·霍金2005年应该保持沉默，他说："人们普遍认为，女性在语言、人际关系和一心多用等方面优于男性，但在看地图和空间感方面不如男性。因此，认为女性在数学和物理学方面不如男性的看法也不无道理。"[25] 同年，经济学家、哈佛大学前校长劳伦斯·萨默斯宣称："男性在数学和科学方面胜过女性，是因为存在生物学上的差异；性别歧视不再是女性学者的职业障碍。"[26] 他的这一言论引发轩然大波。不久，他被建议辞职——最终他辞去了校长职务。

就连科学家爱因斯坦也未能超越其所处时代的女性观念范式。1920年，他明显有些顾虑地说："同所有其他领域一样，科学领域也应该为女性降低难度。不要曲解我的意思。我抱着有些怀疑的态度考虑过可能的后果。我指的是，女性的身体构造天生就有某些局限性，迫使我们不能对她们采用与男性相同的期望标准。"[27] 要解释爱因斯坦同代人的性别歧视和错误评论，我们也许应该看看他的另一句名言："天才和愚蠢的区别，在于天才是有限的。"而愚蠢似乎是永恒的。

可以肯定的是，对一半人类的智力潜能视而不见的这种永恒的愚蠢深深地根植于我们的文化之中。正如《圣经·创世记》中犹太教和基督教作家后来所解释的，夏娃据说是"由男人诞生的"，是万物之母，但也是罪人和引诱者。在印度教中，根据公元前2世纪的《摩奴法典》，所有女人都不是独立的，都要生活在父亲或丈夫的控制之下。同样，古代儒家思想也提倡基于性别差异的等级社会秩序。长期以来，西方三大宗教——犹太教、基督教和伊斯兰教——在礼拜时都把妇女隔离开来，让她们待在远离圣坛或祷告中心的地方。

世界上伟大宗教的律法是谁制定的？自然是男性。同样是这些男性权威人物制定了西方大学、专业学校、艺术学院、音乐学院等教育机构的规则。历史上，只有男人才有机会接受识字教育，也只有男人才能上大学。第一位获得学位的女性，是于1678年毕业于意大利帕多瓦大学的埃琳娜·皮斯科皮娅。1723年，巴赫搬到莱比锡，是为了让自己的儿子们获得免费的大学教育，但他的女儿们并没有得到同样的机会。一个半世纪后，德国允许女性旁听大学课程，但前提是她们必须待在幕后。1793年，女性获准入读巴黎音乐学院，但必须从一扇单独的门进出；女性被允许学习乐器，但不准学习作曲，因为创作被认为超出了她们的有限能力。皇家美术研究院（RA）于 1768 年在伦敦成立，当时只有两位女性成员——玛丽·莫瑟和安吉丽卡·考夫曼，直到 1936 年才增选了一位女性。直到 1897 年，巴黎的国立美术学院才开始录取女画家。即便如此，伦敦的女画家仍被禁止参加裸体解剖课，而这门课程对于绘画至关重要，是绘画的基础。[28] 她们也无法正常进入对艺术而言必要的其他地方。罗莎·博纳尔（1822—1899）可能是 19 世纪最著名的动物画家，画风写实而细致。[29] 但是，她遇到了一个问题：要在马场和屠宰场近距离接触马匹，博纳尔就需要穿裤子，而不能穿当时女性常穿的长裙。"我别无选择，"她写道，"我知道，穿女人衣服会带来大麻烦。因此，我决定请警察局局长批准我穿男人衣服。"[30]

女人不能穿裤子。英国女性直到 1918 年才能投票；美国女性到 1920 年才获得投票权。19 世纪 80 年代，玛丽·居里不能在波兰的大学学习科学或其他任何学科。1889 年，女性才能进入著名的爱丁堡大学。1960 年，哈佛大学有一位女性正教授，而耶鲁大学和普林斯顿大学则根本就没有。[31] 1969 年，女性才获得普林斯顿大学和耶鲁大学的本科生入学资格，尽管从 20 世纪 60 年代开始，女性可以在拉德克利夫学院注册学习哈佛大学的课程，但直到 1999 年哈佛大学才正式与其姊妹学校合并。1969 年，耶鲁大学和普林斯顿大学开始男女同校，哈佛大学新生学院院长弗朗西斯·斯基迪·冯·斯塔德宣称："很简单，在可预见的未来，我看不到受过高等教育的女性在社会贡献上取得惊人的进步。在我看来，她们不会停止结婚生子。如果她们真的这样做，就无法扮演现在的女性角色。"[32] 当时，似乎没有人质疑冯·斯塔德，至少在报纸上没有。没有受过教育，女性被认为在财务方面不称职；没有男性担保人，女性无法获得贷款或信用卡。1972 年，迈克尔·桑德斯（如今，她在佛罗里达州西南部经营着一家年销售额达 20 亿美元的房地产公司）的商业贷款申请获得批准，但银行发现申请者迈克尔是一名女性后，该申请被撤销。同年，美国国会通过《机会均等信贷法案》，以结束这种性别歧视。但是，正如经济合作与发展组织（OECD）秘书长何塞·安吉尔·古里亚在 2018 年一份反对偏见的报告的结尾处不无遗憾地总结的："我们正在同数百年的传统和文化做斗争。"[33]

根深蒂固的文化偏见扼杀了许多天才女性的创作事业。1820 年，作曲家范妮·门德尔松的父亲向初出茅庐的她下达了这样的命令："你写信告诉我你要从事音乐职业，与你的作曲家哥哥菲利克斯的职业相比，你在信中所思考和表达的不无道理。不过，音乐也许会成为他的职业，但对你来说，音乐只是也只能是一种点缀，绝不是你人生最重要的东西……你必须更加稳重和冷静，为你真正的人生使命、年轻女性唯一的使命——家庭主妇做好准备。"1839 年，已经习惯自我怀疑的 20 岁的克拉拉·舒曼这样说："我曾经相信自己拥有创作才能，但现在已经放弃了这个想法。女人不要想作曲，从来没有哪个女人做到这一点。我会成为那样的女人吗？"[34]1902 年，前途大好的作曲家阿尔玛·马勒被丈夫古斯塔夫告知："作曲家的角色属于我。你的角色是做一个知心伴侣。"最终，他们的婚姻破裂，阿尔玛沮丧地感叹道："谁能帮我找到自我？！我已经堕落到管家的地步了！"[35]索菲亚·托尔斯塔亚为丈夫列夫·托尔斯泰生了 13 个孩子，她眼睁睁地看着自己的创作渴望被"粉碎和扼杀"。尽管她为托尔斯泰的长篇小说《战争与和平》做过七次编辑和誊写，但没有留下任何自己的作品。

我为一个天才服务了将近 40 年。无数次，我感觉到自己内心激荡着知识力量和各种渴望——对教育的渴望，对音乐和艺术的热爱……我一次次地将这些渴望粉碎和扼杀……每个人都问："像你这样毫无价值的女人，为什么还需要知识或艺术生活？"对于这个问题，我只能回答："我不知道，但为了服务一个天才而永远压制它，这是一种巨大的不幸。"[36]

长期以来，众多的女性天才被遮蔽，是因为男人在书写历史时将她们抹掉。埃及法老哈特谢普苏特于公元前 1479—前 1458 年在位，被埃及学家詹姆斯·亨利·布瑞斯特称为"史上第一位已知的伟大女性"。[37] 在她 20 年的统治期间，人们为她创作了大量雕像，世界各大博物馆今天几乎都收藏有哈特谢普苏特纪念碑。然而，哈特谢普苏特刚去世，有关她的记忆就被系统性地从埃及历史中抹掉。她的雕像被毁，有关她的碑文也被涂改。她的罪行是：哈特谢普苏特自立为法老（国王），而不是扮演更传统的摄政王角色；在历史学家看来，这引发了破坏性的反应。直到 20 世纪 20 年代，考古学家才发现并修复了这些一度被丢弃的证据。[38] 今天，人们可以从纽约大都会艺术博物馆收藏的"哈特谢普苏特神庙"（图 2.1）中看到她的男性气概。但在当时，即使留着假胡须，也未能挽救一个女人的名声免于毁灭。

中世纪修女宾根的希尔德嘉（1098—1179）不是圣人，至少当时不是。她是中世纪博学家，一个比达·芬奇早得多的"文艺复兴人"。传教士、诗人、画家、政治家、神学家、音乐家以及生物学家、动物学家、植物学家和天文学学者——宾根的希尔德嘉集这些头衔于一身。[39] 她与四个教皇通过信（称其中之一为驴子），并与教会当局斗争；教会想尽办法封杀她，让她"消声"。在她死后的几个世纪里，希尔德嘉长期不为人知。但从 20 世纪 80 年代开始，随着女性研究项目和女权主义批评的出现，希尔德嘉作为中世纪智者的声誉才得以恢复。2012 年，教皇本笃十三世追封她为教会圣师，成为 35 位圣人中获此封号的第四位女性。

另一位没被遮蔽的女性天才是画家阿特米谢·简特内斯基（1593—1656）。几个世纪以来，简特内斯基的某些作品一直被认为出自男性艺术家之手，包括她的父亲奥拉齐奥和那不勒斯画家贝尔纳多·卡瓦利诺

图 2.1 哈特谢普苏特狮身人面留须头像，1926—1928 年出土于埃及底比斯的德伊尔·巴赫里废墟。这座纪念碑建于公元前 1479—前 1458 年，重量超过 7 吨。（纽约大都会艺术博物馆）

（1616—1656）。[40] 艺术赞助人难道不知道像那样戏剧化、激情四射的画作是出自女人之手吗？这背后有一个故事：少女时代的简特内斯基被她的老师兼导师阿戈斯蒂诺·塔西（1578—1644）强奸。案件进入审判阶段，为了证明自己的清白，简特内斯基被迫接受屈辱性的身体检查，并饱受"拇指夹"（一种用来压碎手指的钳子）的折磨。[41] 施暴者被判有罪，但并未服刑；而受害者却被打上丧失贞洁的烙印。此后几十年，简特内斯基的绘画就以性侵或女性因性侵而报复为主题（图2.2）。如今，很多人都认为简特内斯基是顶级的艺术天才，但在她那个时代，人们大多把她看作"怪人"——一个男性世界里罕见的女画家，一个关于潜伏危险的警示故事。即使在今天，这种"遗产"的痕迹依然存在。人们铭记简特内斯基，不仅因为她画作的质量，也因为她的幕后故事，她现在被称为"#MeToo画家"。

被冷落的天才女性

我们可以继续搜寻历史上那些被遮蔽、被质疑、被冷落的不幸的天才女性。数学家阿达·洛芙莱斯（1815—1852）第一个认识到19世纪的一种计算器不仅可以运算数字，还可以存储和操作任何符号化的东西：文字、逻辑思维甚至是音乐——她所预言的"思维机器"。阿达是天才诗人拜伦的女儿，她自称"数学天才"。今天她被公认为计算机程序创始人之一，只可惜，她在36岁时死于子宫癌，未能施展全部的才华。[42] 罗莎琳德·富兰克林（1920—1958）是英国化学家和X射线晶体学家，她的X射线照片为发现DNA双螺旋结构提供了关键信息。照片是由男性同事为她拍摄的，但获得诺贝尔奖的不是她，而是她的那些男性同事（关于她的更多信息，请阅读第11章）。莉泽·迈特纳（1878—1968）是奥地利裔

图 2.2　阿特米谢·简特内斯基的《朱迪斯与赫罗弗尼斯》（1611—1612）极富张力和戏剧表现力，让我们看到天才可以打破传统的界限。画中的朱迪斯在向亚述将军赫罗弗尼斯复仇（基于伪经《朱迪斯记》所述）。这是简特内斯基 30 年内完成的五幅作品中的第一幅，描绘了赫罗弗尼斯被斩首的血腥场面。（佛罗伦萨乌菲兹美术馆）

瑞典物理学家，109 号化学元素（Mt）以她的名字命名。她和奥托·哈恩在 1938—1939 年共同发现了核裂变过程，正是基于它才有了原子弹。但 1944 年诺贝尔化学奖只授予了哈恩一个人。[43] 蒂姆·波顿执导的电影《大眼睛》（2014）的题材人物、艺术家玛格丽特·基恩（生于 1927 年）的作品被其经纪人 / 丈夫沃尔特盗取签名。几十年后，她提起诉讼，加州法官要求两人"现场作画"，结果证明《大眼睛女孩》的真正作者是基恩夫人而不是基恩先生。法院判给她 400 万美元，但沃尔特已经将钱挥霍一空。[44]

金钱是人类成就的巨大推动力，对男性和女性而言都是如此。正如弗吉尼亚·伍尔夫所说，金钱是机会的代理人。我们知道，与男性相比，女性享有的挣钱机会更少，同等数量和质量的工作得到的报酬更少。1955 年，美国女性的收入只有男性收入的 65%。到 2006 年，这一差距缩小到 80%，但此后并没有进一步缩小。[45] 2019 年，美国女足国家队起诉美国足协要求同工同酬；[46] 同年，要求同工同酬的好莱坞"#TimesUp"女权运动在金球奖上引起关注。然而，情况并未改变：在世界上所有种族和民族中，女性的收入都低于男性。美国只有 17% 的初创企业是由女性创立的，女性获得的风险投资基金只占 2.2%。[47]

阿瑞莎·富兰克林的歌曲《尊重》唱出了历史上女性还被亏欠的东西：尊重。自 1851 年以来，《纽约时报》登载的绝大多数都是男性死者的讣告（即使是今天，仍有约 80% 为男性讣告）；2018 年，该报开始为此赎罪。[48] 为了确保成就得到应有的认可——因而有更多的女性榜样——该报推出了"被忽略的人"项目，发表被忽略天才的纪念文章，如小说家夏洛蒂·勃朗特、布鲁克林大桥主持建造者艾米莉·罗布林和诗人西尔维亚·普拉斯。同样，商业书籍作家和电影制作人也推出了一些作品，包括《隐藏人物：美国梦和太空竞赛背后不为人知的黑人女性数学家的故事》（2016），这本畅销书还被拍成热门电影。这些举动提醒我们存在的文化偏见，公开或隐秘地敦促我们消除文化偏见。

还有一些东西是不为我们所见的。男性优于女性的偏见，很多也存在于女性中。西方学院的卡罗琳·赫尔德曼在其《2016 年总统选举中的性别与性属》一书中指出：大多数男性对寻求权力的女性持不利态度，但也有 30% 的女性对她们持有偏见。[49] 德国海因里希·海涅大学于 2019 年进行的一项名为"对女性领袖的偏见"的研究测试了 1528 名参与者。公开询问时，10% 的女性和 36% 的男性对女性领导人持有偏见。然而，在保证完全保密的情况下，这一数字分别猛增至 28% 和 45%。[50] 研究人员还发现，这些女性参与者不仅对其他女性产生偏见，而且往往不知道自己存在偏见这一事实。心理学家将这种自我认知与现实之间的差异称为"隐性偏见""无意识偏见"或"盲点偏见"。[51] 正如 2010 年美国妇女联合会发布的报告《女性为何如此少》所表明的，男女都持有的这种盲点偏见更难消除，因为我们没有意识到它的存在。[52]

还记得凯瑟琳·尼科尔斯的那个实验吗？女性文学代理人压倒性地偏爱以男性笔名寄送的书稿。2012 年，耶鲁大学心理学家对 127 名科学教授（男性和女性）进行了偏见测试，请他们审核一份科学实验室经理的申请。[53] 研究人员发送的是同一份简历，有时以男性申请人的名义，有时以女性申请人的名义。男性申请人被认为更适合这个职位，不仅被认为更适合雇用，而且被认为应该获得更好的薪水和培养。令人惊讶的是，女性和男性对女性持有同等的偏见。有时候，女性对女性的偏见甚至会大于男性。2013 年，哈佛大学研究人员马扎林·贝纳基和安东尼·格林沃德发布了"性别－职业内隐联想测验"的结果，该测试旨在探讨人们对职场女性和家庭对妇女的态度。他们发现，75% 的男性对女性的位置持有可预见的刻板印象，但 80% 的女性也是如此。[54]

这并不是要把责任推给女性，以此为男性开脱。相反，上述研究恰恰表明，男性非常有效地将性别偏见植入了人们的潜意识。从历史上来看，男性拥有大部分控制权，包括对性别和天才的社会话语权。如果今天的女性和男性一样相信改变游戏规则的领导者应该是拎着公文包、身材高大、强壮的白人男子，那谁才是真正的罪魁祸首呢？

这就引出了天才的性别分布问题。男女真的有区别吗？查尔斯·狄更斯真的比路易莎·梅·奥尔科特更有文学天赋吗？说出"天才是99%的汗水加1%的灵感"这句名言的爱迪生，真的比常年在危险条件下搅拌一桶桶沥青铀矿的玛丽·居里更有毅力吗？为什么是爱迪生而不是玛丽·居里成了坚忍的典范人物？事实上，令人印象深刻的畅销书《坚毅：释放激情与坚持的力量》（2016）根本没有提及玛丽·居里，也没有"女人与毅力"或"女人与坚毅"的相关讨论或索引。为什么卓越女性的这一特点被隐藏？历史表明，为了成为并被认可为天才，女人付出了额外的毅力。

对此，诺贝尔奖得主托妮·莫里森非常清楚。想想她在巅峰时期的工作安排，再看看她的同胞、诺贝尔奖得主海明威在巅峰时期的工作安排。1965年，莫里森是一位单身母亲，住在纽约皇后区一个租来的小屋子里。她凌晨四点起床写作，然后开车送两个儿子去曼哈顿上学，接着她去兰登书屋做编辑工作，下班后再开车接他们回家。把孩子们哄上床后，她才能接着写作。1931年，因为富婆妻子，海明威得以住进基韦斯特岛上最豪华气派的别墅。在那里，他每天早上在与别墅相连的独立工作室写作，下午去钓鱼。2019年，《卫报》发表了布里吉德·舒尔特的一篇文章，其标题说明了一切："女人最大的敌人是缺乏属于自己的时间。"女人要挤出时间，就需要额外的毅力。[55]

对于今天女性的雇主和配偶，这意味着什么？他们应该为她们提供同等的空间、报酬以及（或许最重要的）时间。对于关心子女幸福和未来成功的父母，这又意味着什么？好吧，比如说，他们不应该再给女儿穿上曾经流行的、上面印有"我很漂亮，不能做作业，让哥哥给我做"这些文字的T恤衫。他们还应注意不要以更微妙的方式灌输刻板的性别偏见。《纽约时报》最近发表了一篇文章，题为《谷歌，请告诉我，我儿子是天才吗？》，文章指出：父母在网上搜索"我儿子是天才（或有天赋）吗"的概率是搜索"我女儿是天才（或有天赋）吗"的2.5倍；同样，搜索"我女儿是否超重"的概率是搜索"我儿子是否超重"的2倍。[56] 因此，当前女性明显遭受天才偏见，其比例为2.5：1。长期以来，这个"比赛"都被操纵，并且因为难以消除的、隐藏的文化偏见而被继续操纵，即使对于开明的现代父母来说也是如此。

最后一个统计数据，同样来自加州大学戴维斯分校杰出终身教授、历史测量学（量化历史事物）系主任迪恩·基思·西蒙顿：根据西蒙顿的推测，对于每一个可识别的女性天才，我们都可能举出10个男性天才的名字。[57] 如果这是真的，最粗略地说，这意味着每20个潜在的天才中，就有9个人的天才"授权"因为性别偏见而被抑制。如果你是公司老板——权且称之为"人类潜能公司"——每20个天才员工中就有9个没有充分就业，这很聪明吗？难道真如爱因斯坦所说，愚蠢是永恒的？

打破一个愚蠢的习惯，需要行动并始于意识。要知道，"失踪的9个天才"是因为性别偏见而失踪的。要知道，原因在于文化，不在于缺乏天赋。要知道，女性同样具有男性那些隐秘的习惯，也许额外还具有复原力。要想想你同女儿或儿子谈论作业、成绩等事情的方式可能带来的影响。最后，如果你要把本书的某一章推荐给朋友、同事和家人，那就推荐这一章吧。

第 **3** 章

远离神童泡沫

人们对神童很着迷，但神童就是天才吗？

"天才儿童"和天才是有本质区别的：天才具有创造力，他们通过改变社会行为和价值观的创新思维改变世界；神童只是模仿而已。

神童就是天才？

2004 年，《60 分钟》节目对才华横溢的 12 岁作曲家杰伊·格林伯格进行了特别报道。在节目中，小格林伯格坐在电脑前，把自己听到的音乐写成曲谱。他告诉主持人斯科特·佩利，他已经创作了五部交响曲，它们似乎是奇迹般地流淌进他的大脑："我只是听到它，就好像是一首现成作品的流畅演奏，而事实并非如此。"在哥伦比亚广播公司（CBS）对格林伯格的后续报道中，著名的茱莉亚音乐学院教授塞缪尔·齐曼评论道："我们谈论的是一个神童，在作曲方面，他达到了历史上最伟大的天才的水平。我说的是莫扎特、门德尔松、圣桑那样的天才。"不久，另一位神童、小提琴演奏家约书亚·贝尔委托格林伯格创作了一首协奏曲，由伦敦交响乐团完成录制。所有人都认为格林伯格是当代莫扎特。

再看看另一个音乐神童。2017 年，《60 分钟》节目特别报道了英国音乐神童阿尔玛·多伊彻，同样将这位 12 岁的神童比作莫扎特。[1] 和莫扎特一样，多伊彻几乎从一出生就能说出所有的音阶音符，4 岁开始作曲，12 岁为维也纳市写了一部歌剧。[2] 事实上，这部歌剧（《灰姑娘》）听上去很像莫扎特（歌剧片段可在 YouTube 上听到）。为什么格林伯格和多伊彻——事实上几乎所有神童都被比作莫扎特？因为莫扎特是"黄金标准"。

1756 年 1 月 27 日，利奥波德·莫扎特和安娜·玛丽亚·莫扎特（佩特尔家族）为他们的儿子施洗礼，给他取名为乔安尼斯·克里索斯托莫斯·沃尔夫冈·西奥菲勒斯·莫扎特。[3] 后来，莫扎特放弃了名字中希腊语来源的"西奥菲勒斯"，改为法语来源的"阿马德"或拉丁语来源的"阿玛多伊斯"——意思是"蒙上帝之爱"。从基因上来看，似乎真是如此——莫扎特蒙受了神圣的音乐天赋。他是家族的第四代音乐家，他自己的两个儿子（都没有留下后代）跟随他的脚步成为音乐家后，音乐世家延续了五代。[4] 携带有音乐基因的，似乎是佩特尔家族，而不是莫扎特家族。虽然母亲安娜·玛丽亚没有参与家族的高级音乐创作，但她的父亲和祖父都是教会音乐家。[5] 利奥波德·莫扎特的祖辈则只是德国奥格斯堡的装订工。利奥波德缺乏音乐天赋，但不缺乏音乐抱负，他发现，这种抱负可以通过儿子沃尔夫冈实现。

莫扎特似乎从小就为音乐着迷。根据他姐姐纳奈尔的证词，他 3 岁就会弹羽管键琴，弹出三度音程（钢琴上三个白色键略掉中间键的音程）的"甜美"声音时，他显得特别快乐。[6] 小男孩不仅是钢琴奇才，还是小提琴天才，他似乎是靠运动记忆（看到乐谱音符就能准确记起指板上相应的正确位置）凭直觉就会弹奏乐器。他 6 岁开始弹奏大键琴和风琴也是如此，尽管他弹奏时必须站着才能够到踏板。莫扎特还具有留声机般的记忆力。例如，14 岁时，他第一次听到一首 2 分钟的乐曲（格雷戈里奥·阿莱格里的《求主垂怜》）后，很快就写出了所有的音符。绝对的音感，准确的声音记忆，绝对的运动记忆——这一切，神童莫扎特都拥有。

有这样的天才儿子，父亲利奥波德于是领着莫扎特和他天资聪慧的姐姐纳奈尔去欧洲各大宫廷巡回演出。利奥波德善于交际、举止温文尔雅，为赢得王室成员听众扫清了道路，天才儿童莫扎特奉献了精彩的音乐表演。君主、专业音乐家和业余爱好者都对小男孩的非凡天赋赞叹不已。萨尔茨堡的一位市民称他为"天生的艺术奇才"。[7]

神童模仿，天才创造

从广义上来讲，"奇才"（prodigy）一词是指"某个令人惊奇的、不可思议的，或超出正常自然规律的东西"，它不一定与年龄小联系在 起。[8]加拉帕戈斯群岛上一只 300 岁的海龟和加州一棵 4000 年树龄的红杉，都是大自然的"奇才"。然而，如今人们普遍认为的"奇才"是指拥有远超其年龄天赋的儿童，是具有成人能力的"神童"。毕加索 3 岁就能作画；约翰·斯图尔特·密尔很小就写出了一部罗马史（另有说他 16岁写出罗马史）；比尔·盖茨在华盛顿州 8 ~ 12 年级数学测试中成绩最高——而他当时只是一名 8 年级学生。[9]在我们看来，这样的天赋是无法解释的。

作为一种文化，我们对神童很着迷。以 2015 年 Lifetime 电视台首播、与门萨俱乐部联合制作的电视节目《儿童天才》为例，我们看到 8 ~ 12岁的孩子在争夺年度"儿童天才"称号。在这档节目中，小选手们（智商据说高达 140 ~ 158）展示出非凡的记忆力和计算能力。瑞恩是一个数学神童，能立刻计算四位数乘除法；凯瑟琳能记住 52 张扑克牌的顺序；其他人能立即回忆起某天风暴的风速和气压。获胜者得到了 10 万美元的大学教育基金。

最近，美国全国广播公司（NBC）试图用综艺节目《天才少年》来满足我们对天才的胃口——节目中的"天才"和"少年"是同义词。在这里，孩子们不是单打独斗，而是由三个 10 岁左右的孩子组队竞争 40 万美元。与《儿童天才》一样，该节目也是通过数学技能、地理位置记忆和拼写（这次是倒写）来衡量选手的卓越表现。两个节目中小选手的能力都令人印象非常深刻，但他们的专业技能仅限于某些与量化和记忆有关的领域，这些技能以正确答案的形式加以立即验证。事实上，神童通常首先出现于象棋、数学、音乐和记忆处理等形式化、规则化的领域。但是，正如"天才"这个名字所暗示的，《儿童天才》和《天才少年》中的选手真的是天才吗？他们不是天才，他们只是神童。

两者的区别在于：天才具有创造力，他们通过改变社会行为和价值观的创新思维改变世界；神童只是模仿而已。神童小小年纪就拥有超常的表现，然而，并没有站在自己领域的前沿、改变它的方向。尽管这些孩子"早熟"（像水果一样提早成熟），但他们都有一个"保质期"。如果他们十七八岁时还未能发出自己的创造力"声音"，那他们可能永远不会有创造力了。

以大提琴家马友友为例。他小时候是个神童，尽管今天他出色的演奏会带给我们极大的乐趣，但他欣然承认自己不是天才。[10] 马友友不是作曲家，他留给我们的，只是对别人作品的诠释。想想那些大器晚成的天才：凡·高、塞尚、波洛克、德沃夏克、威尔第、法拉第、莫里森，等等。莎士比亚直到 36 岁左右才达到创作能力的顶峰，[11] 而莫扎特到这个年纪已经去世了。达尔文的天才在于他非凡的耐心，直到 50 岁才出版革命性著作《物种起源》。某些领域（特别是观察性科学）是建立在长期感知和观测基础上的。因此，从某种程度上来讲，神童是"领域依赖型"的。《儿童天才》和《天才少年》中那些 10 多岁的孩子可能是数学或拼写奇才。他们也可能是音乐或象棋神童，但他们不写自传体小说。然而，莫扎特非常幸运，他不但拥有音乐天赋并从小就显现出超凡的能力，与大多数神童不同的是，他还拥有罕见的音乐创造能力。

回到巡回表演的莫扎特一家人。他们于 1762 年 9 月 18 日离开萨尔茨堡，并于 1766 年 11 月 29 日凯旋——行程持续了大约 4 年。这段旅程很高调，利奥波德称之为"贵族游"——他们经常坐着六匹马拉的私人马车辗转各地，还有两个仆人伴随左右。他们的行程沿着热爱音乐的欧洲王子们的行程轨迹，途经了阿尔卑斯山以北的各大宫廷中心：维也纳、慕尼黑、法兰克福、布鲁塞尔、阿姆斯特丹、巴黎和伦敦。

所到之处，沃尔夫冈都成为王室的宠儿。在维也纳，6 岁的莫扎特坐在玛丽亚·特蕾莎女王的膝上，她送给他一套华丽的衣服，他亲吻并兴奋地向女王的一个女儿（后来的法国王后玛丽·安托瓦内特）求婚。在凡尔赛宫，莫扎特与国王路易十五共进新年晚餐时就站在国王身旁，并由王后小口喂饭。从路易·卡洛斯·德·卡蒙特尔的一幅水彩画中，我们可以看到莫扎特一家人那个时候在法国是何等的风光体面（图 3.1）：利奥波德手持小提琴，小莫扎特坐在钢琴前，双腿几乎悬空在椅座下面；站着唱歌的是姐姐纳奈尔。纳奈尔呢？她也是天才吗？

玛丽亚·安娜·莫扎特（昵称纳奈尔）当然是个神童。启蒙运动领军人物弗里德里希·格林 1763 年指出，在大键琴上"没有人比她演奏得更精确、更出色"。[12]1766 年，瑞士一家杂志报道说，她"能演奏最伟大的大师们的最难的曲子，其干净和准确程度无与伦比"。[13]事实上，沃尔夫冈·莫扎特的早期作品就是写在她的音乐笔记本上的。那为什么我们从未听说过她呢？

纳奈尔是一个伟大的演奏者，但不是一个创作者。今天没有任何一首乐曲写有她的名字，也没有任何一首乐曲留有她的笔迹——我们从她写的众多信件中倒是能看到她的笔迹。纳奈尔没有一封信件提到自己正在作曲或有作曲的欲望，当代的记述也没有提到她的作品，什么也没有。也许纳奈尔·莫扎特确实渴望成为一名作曲家，但当时的传统使她未能如愿。

图 3.1　路易·卡洛斯·德·卡蒙特尔 1763 年创作于巴黎的水彩画，画中 7 岁的莫扎特在弹钢琴，身旁是他的父亲利奥波德和姐姐纳奈尔。注意看，这个小男孩双脚悬空搭在椅座上。（尚蒂伊城堡孔代美术博物馆）

也许她有创作天赋，只是没有机会。考虑到长期以来女性天才所面临的种种歧视，这种解释似乎是合理的。这也正是获奖影片《莫扎特的姐姐》（2010）的故事情节。然而，尽管纳奈尔的电影故事很有戏剧性，但历史文献记述的却是不同的故事。事实上，纳奈尔·莫扎特获得了和弟弟一样的鼓励、课程和教学材料。就莫扎特的兄弟姐妹而言，结果明显不同，不是因为家庭内的性别歧视，而是因为这个小男孩拥有非凡的音乐创造力。

1764 年，莫扎特一家抵达伦敦时，沃尔夫冈已经承担起小作曲家的角色，而父亲利奥波德则担任筹办者。8 岁的莫扎特在白金汉府（后来的白金汉宫）为乔治三世国王和夏洛特王后演奏大键琴和风琴，为了确保英国王室不会很快忘记他们，莫扎特向夏洛特王后赠送了纪念品：他创作的 6 首小提琴、钢琴奏鸣曲。

一个神童创作的非凡作品，有可能得到了父母帮助。例如，我们现在知道，哥伦比亚广播公司《60 分钟》节目（2003）中的 4 岁神童玛拉·奥尔姆斯特德，她的部分画作就藏有其父亲马克代笔的影子。[14] 但沃尔夫冈·莫扎特在伦敦时并不需要父亲帮忙，至少从姐姐纳奈尔的回忆来看是这样的。1764 年夏天，父亲利奥波德病倒了，留下两个孩子安静地自娱自乐。

在伦敦，父亲病危，我们被禁止碰钢琴。因此，莫扎特为了给自己找点儿事做，创作了他的第一部交响曲，包括所有管弦乐队的乐器——尤其是小号和定音鼓。我只好坐在他旁边把谱子抄下来。他作曲、我抄谱子的时候，他对我说："记得提醒我给圆号配点儿重要的东西！"[15]

如果还需要证明莫扎特的创造力的话，1766 年，已经 10 岁的莫扎特回到萨尔茨堡时，已经独自创作了近百首作品，包括 40 首钢琴曲、16 首小提琴奏鸣曲至少 3 首交响曲。12 岁之前，他就创作了具有变革意义的杰作《孤儿院弥撒曲》（1768），由玛丽亚·特蕾莎女王委托并在维也纳为她首演。

哥伦比亚广播公司节目中的当代神童杰伊·格林伯格和阿尔玛·多伊彻又怎么样呢？尽管音乐品位是个人化的，但任何听过阿尔玛·多伊彻音乐的人都会同意，它更具回顾性，而不是革新性。听听她于 2017 年录制的《降 E 大调钢琴协奏曲》（可在 YouTube 上找到视频），听起来就像莫扎特！背后是一位才华横溢的少年，拥有一双能够模仿和回应死去偶像风格的音乐耳朵。但多伊彻的作品回顾的是 225 年前的音乐，就像今天的科学家希望找到天花疫苗一样。小多伊彻的音乐作品令人愉快、令人印象深刻，但毫无革新性。杰伊·格林伯格的作品也是如此。现在，格林伯格已年近三十，和父母搬到新西兰，继续学习作曲。关于他的公告一出现就会消失。原来，人们感兴趣的不是格林伯格创作的电影配乐，而是他创作这些配乐的年龄。还记得塞缪尔·约翰逊对狗用后腿走路的回应吧，让我们印象深刻的不是行为本身的创造性价值，而是它竟然可以用后腿走路。

巴尔的摩交响乐团和维也纳广播交响乐团的指挥马林·阿尔索普非常了解杰伊·格林伯格的音乐——2006 年，她将杰伊·格林伯格的交响诗《智慧生命》录制成 CD 发行。最近，我有机会问她，为什么近来没怎么听说格林伯格。阿尔索普说："如果他的音乐是由一个 40 岁的成人而不是一个小孩子写的，那几乎不会有人关注他。他的音乐有希望，但不是独特的声音；没有经历人生危机，是很难获得独特的艺术声音的。"[16]

为什么神童很少会成为创新者？

为什么神童很少会成为创新者？是什么导致或促成了伟大艺术的诞生？是什么促使真正的天才向别人看不见的目标射击？人生危机是促成艺术声音或科学远见的突发事件吗？独立性和韧性是在童年创伤"熔炉"中锻造而成的吗？当然，如小野洋子（Yoko Ono）所说，"谁也不应该鼓励艺术家为了成为更优秀的艺术家而去追求悲剧"。[17] 但是，关键时期失去父母（通常是母亲）的天才数量惊人：米开朗琪罗、达·芬奇、牛顿、巴赫、贝多芬、陀思妥耶夫斯基、托尔斯泰、华兹华斯、林肯、玛丽·雪莱、克拉拉·舒曼、麦克斯韦、玛丽·居里、夏洛蒂和艾米莉·勃朗特姐妹、弗吉尼亚·伍尔夫、西尔维亚·普拉斯、保罗·麦卡特尼和奥普拉·温弗瑞。难道真如约翰·亚当斯所说，"天才是悲伤之子"？痛苦会改变世界观？2009 年，Lady Gaga 接受《卫报》采访时说："我确实认为，当你痛苦挣扎的时候，你的艺术会变得伟大。"[18]

天才诗人狄兰·托马斯也曾调侃说："只有一件事比童年不快乐更糟糕，那就是童年过得太快乐。"[19]

1778 年春天，莫扎特一点儿也不快乐。事实上，大多数神童青少年时期都不快乐。[20] 对莫扎特来说，他在巴黎的那六个月（1778 年 4 月至 10 月）是他人生的低谷。[21] 莫扎特被父亲利奥波德命令搬到巴黎找工作。[22] 年轻的莫扎特提出异议，因为那样他就不得不撇下自己的初恋女友（她很快就忘了他）。更糟糕的是，利奥波德让莫扎特的母亲安娜·玛丽亚陪莫扎特去巴黎。[23] 在巴黎，母亲因患斑疹伤寒不幸去世，利奥波德责怪莫扎特没有照顾好她。最终，莫扎特没能找到一份适合其音乐才能的工作。神童一旦褪去脸上的稚气，公众对他的兴趣也就随之消失。1778 年 7 月 31 日，他在一封信中写道："最让我恼火的是，这些愚蠢的法国人似乎认为我还只有 7 岁，那是他们第一次见到我的年龄。"[24]

22 岁的莫扎特在巴黎惨遭失败。当时的他孤身一人，几乎没有钱，没有工作，没有女朋友，也没有母亲——只有一个责备他的父亲。但莫扎特的巨大失败，后来证明是他人生的决定性时刻。他学会了少听从别人的话，多依赖自己至高无上的天赋。他认识到，没有"爸爸"或其他人提供建议和认可，生活也可以继续。最重要的是，他刚经历了一场突如其来的重大变故，失去了母亲，这给他的音乐直接赋予了新的情感深度；我们可以从《莫扎特小提琴奏鸣曲 KV304》中听出来，这是他唯一用忧伤的 E 小调创作的器乐曲。1779 年 1 月，莫扎特狼狈地回到萨尔茨堡，但不到一年就离开了。他离开控制他的父亲，去了维也纳。他今天为世人熟知的伟大作品，95% 都是在那里创作的。莫扎特躲过了"神童泡沫"。

对莫扎特来说，利奥波德是一位出色的向导，既是父亲又是老师，至少在一开始是这样。他教给儿子音乐基础理论、为他打开通往欧洲王室的大门，无疑加速了莫扎特的专业发展，但后来利奥波德成了多余的包袱，被落在了后面。导师可以教年轻人如何建立关系网，帮助他们找到工作，给予表扬和鼓励，帮助他们向上爬，[25] 目标是成功。导师传授的是现在的状况和如何模仿现状，不是如何创造新事物。有哪个家长或老师会说"尽量离我远点儿，去寻找最好的机会、培养独立的质疑精神，去做大胆的、与众不同的决定，形成与我截然不同的世界观"？但是，创造性天才就是这样诞生的。

爱因斯坦有导师吗？没有。他瞧不起自己的老师，老师也瞧不起他。21 岁大学毕业时，他激怒了教授们，谁都不愿给他写推荐信。四年期间

（1901—1905），他都没有工作。巴勃罗·毕加索有导师吗？是的，就是那个砍掉鸽子脚，然后贴在墙上让小巴勃罗画鸽子脚学习绘画技艺的人。巴勃罗的父亲何塞·鲁伊兹是一个反面例子的导师，大约17岁时，巴勃罗为父亲感到羞愧，于是开始用母亲的姓氏（毕加索）而不是父亲的姓氏在自己的画上签名。长大的毕加索后来开玩笑说："何塞因为自己的无能而成为榜样。"[26]

少数声名显赫的神童（比如莫扎特和毕加索）会遮蔽我们的判断。他们的人生似乎表明，神童变成天才是常态，神童是成为天才的必要前提。然而，大多数天才（如爱因斯坦）都是大器晚成。创造性作家和艺术家——非规则性领域的人——大都属于大器晚成的天才。同样，大多数富有同情心的政治领袖（如林肯、金、甘地和默克尔）也是如此。霍华德·加德纳在《创新思维》（1993）一书中研究了20世纪最杰出的七位创新者，其中只有毕加索是神童。玛莎·格雷厄姆20岁才开始跳舞，T.S. 艾略特也是20岁才开始写诗。西格蒙德·弗洛伊德多次改变兴趣，40岁才选择了他后来发展的精神分析学。爱因斯坦在STEM学科上都是优秀学生，但正如我的耶鲁同事、为爱因斯坦写过传记的作家道格拉斯·斯通所指出的，"爱因斯坦绝不是神童"。[27]

那为什么有"小小爱因斯坦"呢？因为我们强烈地渴望把神童视为奇迹并把自己的希望和抱负加诸其上。为了满足这种渴望，沃尔特·迪士尼公司于2001年开始向全世界数百万焦虑万分、充满抱负的父母推销"小小爱因斯坦"（婴幼儿益智教育媒体产品）。婴幼儿观看的这些视频，旨在提高语言技能，引入数字概念，增强颜色识别能力，强化圆、三角形、正方形等简单几何图形。不久，"小小爱因斯坦"又迎来了"小小莫扎特""小小莎士比亚""小小伽利略"和"小小凡·高"。几乎与此同时，还出现了"莫扎特效应"：支持者说，听莫扎特的音乐，可以短时间内提高学生的智商测试成绩，让孩子变得更聪明。[28] 佐治亚州州长泽尔·米勒专门拨款 10.5 万美元，为佐治亚州出生的孩子每人提供一盘莫扎特音乐 CD。长期展望？——神童会变成天才。最终，这些产品的效果被证明令人失望。"莫扎特效应"和"小小爱因斯坦"都未能提高孩子的智力和创造力。沃尔特·迪士尼公司发布道歉声明，主动为售出的每件产品退还 15.99 美元。《纽约时报》2009 年的一个头版标题令人捧腹大笑："你的婴儿床上没有爱因斯坦？退钱！"[29]

"神童泡沫"也常常导致令人失望的结果。有些神童被逼得太狠，以致精疲力竭，永远离开了自己的活动领域。有些神童从小就被父母"定型"，无法继续追寻新的梦想。未来主义建筑家巴克敏斯特·富勒说："毛毛虫身上没有任何东西告诉你它会变成蝴蝶。"还有些神童继续发挥自己的特殊技能，成长为心理学、哲学、医学等非规则性学科领域的杰出专家。[30] 但大多数神童都像杰伊·格林伯格一样完全消失了。

"神童泡沫"的问题在于：绝对的正面强化，恪守严格的规则，必须做到完美，关注单一活动，家长过度关心甚至是专横（当今的"直升机家长"）。安·赫伯特的《超乎寻常：美国神童不为人知的生活与教训》（2018）一书重点分析了数十个神童，如今他们都被人完全遗忘，只有一个例外。她在书的结语处提醒我们："神童急于展现天赋，往往会变得自大自负、心比天高，最终希望破灭。"[31] 这样的神童通常会自我封闭、脱离社会、智力发育不全，甘愿被囚禁于令人窒息的环境中。

因此，如果你或你的孩子的目标是荣登天才圣殿，请深吸一口气，放松一下——你还有大量时间到达那里。在此之前，请不要就某个规则性学科进行魔鬼训练，可以试试本章和后面章节给出的建议。要努力培养思想和行为的独立性以及应对失败的能力。要制订全面的学习计划，不要限于狭隘的专业化；最重要的是，要以培养学习能力为目标，不是在导师的指导下学习，而是独立的学习能力。父母要牢记：融入社会是培养同理心和领导能力的重要方式。神童千篇一律，天才多种多样。现在，我们必须打破"神童等于天才"的固有观念：天才大都不是神童，神童大都不会成为天才。

第 **4** 章

保持童心，重拾创造性想象力

为什么人类的想象力会随着年龄的增长而黯然失色？因为大多数人在现实生活中失去了童心。

成为永远长不大的孩子，对世界充满强烈的想象力和好奇心，这是成为天才的关键。

1816 年 6 月 1 日傍晚，暴雨和闪电冲击着日内瓦湖南岸的迪奥达蒂别墅。[1]一群英国侨民和初出茅庐的天才聚在一起共进晚餐，在暴风雨的鼓舞下，他们开始了大胆的尝试：每人写一个鬼故事。拜伦邀请的客人包括珀西·比希·雪莱、雪莱的情人玛丽·戈德温（后来的玛丽·雪莱）、玛丽的同父异母妹妹简、约翰·波利多里医生，他们都不到 30 岁。主人拜伦是典型的浪漫主义天才，热情、叛逆、自恋、才华横溢。卡罗琳·兰姆夫人形容他"疯狂、很坏、危险"——毕竟，拜伦和自己同父异母的妹妹有过暧昧关系。珀西·雪莱通过出版诗集即将步入伟大诗人的殿堂（今天所说的英国浪漫主义诗人）。波利多里后来写出了《吸血鬼》，从而把吸血鬼德古拉放入了文学地图。但在所有的著名参与者中，对西方精神和流行文化产生最持久影响的是玛丽·雪莱。那天晚上，她开始想象弗兰肯斯坦浑身抽搐的情景。当时她才 18 岁。

因为《弗兰肯斯坦——现代普罗米修斯》，玛丽·雪莱创造了一种全新的文学体裁——哥特式恐怖小说，集梦幻和谋杀为一体，其"后代"包括《巴黎圣母院》《化身博士》《歌剧魅影》等极具影响力的作品。然而，《弗兰肯斯坦》对当代文化的影响，与雪莱的小说关系不太大，更多的是与它衍生的许多电影有关，包括爱迪生公司 1910 年制作的电影《弗兰肯斯坦》，以及由鲍里斯·卡尔洛夫主演的 1931 年版《弗兰肯斯坦》。[2]然而，这个混进流行文化的怪兽，明显不同于雪莱笔下最初的那个弗兰肯斯坦。

如今，科学家们正在重新关注玛丽·雪莱传达的信息：小心"意外效应定律"。[3]雪莱小说的第二部分，维克多·弗兰肯斯坦博士被炉火余烬加热，然后突然燃烧起来，此时，他说了这样的话："真是奇怪，同样的原因，效果竟然如此相反！"[4]弗兰肯斯坦是一个创造性的天才，努力增进人类的知识。玛丽·居里、阿尔伯特·爱因斯坦、沃森和克里克也是如此。弗兰肯斯坦面临的道德困境——需要权衡科学发现的积极作用与潜在的负面影响，同时强制推行伦理标准——预示了弗兰肯斯坦在现实世界中的后裔们将在核能、全球变暖和基因编辑等领域面临类似的困境。

天才作家的想象世界

一个没有受过正规教育，也从未发表过任何作品的 10 多岁的孩子，怎么会编出一个精彩的故事给成年人上了一堂道德课？一个来自稳定的中产阶级家庭的人，怎么会知道阴暗面、知道"人性中的神秘恐惧"？为什么玛丽·雪莱后来拼尽全力写出的那些小说却永远无法复制她 18 岁时的成功？答案与孩童般的想象力和成人的现实世界有关。

所有天才都不是孤岛，任何想法都不会无中生有。玛丽·戈德温出身于中产阶级家庭，她博览群书，对本·富兰克林的风筝飞行实验了如指掌，还参加了化学和电学的公开讲座，包括讨论路易吉·格瓦尼发现的生物电。她也很叛逆，16 岁时和珀西·雪莱私奔欧洲。两个敏感的年轻人沿着莱茵河顺流而下，途经的地方距离弗兰肯斯坦城堡不到 32 千米，很可能听说过关于那里发生的可怕事件的民间传说。她小说角色的名字，肯定源于这次经历。但是，这些影响都无法解释《弗兰肯斯坦》令人震惊的独创性。

我们必须求助于玛丽·雪莱本人。在1831年版《弗兰肯斯坦》的序言中，作者回应了读者们请求解释的疑惑："你当时是一个小女孩，怎么会有那么可怕的想法，而且描写得那么详细？"对此，雪莱解释说："我从小就喜欢乱写乱画，在我被允许玩耍的时间里，我最喜欢的消遣就是'写故事'……但不会局限于写我自己的身份，对那个年龄的我来说，想象的世界比我自己的感觉有趣得多。"她喜欢搭建"空中楼阁"、编造"想象事件"。[5]

年轻的玛丽是一位有经验的作家，但只能写自己的想象世界。日内瓦湖那个著名的黑暗暴风雨之夜后，有几天晚上，她都参与了拜伦和雪莱关于电镀以及伊拉斯谟斯·达尔文（查尔斯·达尔文的祖父）的电学实验的讨论。然后，她上床睡觉，但是睡不着。相反，她沉浸于自己的想象世界——她称之为"清醒的梦境"。

> 我枕着枕头，没有睡着，也不能说在思考。我的想象力不请自来，支配着我、引导着我，脑海中出现连续的画面，比通常的幻想画面要生动得多。我闭着眼睛，但精神视觉非常敏锐——我看见那个脸色苍白、亵渎神灵的学生（弗兰肯斯坦）跪在组装好的东西旁边。我看见那个恐怖的人形怪物平躺着，然后，在某种强大的力量作用下，露出生命的迹象，开始不安地、有些僵硬地动弹起来……他睡着了；他被弄醒；他睁开眼睛；看啊，那个恐怖的怪物就站在他的身边，用黄色的、水汪汪的眼睛打量着他。
>
> 我惊恐地睁开眼睛。脑子里都是那些念头，让我感到一阵毛骨悚然，我真想把恐怖的幻想景象换成周围的现实。我还能看见

它们……我无法轻易地摆脱那个恐怖的幻影；它仍然缠着我，挥之不去。我得想点儿别的。我又想起了我的鬼故事，那个讨厌的、倒霉的鬼故事！啊！如果我能想出一个能吓到读者的、就像那天晚上吓到我一样的故事，那该多好啊！

突然，一个轻盈而欢快的念头闯入我的脑海。"我找到了！吓坏我的东西，也会吓坏其他人；我只需要描写那个午夜爬上我枕头的幽灵。"

童年的些许记忆、刚结束的讨论、孩童般的深夜惊恐、惊人的生动想象力——这些"炼金"原料共同造就了文学史上最伟大的恐怖小说和道德寓言。最初的大胆练笔，后来写成一部短篇小说，10个月后又写成一部完整的长篇小说。《弗兰肯斯坦》于1818年元旦出版，首次印刷500册，受到普遍好评。赞扬作者"独创性天才"的不乏沃尔特·司各特爵士那样的重要人物。[6]《弗兰肯斯坦》第一版是匿名出版的，由珀西·雪莱作序。许多评论家都认为，那样的"独创性天才"只可能产生于一个人的大脑，于是把这部小说归于珀西·雪莱的名下。直到1823年第二版出版时，玛丽·雪莱才被确认为该小说的作者。

快进到1990年。一位极富想象力的年轻女子乔安娜·罗琳登上了由英国曼彻斯特开往伦敦的火车。对于此次经历，她是这样描述的：

我坐在那里，压根儿就没想写作的事情，不知从哪儿冒出来那个想法，我能很清楚地看到哈利，那个瘦骨嶙峋的小男孩。我整个人都为之兴奋。以前写东西，我从未有过那样的兴奋。于是，我在包里翻找纸和笔。但我连眼线笔都没带，所以，我只得坐在那里想象，因为火车晚点，我整整想了 4 个小时。所有的那些想法，全都涌进我的脑子。[7]

接下来的 5 年时间，罗琳将想象的哈利·波特故事写成了她的第一本小说；对罗琳来说，这 5 年并不容易。她搬到了葡萄牙的波尔图，后来又搬到苏格兰的爱丁堡，独自抚养一个襁褓中的女儿，靠救济金生活。她说："我不是夸张，也不是说假话，那段时间，我只能用餐巾纸写作，因为我买不起稿纸。"她确实是靠每周 70 英镑（约合人民币 600 多元）的救济金生活，有些部分是在一居室的公寓里写的，但大部分都是在附近的"尼克尔森"咖啡馆里写的。"遭到无数次退稿后"，她终于为《哈利·波特》找到了一家出版商：位于伦敦的布鲁姆斯伯里出版社。布鲁姆斯伯里出版社编辑巴里·坎宁安于 2001 年接受英国广播公司（BBC）采访时回忆说，虽然罗琳只写完了一部小说，但她已经想象好了整个写作计划的精华，"她给我讲的哈利·波特的事情，贯穿了整个小说系列。我意识到，她对那个世界、那个世界的走向、包括那些人物以及人物的发展都了如指掌。在正常世界里，它是不会发生的，自然就很吸引人"。[8]

24 岁的罗琳就能想象出一个生活着众多小男女主角的幻想世界。她的想象力，为她赢得了出版史上最伟大的成功之一，不仅出版了小说，还推出了电影、戏剧、百老汇音乐剧和两个梦幻乐园（名字都叫"哈利·波特的魔法世界"）。玛丽·雪莱和 J.K. 罗琳这两位天才有着共同之处：都很年轻、富有想象力，都害怕晚上闹鬼。

找回"内心的孩子"

孩子多大年龄才会意识到，梦境、电影或书籍中的怪物不是真的？成年人必须"长大"，是否促使他们丧失了创造性想象力？玛丽·雪莱和乔安娜·罗琳后来都未能超越自己分别在 18 岁和 24 岁时所展现的想象力。说唱歌手坎耶·维斯特于 2010 年发行的单曲《力量》说到了这一点。他一开始就唱道"孩童般的创造力""纯洁而真实"，接着是对句："现实快要追上我 / 抢走内心的孩子。"

毕加索最初就失去了"内心孩子"的监护权，不得不努力找回"孩子"。他说："每个孩子都是艺术家。问题是，我们长大后仍然要是艺术家。"9 毕加索认为，他过于早熟，从小就有超常的绘画技巧，很像一个大人。事实上，14 岁之前，他就创作出了现实主义杰作。他有句名言："我还是个孩子的时候，就可以画得像拉斐尔，但我花了一生的时间，才画得像个孩子。"不寻常的是，毕加索童年时期的作品，并不是那种天真好玩的作品。他的父亲何塞·鲁伊兹不准他画着好玩，强迫天才儿子巴勃罗模仿经典大师创作伟大的艺术，不让他自由地发挥想象。"我的整个童年，都是在痛苦地努力做一个大人。"10 毕加索曾说，"人们所认为的神童，实际上是童年的天才。到了某个年龄，悄无声息地消失了。这样的孩子有一天可能会成为艺术家，但他必须从头开始。例如，我小时候就没有天赋。我最初画的那些作品，连儿童作品展览都不够格。那些画作缺乏童真或天真……小时候，我画画有学究气，过于直白和精确，今天看来也让我感到震惊。"11

毕加索似乎毁掉了几乎所有童年时期的作品。如他所说，他不得不跳过自己的艺术童年期，逐渐找回孩童般的想象力，为后期的艺术创新提供了催化剂。格特鲁德·斯坦因等评论家发现，毕加索最早的立体主义作品

（1907）有着孩童般的视角和画法，把艺术还原为线条、空间和色彩的原初力量。[12] 后来，大约在 1920 年，毕加索迈入新古典主义时期后，他笔下人物的四肢、手和脚都很大，活像是卡通人物。毕加索将这种风格归因于他童年时期经常做的一个梦："小时候，我经常做一个非常吓人的梦。我梦见自己的腿和胳膊长到很大，然后又朝反方向缩小。在梦里，我看到周围的人都在这样变身，忽而巨大、忽而微小。每次梦到这些，我都非常苦恼。"[13] 正如毕加索以其特有的自相矛盾修辞法所说的妙语："需要花很长时间才能变年轻。"

思维游戏

玛丽·雪莱、乔安娜·罗琳和毕加索都是击中别人看不见的靶子的幻想家。"幻想家"和"想象力"这两个词语的词根分别是"幻想"和"想象"。毕加索看见了想象；罗琳看见了伴随想象而来的故事；雪莱通过语言表达了想象。爱因斯坦也能看到想象。

据爱因斯坦自己说，他"对单词和文字的记忆力很差"。物理学家大都通过抽象符号和公式来观察物理世界，但爱因斯坦不是这样，他能够很好地记住图片和想象中的运动物体，基本上是"看见"物理世界。他说："我几乎不用语言思考。有了想法，我要事后才会试着用语言表达出来。"[14]

在自传中，爱因斯坦解释了自己想象工作的复杂过程。对爱因斯坦而言，连串的"记忆图片"（Erinnerungsblern）形成"工作工具"或"想法"，随后才会表达为数学公式或文字。"我认为，自由联想或'幻想'转变为思维，其特点是这个'想法'或多或少地发挥着重要的作用。将想法和某个可感知的、可重复的符号（单词）联系起来，这是毫无必要的；若果真如此，那思维就能够被交流了。"[15] 最初，爱因斯坦把这种图像思维模式称作"自由的思维游戏"，后来干脆称之为"游戏"（Spiel）。

爱因斯坦的图像思维游戏，源自他著名的思维实验。他回忆说，16 岁的时候，"我做了第一个与狭义相对论直接相关的幼稚的思维实验"。[16] 如果能抓住一束光并以光速旅行，世界会变成什么样子？几年后，年轻的爱因斯坦来回穿梭于自己的公寓和任职的瑞士伯尔尼专利局，他每天都经过城市里的那个著名钟楼。他想，如果一辆电车以光速驶过钟楼，结果会怎样？（钟楼的时钟可能会停下来，但电车上的手表会继续嘀嗒作响，这一点又与爱因斯坦的狭义相对论相关。）后来，大约在他 26 岁时，爱因斯坦想象一个人和一些物品同时从建筑物上掉落，如果掉落中的人只能看到那些物品，那他在掉落吗？（不，他会认为一切都是静止的。）后来，爱因斯坦有了自己的孩子，他试图用孩子看待事物的方式来解释这个世界。于是，为了给小儿子爱德华解释"引力是时空结构弯曲"（广义相对论）这一伟大理论，他说："一只盲甲虫爬上弯曲的树枝表面，它不会注意到自己的爬行轨迹其实是弯曲的。我很幸运，注意到了甲虫没有注意到的东西。"[17]

爱因斯坦能够像孩童那样观察世界，同时又牢记恰当的科学信息。美国"原子弹之父"罗伯特·奥本海默这样评价爱因斯坦："他身上总是有一种强烈的童真，既像个孩子，又非常固执。"[18] 爱因斯坦经常提到创造力与孩童思维之间的联系。1921 年，他在给朋友阿德里安娜·恩里克斯的信中写道："追求真与美，是一个可以终生保持童真的活动领域。"[19] 在生命的尽头，爱因斯坦说："在我们降临的这个伟大的神秘世界面前，我们要永远像好奇的孩子一样站着。"[20]

保持孩童精神

"魔法王国""哈利·波特的魔法世界""探险世界"——父母带孩子去这些梦幻世界，可以强化或者重新点燃家长和孩子的好奇心。如作家J.M.巴里想象的，彼得·潘是一个长不大的男孩，住在伦敦，但经常飞到"梦幻岛"。迈克尔·杰克逊以彼得·潘为人生榜样，也选择不长大。杰克逊曾经对女演员简·方达说："你知道吗，我房间的墙壁上到处都挂着彼得·潘的照片。我完全认同彼得·潘，一个迷失于'梦幻岛'的男孩。"[21]

巧合的是，1983年，迈克尔·杰克逊第一次看到将要成为"梦幻庄园"的地产时，就是和保罗·麦卡特尼在一起。两人合作制作了一盒音乐录像带，后来，杰克逊买下了251首甲壳虫乐队歌曲的歌词版权。就流行音乐或古典音乐的收入（衡量音乐影响力的晴雨表）而言，甲壳虫乐队排名第一，迈克尔·杰克逊排名第三。杰克逊最伟大的流行音乐作品，都是在23岁之前写成的。此后，他所做的一切，都无法与他1982年的专辑《战栗》所获得的音乐和商业成功相媲美。麦卡特尼可以说是甲壳虫乐队背后的主要创作力量（有人认为是约翰·列侬），17～27岁这十年，是他最有创造力的时期。尽管之后麦卡特尼努力尝试，但他再创作的歌曲的影响力都不及早期。

小说家奥尔德斯·赫胥黎说："天才的秘诀，是把孩童精神带入老年。"[22]沃尔特·迪士尼（1901—1966）就是这样做的，从而革新了娱乐世界。"我制作电影，主要并不是为孩子们，而是为我们每个人内心的'孩子'，不管你是6岁还是60岁。"[23]迪士尼电影的故事情节，无一例外都是童话故事或奇幻冒险。热门巨作包括《白雪公主与七个小矮人》（1937）、《匹诺曹》（1940）、《幻想曲》（1940）、《小飞象》（1941）、《灰姑娘》（1945）、《金银岛》（1950）、《爱丽丝梦游仙境》（1951）、《罗宾汉》（1952）《彼得·潘》（1953）《小姐与流浪汉》（1955）《睡美人》（1959）、《玛丽·波宾丝》（1964）等。此外，迪士尼还制作了《迪士尼奇妙世界》《米老鼠俱乐部》等儿童电视剧，建造了迪士尼乐园，并开始打造"迪士尼世界"和"未来世界"。过去的50年里，西方哪个孩子没有和米老鼠、米妮、唐老鸭、布鲁托或高飞玩过？一切都开始于那只讨孩子喜爱的米奇老鼠。

迪士尼在1948年回忆说："20年前，我坐火车从曼哈顿去好莱坞，途中，米老鼠突然从我的脑海中蹦到画板上。"[24]此后，在电视、动画片或电影中，迪士尼总是亲自为米奇配音，甚至扮演米奇角色。迪士尼小时候在密苏里州长大，住在阿特金森－托皮卡－圣达菲铁路线附近，对铁路很着迷。1949年，他在自家后院修建了一条1/4大小的微型铁路，供自己和朋友们在上面玩耍。他修建迪士尼乐园时，采用了一条1/2大小的铁路连接四个主题园区：冒险乐园、幻想乐园、明日世界和梦幻乐园。迪士尼喜欢问："我们为什么要长大？"

同样，莫扎特也是那个永远长不大的孩子。1792年，他的姐姐纳奈尔说："除了他的音乐，他几乎一直都是个孩子，从未长大过。"[25]"永远长不大的孩子"莫扎特有一个外在标志，就是他一辈子都在使用"便便语言"（potty-talk）。孩子们无法完全理解或选择忽略语法和句法规则，同样，他们也没有学会回避或有意回避那些被认为不雅的话题。不过，请想想那些喜剧演员"常青树"——罗宾·威廉姆斯、乔治·卡林、理查德·普赖尔、莫特·萨赫、伦尼·布鲁斯、戴夫·查佩尔、莎拉·西尔弗曼、克里斯·洛克、艾米·舒默，等等——他们过去和现在都一样满嘴脏话。请注意，这些喜剧演员开口就是一连串的脏话——除非在电视直播中被审查删掉。他们的目的，是通过自己的"坏男孩"行为让人们不但关注自己，也关注创作过程，仿佛是在说："通过这些颠覆性的话语，我希望邀请你们进入一个表达毫无障碍的新世界。现在是开放时代，我们可以谈论以前无法谈论的事情。"

莫扎特闹出笑话和爆出脏话，大多数都发生在晚上，此时的他很放松、很傻，在以一种无意识的、孩子气的、好玩的方式创造新的联系。他说脏话，只不过是他去"创新乐园"的一个迹象。喜剧天才罗宾·威廉姆斯领着自己的士兵玩偶进入想象世界，秽语症往往也会陪同前往。另一位喜剧大师约翰·克里斯（主演《巨蟒与圣杯》和《弗尔蒂旅馆》）在1991年这样评价"不当的"脏话创作："你必须冒险说出那些愚蠢的、不合逻辑的、错误的脏话，要知道，只要是在创作，那说什么都没错，根本无所谓对错，唾沫也许会带来突破。"[26]

想象中的朋友总和好事相伴。6岁时，画家弗里达·卡洛"和一个差不多同龄的小女孩"屡次从一扇玻璃窗逃出去，一起欢笑、跳舞。[27]查尔斯·道奇森想象爱丽丝和一只想象中的兔子在仙境嬉戏。莫扎特也有一个想象中的世界和一群想象中的朋友。他把自己的童年王国称为"巴克王国"（Kingdom of Back），里面住满了想象中的公民。[28]1787年，莫扎特和现实中的朋友一同前往布拉格，参加歌剧《唐璜》的首演。为了消磨时间，莫扎特给妻子、朋友、仆人甚至他们的宠物狗都起好了昵称：他自己叫庞吉迪迪，妻子叫沙巴拉普法，仆人叫沙加达拉塔，宠物狗叫沙曼奴茨基。[29]后来，莫扎特在歌剧《魔笛》中也加入了类似的想象人物，如帕帕吉诺和帕帕吉纳。莫扎特在去布拉格的路上创造自己的想象世界时，他不是4岁，也不是6岁，而是31岁！1791年，他创作充满童趣的《魔笛》王国时，只剩下几个月的生命。

别让孩子"快快长大"

在新泽西州自由科学中心举行的 2015 年度"天才盛典"（Genius Gala）颁奖典礼上，亚马逊公司的杰夫·贝佐斯这样解释年轻人的创造力："你必须像孩子那样，不被自己的专业知识束缚。一旦你成为专家，就很难再有孩子那样的新奇目光、那种初学者思维。但伟大的发明家总是在寻找，他们有着某种天赐的不满足。某个东西，他们可能已经看过上千遍，即使已经习以为常，但他们仍然认为那个东西有待改进。"[30] 为了激发"初学者思维"，亚马逊、苹果、谷歌那样的科技公司建立了自己的"创新地带"。亚马逊在"树屋"里建了一个 Wi-Fi 增强的鸟巢；皮克斯动画工作室有木屋和洞穴会议室；谷歌有沙滩排球场和粉色火烈鸟覆盖的恐龙骨架。事实上，自由科学中心本身并不是一个科技博物馆，而是一个巨大的游戏空间，你可以在里面挖掘恐龙骨骼，建造乐高城，探索迪士尼乐园那样的丛林，或者用海绵块建造洞穴。孩子们也可以去那里玩。

"每个孩子都有天生的生动想象力，"沃尔特·迪士尼说，"但正如肌肉不用就会松弛，孩子丰富的想象力如果不用，长大后就会黯然失色。"但是，为什么人类的想象力从童年期进入成年期、从想象世界进入成人现实世界，会像坎耶·韦斯特所表明的那样变得黯然失色？随着我们长大成人，我们要对自己的现实生存负责、养家糊口，等等。许多动物幼崽会表现出随性玩乐，但成年后就遵循严格的僵化模式。"幼态延续"（Neoteny）拯救了我们。

"幼态延续"是进化生物学家创造的一个术语，用来解释人类将幼年特征（如好奇心、好玩和想象力）延续到成年生活中的能力。[31] 哈佛大学的史蒂芬·杰伊·古尔德于 1979 年发表在《自然史》上的一篇题为"向米老鼠的生物学致敬"的文章指出："人类具有幼态延续性。[32] 我们已经进化出将源自祖先的那些幼年特征延续至成年的能力……我们的妊娠期很长，童年期明显延长，寿命长于其他任何哺乳动物。这些青春常驻的形态特征对我们很有帮助。"孩童般的"假设"想象是人类的特征之一。它可以解释人类在艺术、科学和社会组织方面的发现和创新，它可以让我们看到未来的世界。正如"永远的小孩"阿尔伯特·爱因斯坦1929年所说："我可以说是依赖想象力的艺术家。想象力比知识更重要。知识是有限的，而想象力可以容纳整个世界，激发进步、催生进化。"[33] 虽然人类的进步要归功于"幼态延续"，但我们很多人并不熟悉这个专业术语，自然，它对电脑的自动拼写检查程序来说也是陌生的。"幼态延续"——成年保留幼年特征的现象——这种帮助人类物种延续的习性是根深蒂固的，以致人们几乎无法发现。

那么，我们这次对几百年来那些孩子气的天才发起的"突袭"，可以得出什么结论呢？我们明白了，我们对孩子和自己说的话，最没有助益的就是"快快长大"！儿童的睡前故事、精灵和仙女教母童话故事、玩具和木偶、树堡和玩偶屋、休息、校外和家庭外露营、想象中的朋友；成人的游戏或工作空间、创意隐修、喜剧时间、"去玩玩那个想法"指令——这些东西可以让我们保留或重新找回创造性思维。诗人查尔斯·波德莱尔1863年所说的这句话完全正确："天才不过是能够随意回到童年的人。"[34]

第 **5** 章

拥有自学的能力

　　学习的路径，不是通过学校，而是通过自己。最重要的能力，是自学的能力。

　　想要成为天才，对于知识，要保持孩童般的好奇心，让自己成为终身学习者。

英国女王伊丽莎白一世（1533—1603）接受了王室最好的传统教育。她的父亲亨利八世把安妮·博林王后和后来的妻子们送上了断头台，但同时为自己的孩子聘请了最好的家庭教师，因为他知道某个孩子（哪怕是女孩）有一天会成为新的君王。他的小女儿伊丽莎白接受的是典型的文艺复兴人文主义君主的古典教育，这对当时的女性来说是极为罕见的。伊丽莎白不仅学习历史、哲学和古代文学，还阅读早期教会神父的著作、希腊文《新约·圣经》和宗教改革神学家的拉丁文著作。她的导师、牛津学者罗杰·阿斯坎谈及只有 17 岁的明星学生伊丽莎白时说："她的思维结构不受女性弱点的任何影响，她天生就有男性的应用能力。没有比她更快的理解力，没有比她更强的记忆力。法语和意大利语说得和英语一样好；拉丁语说得流利、得体、有判断力；希腊语也不错，经常主动和我说希腊语。"[1]

阿斯坎的指导结束后，伊丽莎白的教育并没有终止。1558 年成为女王后，伊丽莎白终身都在坚持自学。她曾经给继母凯瑟琳·帕尔王后写信说："如果不随时学习些东西，一个男人或女人的脑子就会变得迟钝，无法完美地完成或理解任何事情。"[2]伊丽莎白给自己制定的标准是每天阅读 3 个小时；1585 年 3 月 29 日，她提醒议会："我敢说，没有人（没有哪位教授）读的东西比我多。"[3]同时代的威廉·考登说："她学习文件和敕令的最佳写法，每天都研究如何写好信件并加以实践，不是为了炫耀，而是为了实践爱与美德；在同时代的君主中，她是渴望学习的奇迹。"[4]

伊丽莎白确实是一个学习的奇迹。但她学了那么多，对自己有什么实际帮助吗？学习给女王带来了力量。伊丽莎白女王的朝臣弗朗西斯·培根说过一句名言（也许他说这话时想到了伊丽莎白）："知识就是力量。"渊博的学识为伊丽莎白赢得了与当时所有男性外交使团同等或更高的声望。流利的拉丁语、法语和意大利语，使她能够与外国使节直接交谈（并偷听他们的谈话），阅读外国信件时不需要翻译。1597年，一位波兰大使试图通过说拉丁语抢走女王的风头，女王打断了他，用拉丁语即兴发表了长篇大论。接着，她转过身背对那位不幸的使者，假装谦卑地对大臣们说："先生们，我的拉丁语生疏了，今天被迫复习一下！"[5]

伊丽莎白通过学习获得力量和权威后，并没有打算放弃学习。她把拉丁语"Video et Taceo"（明察无言）作为自己的座右铭。伊丽莎白脑子里想的远远大于她公开说的，这给她的政治带来了好处。看看伊丽莎白的做法，再看看当今英美政界人士鲍里斯·约翰逊和唐纳德·特朗普，他们每天都会爆出鲁莽的推文。知而不言的伊丽莎白统治英国长达44年，是英国历史上在位时间最久的君主，奠定了大英帝国的基础，她的名字也被用来命名整整一个时代：伊丽莎白时代。学习并明智地掌控所学的东西，天才伊丽莎白才得以保持头脑清醒，并让自己的国家保持正轨。

求知的冲动

学习渴望、求知热情或强烈的好奇心——说法不同，但都是同样的冲动，人人都有这种冲动，只是程度不同。好奇心虽然看不见、不可度量，但它是每个人都具有的基本的人格特质，和其他个人特征（特别是激情）

密不可分。与常人不同，天才具有强烈的求知欲，如瘙痒般除之而后快。看到某个神秘的问题，天才会坐立不安，渴望找到答案；在他们的眼中，现实与可能是脱节的，如杰夫·贝佐斯所说，是"神圣的不满足"——并且为之采取行动。正如我们将读到的，好奇心驱使玛丽·居里去揭开沥青铀矿辐射的奥秘，爱因斯坦渴望找出指南针不动的秘密。同样，有好奇心的人，看见不舒服的东西，就想把它变得舒服；他们看到的、他们知道的，二者是脱节的——他们觉得必须加以调和。

尽管强度和频率各有不同，但我们每个人都渴望知道自己不知道的东西。营销专家会想办法利用人类的这种根深蒂固的欲望。西格蒙德·弗洛伊德和孩子们去采蘑菇，他找到一朵珍贵的蘑菇后，并没有惊呼"看那儿"，而是用帽子盖住它，让孩子们自己去揭开秘密。弗洛伊德的这种直觉做法，在当代心理学家 2006 年所做的一项研究中得到了证实："被要求回忆自己所学信息时，受试者更善于记起那些自己曾为之惊喜的东西。"孩子自己发现的东西，会记得更牢。[6] 也许，学习的方法不是别人教，而是自己的好奇心。

达·芬奇被称为"历史上最固执的好奇者"。[7] 也许有些夸张，不过，达·芬奇确实问过很多问题，包括问别人和问自己。请看看 1495 年他在米兰时列出的一天的"任务"清单。[8]

· 计算米兰城区和郊区的测量值。

· 找一本介绍米兰市及其教堂的书，去科尔杜瓦顺路的那家文化用品店可以买到。

· 想出测量科尔特维基亚（公爵宫殿的那个旧庭院）的方法。

· 找算术大师（卢卡·帕西奥利）请教，怎样把三角形变成正方形。

· 问问贝内德托·波蒂纳里（一位途经米兰的佛罗伦萨商人），佛兰德斯人用什么方法在冰上行走。

· 画米兰城。

· 问问安东尼奥大师，迫击炮白天或晚上怎样安放在堡垒上。

· 检查吉安内托大师的弩。

· 找一个水力学大师，问问伦巴第人怎样修理锁、运河和磨坊。

· 问问测量太阳的方法，乔瓦尼·弗朗西斯大师答应过我的。

达·芬奇列出的这些问题，涉及很多领域：城市规划、水力学、绘画、射箭和军事、天文学、数学，甚至是滑冰。这些学科有多少是达·芬奇在学校学过的呢？都没有学过，因为他是私生子，被排除在当时唯一的正规教育体制——罗马天主教的教育体制之外。他没有受过拉丁语或希腊语（当时文化人的语言）的教育，因而他后来自嘲地说："我就是一个文盲（*uomo senza littere*）。"[9]因此，达·芬奇属于两类好奇者中的第一类：通过经验和阅读来学习的人。换言之，就是那些通过实践和阅读学习别人已经做过或发现的东西。

达·芬奇是个实干家。他当然会画画，不过，他还会去山里考察岩石和化石，去沼泽地观察蜻蜓的翅膀和飞行习性。他把机器拆开看它们如何工作，还把人也拆开，解剖人体结构。他记录自己发现的笔记和图画，总计达 13000 页左右。

是什么让达·芬奇如此好奇呢？最早试图解释其好奇心的，就包括天才西格蒙德·弗洛伊德 1910 年提出的一种理论。今天看起来很奇怪，弗洛伊德把达·芬奇的好奇心归因于这一未必真实的事实：他是同性恋者，"把自己的性欲升华为求知的冲动"。[10]弗洛伊德相信，他从达·芬奇的笔迹以及一些描绘有雌雄同体的人脸的画作中看到了这位艺术家是同性恋的物证，最明显的就是他的《施洗者圣约翰》（图 5.1）以及他的书写方式。

历史上，很多天才都是左撇子[11]，而达·芬奇可能是最著名的"左撇子"。但达·芬奇的笔迹还有一个奇怪之处：他几乎所有的东西都是倒着书写的。当然，这有一个简单的解释：对一个左撇子来说，向后移动手（从右向左），可以消除书写者碰到墨水、弄脏字迹的可能性。

但是，除了这个实际的解释，弗洛伊德还看到了别的东西：达·芬奇倒着书写的方式，是"隐秘行为"的标志，是他在一个不太开放的社会中性受到压抑的迹象。通过这种书写"密码"，达·芬奇可以保留自己的隐私，隐藏思想和欲望。弗洛伊德的结论是："升华的性欲会增强好奇心，产生强烈的探究冲动……在某种程度上，探究成为性活动的强迫性替代品。"[12] 简而言之：好奇心会表现为性欲替代品。

图 5.1　达·芬奇《施洗者圣约翰》中的人脸：是男是女？（巴黎卢浮宫博物馆）

这些说法可能有些牵强附会。达·芬奇本人在他的《大西洋手稿》中写道："求知欲可以赶走性欲。"[13] 如弗洛伊德所说，同性恋激情真的可以激发好奇心和创造力？根据《心理研究杂志》于 2013 年发表的一份报告，答案是否定的。该报告总结了有关这个问题的现有研究，指出："当前的研究发现与以前的研究结果是一致的，即同性恋者的创造力不比异性恋者更多或更少。"[14] 尽管同性恋者的生活经历可能会打开新的"他者"视角，但他们产生好奇心成为创造性天才的可能性并不明显强于或弱于异性恋者。

为了创作自己的名画（包括《蒙娜丽莎》），好奇的达·芬奇可能会后退一步，问道："我画的是什么？这个生物体是如何工作的？"他追问的这些问题，不是拿起画笔去画，而是拿起刀子去切割。为了满足自己对解剖学的好奇心，达·芬奇解剖过猪、狗、马和牛的尸体，还解剖过人体（包括一个 2 岁的孩子）。

在当时或任何时候，解剖人体都需要勇气、激情和冒险。正如早期传记作家瓦萨里在其《艺术家的生活》（1550）一书中多次指出的"达·芬奇富有勇气"。[15] 首先，从哪里获得人的尸体？在一个教会仍然视解剖为异端的时代，达·芬奇并没有明确说明尸体的来源，尽管我们知道至少有一具尸体是来自佛罗伦萨圣玛利亚诺维拉医院。[16]

达·芬奇得到尸体后，情况只会变得更糟。米兰和佛罗伦萨天气炎热。要剥开皮肤内层或提起肌腱，组织必须有一定的硬度和完整性。如果没有制冷设备和空调，原本鲜活的组织就会退化，逐渐变为液态。达·芬奇很可能是在夜晚的掩护下进行解剖的，因为他对读者讲过这样的话：

　　不过，虽然你对这个问题很感兴趣，但你可能会天生反感，因而会打消这个念头；就算你不反感，也可能会害怕，不敢在那些大卸八块、剥掉皮肤、惨不忍睹的尸体陪伴下度过黑夜；就算你不害怕，也可能缺乏表现所需的绘画技巧；就算你有这种技巧，也可能缺乏透视知识；就算你有这种知识，也可能不精通几何表示方法或估算肌肉力度和强度的方法，或者可能会发现自己缺乏耐心，因而不会用功。[17]

当然还有恶臭气味，但达·芬奇并没有因此放弃手头的工作。他可能根本没有注意到有气味，因为瓦萨里报告说，作为恶作剧，达·芬奇曾经将几具凶猛动物的尸体挂在挡板上，臭气熏天。这位创造者没有注意到臭味。

好奇心的驱动

这就提出了一个问题：一个天才激情高昂地探究时，他是否会注意到不适？米开朗琪罗"痛苦地"站在西斯廷教堂天花板下方，每天作画 16 个小时长达 4 年之久，并没有为自己的命运而哀叹。牛顿把一根长针扎进自己的眼睛并来回摇动，以测量其对颜色感知的影响，他似乎并没有抱怨。特斯拉不止一次被高压电流电晕，但他爬起来继续探究。创造性好奇心的激情可以驱走痛苦？

经过坚持不懈的努力，达·芬奇从多次解剖中学到了什么呢？绝不亚于现代人对人体解剖结构的理解。他第一个发现我们现在称为动脉硬化症的疾病；他第一个认识到视觉是光分散在整个视网膜而不是某一点上的过程；他第一个发现心脏有四个腔室而不是两个；他第一个揭示了血液在主动脉根部形成旋涡迫使主动脉瓣关闭——这一点，直到 1968 年才得到医学期刊论文的证实。[18] 在达·芬奇去世 450 年后，医学界最终赶上了他的天才，计算机断层扫描仪（CT）和核磁共振成像仪（MRI）的出现，使得不用切开身体就可看到身体内部结构。但即便是在今天，一些医生更喜欢使用的仍然是达·芬奇的手绘图（图 5.2），而不是医学教科书中的计算机图像，因为他们相信这位大师的交叉线阴影清楚地揭示了人体的功能过程。[19] 达·芬奇的好奇心不但教会他如何画出蒙娜丽莎微笑时的面部肌肉[20]，也使他获得了艺术世界之外的诸多发现。

67 岁的达·芬奇走完生命的最后一程时，他留下的完成画作不到 25 幅。[21] 相比之下，达·芬奇留下了大量的笔记、10 万张草图和画作初稿。这位有史以来最伟大的艺术家完成的画作为什么如此之少？因为达·芬奇一旦弄清楚某件事情怎么做时，好奇心就会驱使他去做下一件事情。他对学习的渴望，比完成画作的渴望更强烈。

我们大多数人都不会像达·芬奇那样，通过解剖动物或分流河水来满足自己的好奇心。大多数人都是通过阅读间接学习；我们这样做，至少有三个原因：（1）获取能带来知识、智慧、权威和力量的信息；（2）扩展生活经验，借此洞察人类行为，而不必直接参与；（3）寻找榜样，树立自己的道德指南。

带着好奇心，终身学习

奥普拉·温弗瑞就是一个改变了千百万人生活的天才。作为一名电视记者和脱口秀主持人，奥普拉的好奇心和求知欲在她的 37000 次采访中得到了充分体现。奥普拉的"读书俱乐部"对电视观众的影响也丝毫不亚于

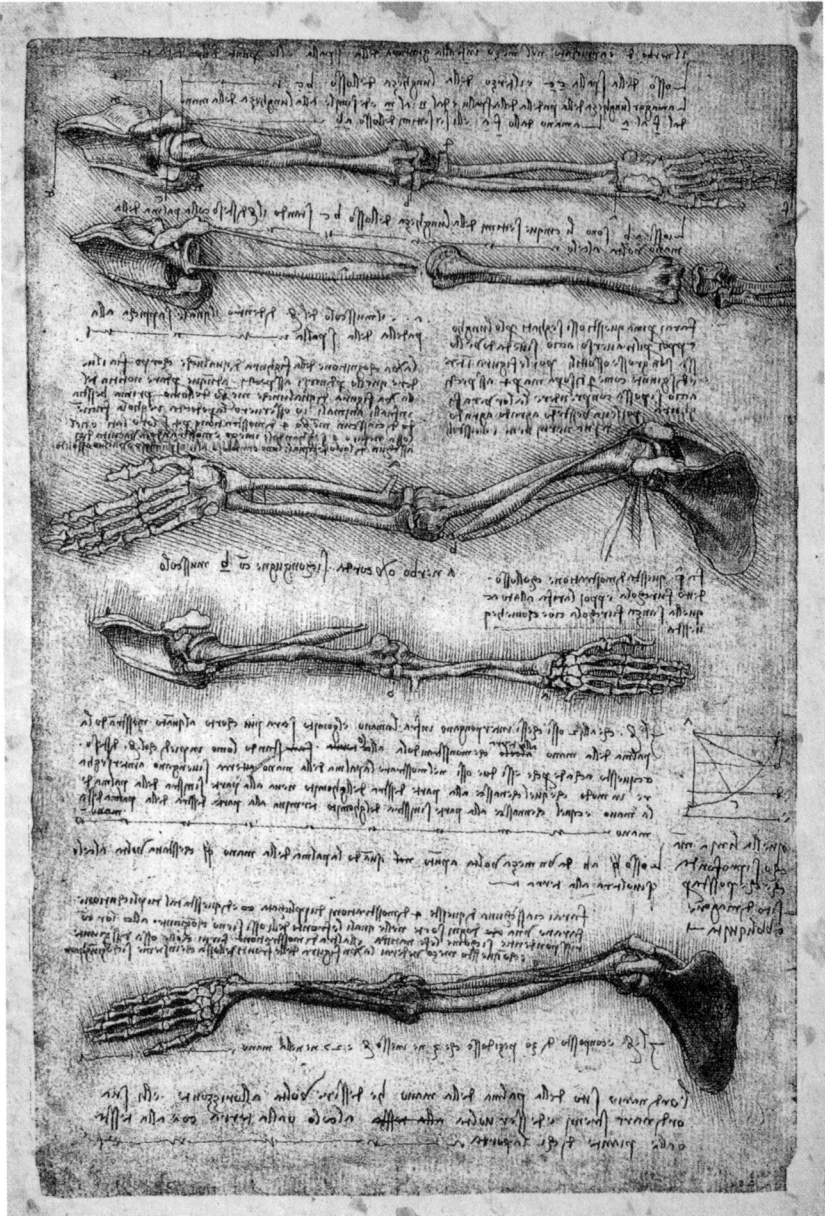

图 5.2 达·芬奇手绘的手部和肩部骨骼、肌肉和肌腱图；图中倒着写的意大利文字干净、漂亮。（温莎城堡英国皇家收藏基金会）

此，它让那些高中毕业后再没读过书的人重新拿起了书本。温弗瑞从小就不得不战斗。"你简直就是个书呆子，"她回忆起母亲从她手中夺过书籍时大叫的情景，"滚出去！你觉得自己比其他孩子强。我不会带你去图书馆的！"[22]

温弗瑞出生时父母就已经分开，小温弗瑞经常四处搬家，童年和青少年时期受到性侵，14岁时有一个非婚生孩子。"孩子死后，我回到了学校，"她回忆道，"我觉得自己有了人生的第二次机会。我一头扎进书籍里，我拼命阅读那些关于困境中的女性的书籍，海伦·凯勒和安妮·弗兰克。我读埃莉诺·罗斯福的故事。"[23]

温弗瑞从贫困中崛起，成长为媒体大亨和第一位非裔美国人亿万富翁。她是怎么做到的？通过阅读不断地努力提升自己和他人。诺贝尔奖得主托妮·莫里森曾谈到温弗瑞："我很少看到谁家里有那么多书——各种各样的书，新书、读过的书。她是真的酷爱看书，不是用书装点门面。她是一个嗜书成癖的读者。"[24] 2017年，温弗瑞谈起阅读和教育的重要性时，从未提及学校、学院或大学背景下的学习。"阅读很重要：因为它是一扇通往现实生活的大门，没有它，你无法度过这一生并获得成功。它是一扇通向发现、好奇和想象的大门，通过这扇门，你会明白自己是谁、为什么来这里、来做什么。它是生命的邀请，它会永远哺育着你。"[25]

同奥普拉·温弗瑞一样，本杰明·富兰克林也是一个终身学习者，既是一个读者，也是一个实践者。富兰克林在他的自传（1771）中承认自己生来就是一个好书狂："从幼年起，我就热衷于阅读，我手中所有的零花钱都用来买了书。我非常喜欢航海。我第一次购买的是班扬的作品，有好几卷。"[26] 1727年，富兰克林成立了"共读社"（Junto Club），有12名成员，每周五聚会，讨论道德、哲学和科学等问题。富兰克林的私人图书馆共收藏了 4276 本书，在美国殖民地公共或私人图书馆中是藏书量最多的图书馆之一。[27]

约翰·班扬的《天路历程》、丹尼尔·笛福的《论开发》和普鲁塔克的《名人传》陪伴富兰克林的少年时光。后来，他"在学校两次数学不及格，为自己的无知感到羞耻"，于是学完了考克的《算术》（第一版，1677年，伦敦），为了帮助天文导航，还自学了一点儿几何学。为了使自己成为一个"世界公民"，富兰克林学会了说法语和意大利语，可以阅读西班牙语和拉丁语。他主要是抽出星期日来提升自我，他觉得最好把这个传统的基督礼拜时间用来独自学习，而不是"像其他人那样去参加公共礼拜"。[28] 后来的天才比尔·盖茨 1997 年也说过大致相同的话："单就时间资源的分配而言，宗教不是很有效率。星期日早上我原本能做的事情要多得多。"[29]

42 岁时，富兰克林退出了作为美国殖民地报纸和杂志出版商的事业，开始追求其他的兴趣爱好。他现在的目标，是满足自己永不满足的科学好奇心。是什么原因导致小提琴高音打碎了玻璃杯？为什么水能导电而木头不能？这些问题当时被归入自然哲学的范畴——我们今天称之为物理学（直到 1833 年，"科学家"这个词才被创造出来）。"我从私人生意中解脱出来的时候，我自鸣得意地说，凭借我获得的足够的中等财富，就可确保我下半辈子有时间从事哲学研究和玩乐。"[30] 他根本不在意自己只有店员的数学水平，物理更是一窍不通。好奇的富兰克林会再次自学他需要的知识。

1746 年，来自爱丁堡的巡回表演者阿奇博尔德·斯宾塞在费城演示了静电的作用。[31] 富兰克林非常感兴趣，当场购买了斯宾塞的发电设备，开始阅读有关电的资料，并开始实验，主要是为了好玩。正如他在谈到这次探索时所说："我以前做过的研究，从未像这次研究一样吸引我的注意力和时间，我可以独自一人做实验，并向我的朋友和熟人演示这些实验……他们成群结队跑过来看。"[32] 在一次实验中，富兰克林试图电死（然后烹调）一只圣诞火鸡。他当时过于激动，忘了穿绝缘鞋，差点儿把自己电死。[33]

从 1746 年到 1750 年，富兰克林不再玩电学小把戏，开始了严肃的电学研究。1752 年，他大胆地在雷电交加的暴风雨中放风筝。闪电击中风筝，一根金属丝把电荷传到一串钥匙上，发出刺耳的声音，与钥匙接通地面莱顿瓶电池里的电荷时发出的声音一模一样。这是一件危险的事情：事实上，第二年，德国物理学家乔治·威廉·里奇曼就在复制富兰克林的实验时触电身亡。[34] 但富兰克林已经证明：天电和地电完全一样；闪电从地面移动到天空的强度与从天空移动到地面是相同的；电既不是乙醚，也不是液体，而是像引力一样，是自然界广泛存在的一种力。作为表彰，富兰克林不仅获得了耶鲁大学和哈佛大学的荣誉学位，还获得了相当于 18 世纪诺贝尔物理学奖的"伦敦皇家学会科普利奖章"。富兰克林终生都充满好奇心，甚至对死后的世界也感到好奇。1786 年，他给一位朋友写信说，他已经体验过这个世界上的许多事情，但现在"对下一个世界的好奇心与日俱增"。[35]4 年后，他得偿所愿。

科学家、发明家尼古拉·特斯拉（1856—1943）也有学习电的渴望。特斯拉对电的追求，带来了交流电的普遍采用（至今仍在使用）和感应电动机（这种装置今天仍在为全球大部分地区供电）。被同名的特斯拉汽车公司致敬的他，是一位远见者，他预见了太阳能加热、X 射线、无线电、核磁共振成像仪、机器人、无人机、手机和互联网。同前辈富兰克林一样，特斯拉从小就是一个狂热的藏书家，他也在自传里写道：

父亲有一个很大的图书馆，只要有可能，我就会如饥似渴地看书。他不允许我这样，当场抓住我时，他会勃然大怒。他发现我偷偷看书，就把蜡烛藏了起来——他不想让我弄坏眼睛。但我找来牛油，做了灯芯，每天晚上我都遮住钥匙孔和门缝看书，常常读到天亮。[36]

除了学习物理、数学和电气工程（大部分是靠自学），特斯拉还如饥似渴地学习哲学和文学。他声称自己读完了伏尔泰所有的多卷本作品并能背诵歌德的《浮士德》和几部塞尔维亚史诗——这些成就的取得，很可能得益于他摄像般的记忆力。

如果说一画值千言，那下面这张照片（图5.3）至少也可以抵上千字。

图5.3　尼古拉·特斯拉在科罗拉多斯普林斯实验室，1899年。（弗朗西斯科·比安切蒂拍摄）

照片显示：1899 年，西装革履的尼古拉·特斯拉坐在实验室里。他手里捧着一本书，是罗格里奥·博斯科维奇的《自然哲学理论》（1758）。[37] 特斯拉专心看书，完全没有注意到周围的电旋涡。在专门建造的科罗拉多斯普林斯实验室里，借助"特斯拉线圈"，特斯拉创造了他所说的"静电推力"。[38]

特斯拉的最终目标，是建造一个全新的"全球电力系统"，不仅可以在全球范围内即时无线输送电力，还可以传输各种信息和娱乐（新闻、股市行情、音乐和电话）。不用说，他在实验室里进行的那些高压电实验是很危险的。[39] 我们这里看到的照片，实际上被特斯拉"PS"（图像处理）过，他将自己的一张坐姿照片同一张电波图像叠加在一起。其结果是一种自我推销行为，意在给潜在投资者和普通公众留下深刻印象。特斯拉坐在电流风暴中，是希望给自己塑造这样的形象：一个安静阅读的天才。

智商和好奇心，哪一个对成就更为重要？

当代天才埃隆·马斯克是特斯拉汽车公司现任首席执行官（给公司取名"特斯拉"的人，不是马斯克，而是一位早期创始人），他从孩提时代起就是一个如饥似渴的读者。作为电动汽车公司、太阳城、超级铁路和太空探索等公司背后的驱动力量，年轻的马斯克手里总是拿着一本书。他的弟弟金博尔说："他每天读 10 个小时书并不稀奇。如果是周末，他一天能看完两本书。"据马斯克自己讲述，10 岁左右，"我把学校图书馆（南非比勒陀利亚）和附近图书馆里的书全都读完了。可能是三年级或四年级，我说服图书管理员给我订书。于是，我开始读《不列颠百科全书》。那太有帮助了。当你不知道自己不知道什么时，你才意识到外面的东西有那么多"。[40]

所以，马斯克从小就读书，"早上醒来就读，一直读到晚上睡觉"。他博览群书，似乎无所不知。马斯克的母亲回忆说，她的女儿托斯卡一有问题就会说："好吧，我去问天才男孩。"[41] 有人问他如何学到那么多设计太空探索助推器的"火箭科学"知识，他非常平静地回答说："我读了很多书。"[42] 马斯克的目标是到达火星。

埃隆·马斯克的好奇心是天生就有，还是后天养成，抑或兼而有之？《饥饿的心灵》（2015）一书的作者、心理学家苏珊·恩格尔指出，好奇心和智力一样，大多是天生的，是稳定的人格部分。恩格尔说："有些孩子生来可能就更喜欢探索新奇的空间、物体，甚至人。"[43] 然而，研究人员2010年在美国50个州进行了一项调查，试图找到儿童"天赋"的催化剂，结果发现：45个州的心理学家测试的是高智商，只有3个州测试的是好奇心。[44] 智商和好奇心，哪一个对成就更为重要？

埃莉诺·罗斯福肯定会说是好奇心。正如她1934年所宣称的："我认为，孩子出生时，如果母亲能请求仙女教母赐给孩子最有用的礼物，那礼物应该是好奇心。"[45] 事实上，最新研究表明，好奇心与幸福、满意的人际关系、个人成长、人生意义和创造力密切相关。[46] 此外，好奇心对人类物种的生存可能也起着重要作用，正如杰夫·贝佐斯于2014年接受《商业内幕》采访时所说："我认为，好奇心和探索精神很可能是一种生存技能。我们那些没有好奇心、不探索的祖先，其寿命可能不及那些不断越过山脉寻找更多食物来源、更好气候等东西的祖先。"[47] 同马斯克的太空探索计划一样，贝佐斯也通过他的"蓝色起源"计划，好奇地注视着下一个星球。

至于世界上那些没有好奇心的人，他们也许并非生来就是如此。许多进化心理学家认为，人生来就有好奇心，只是随着时间的推移，他们失去了天生的好奇心。[48] 但孩童般的好奇心似乎总是伴随着天才。正如爱因斯坦晚年时所说："我没有什么特别的天赋。我只是有强烈的好奇心。"[49]

爱因斯坦从小就对机械装置、玩具蒸汽机和拼图玩具特别感兴趣。他还玩小石头积木（今天乐高积木的前身），用这些积木组合成心目中的某个视觉概念（爱因斯坦的那套积木被保存下来，2017 年塞思卡勒公司"历史档案"部标价 16 万美元出售）。爱因斯坦后来回忆说，四五岁时，一个指南针引起了他的注意，指针总是指向北方，转动指南针，指针也不会动，这让他非常震惊。"我仍然记得，或者至少我相信自己记得，这次经历给我留下了深刻而持久的印象。背后肯定藏着什么深奥的秘密。"[50] 我们都对固定不动的指南针感到过困惑，但只有一个人跟随自己的好奇心找到了狭义相对论。

10 岁时，爱因斯坦得到了一套"科普"读物——亚伦·伯恩斯坦的《自然科学大众丛书》（1880），他"屏息凝神"地读了起来。[51] 里面提出的问题，好奇的阿尔伯特都想找到答案。时间是什么？光速是多少？有比光速更快的东西吗？伯恩斯坦请他的读者想象：一列疾驰的火车，一颗子弹穿过火车车厢的一侧，子弹的轨迹会在车厢内发生弯曲。后来，爱因斯坦在研究广义相对论和曲线时空时，也请他的读者想象：一台飞速上升的电梯，一侧有个小孔，射进一束光线；光线到达电梯的另一侧时，看上去会是一条下降的弧线。好友麦克斯·塔尔穆德谈起小时候的爱因斯坦时说："那么多年里，我从未看到他读过任何通俗文学作品，我也从未见过他和同学或其他同龄孩子在一起。"[52]

自学的能力

　　独处的爱因斯坦在自学。12岁时，他自学了代数和欧几里得几何，不久又自学了积分和微分。进入大学后，他继续自学。苏黎世理工学院没有教爱因斯坦热衷的东西：尖端物理学。因此，爱因斯坦自己学习了詹姆斯·克拉克·麦克斯韦的电磁方程组、路德维希·玻尔兹曼提出的气体分子结构和弗里德里希·洛伦兹描述的原子电荷。大学毕业后，就像富兰克林170年前建立"共读社"一样，爱因斯坦也和两位同事组织了一个俱乐部——"奥林匹亚学院"，共同自学。爱因斯坦和俱乐部成员一起阅读和讨论很多书籍，包括米盖尔·德·塞万提斯的《堂吉诃德》、大卫·休谟的《人性论》和巴鲁赫·斯宾诺莎的《伦理学》。爱因斯坦的大学经历让他失望，后来他说："事实上，现代教学方法还没有完全扼杀神圣的探究好奇心，这简直是一个奇迹。"[53]据说，马克·吐温曾说过："我从来不让我的学校教育干扰我的教育。"爱因斯坦似乎老调重弹，不无讽刺地说："教育就是把学校学到的东西统统扔掉后剩下的东西。"[54]

　　爱因斯坦不应该有别的指望。大多数学校（哪怕是一流大学）都没有教学生明白生活中最重要的东西：如何成为终身学习者。因此，所有教学机构的大门都应该醒目地刻上这样的文字：Discipule: disce te ipse docere（学生：学会自学）。[55]学生可能在学校学到知识和学习方法，但世界上的变革者们学到的东西，绝大多数都是离开学校后自学的。科幻作家艾萨克·阿西莫夫1974年说的话，也许道出了学习的真理："自我教育是唯一真正的教育。"[56]

　　莎士比亚曾因"不懂拉丁语，更不懂希腊语"而受到同时代的本·约翰逊的责难——不过，这位吟游诗人至少学了一些拉丁语和希腊语。莫扎特和迈克尔·法拉第从未受过任何正规教育。亚伯拉罕·林肯接受的正规教育，总共不超过 12 个月。达·芬奇从未受过医学训练，却成为那个时代首屈一指的医学科学家。米开朗琪罗、富兰克林、贝多芬、爱迪生和毕加索都只受过一点儿小学教育。伊丽莎白一世和弗吉尼亚·伍尔夫接受的是家庭教育。爱因斯坦高中毕业，但 1 年后又回到大学预科。特斯拉上了 1 年半的大学后就中途退学，再也没有回去过。

当然，大多数辍学者都没有成为天才或成功传奇。但当代历史上也不乏辍学"巨人"，最突出的是比尔·盖茨（哈佛大学）、史蒂夫·乔布斯（里德学院）、马克·扎克伯格（哈佛大学）、埃隆·马斯克（斯坦福大学）、鲍勃·迪伦（明尼苏达大学）、Lady Gaga（纽约大学）和奥普拉·温弗瑞（田纳西州立大学），还有 15 岁就辍学的理查德·布兰森。坎耶·韦斯特为了追求音乐梦想，20 岁从芝加哥州立大学退学；六年后，他发行的首张专辑《大学辍学生》（2004）备受好评并取得了巨大的商业成功。这样说，不是要鼓励退学，而是想说明：这些变革性人物想要知道什么，就会想办法自己学习。在这一点上，成功人士和天才是相同的。他们大都是终身学习者。这是个好习惯。

最后，除了阅读、听讲座或为明年找一个有挑战性的度假场所，我们这些不是天才的人还应该如何培养学习渴望呢？以下是一些日常的建议：

乐于接受新的、不熟悉的经历：强迫自己去做一些让你害怕的事情。在陌生的城市漫步、迷失，你会看到很多不为你所知的地方。

无所畏惧：再说一次，在陌生的城市，不要叫优步——要步行或乘坐公共交通工具；你会学到地理、历史和当地的文化。

问问题：如果你处于"主持人模式"（教师、家长或公司领导），请采用苏格拉底的"问答法"。如果你是学生或员工，不要害怕暴露自己不知道的事情——相反，要去问！

问问题时，仔细倾听答案，你就会学到东西。在这一点上，我们可以从一个反面例子中吸取教训：天才通常不是好的倾听者，因为他们往往过分沉迷于自己眼中的世界。然而，聪明的成功人士都知道如何倾听。

一位智者曾经说过："教育资源都被浪费在年轻人身上。"但教育不一定只属于年轻人。今天，年轻人和老年人都可以自主学习，就像 2020 年新冠疫情停课期间那样学习。Coursera（耶鲁等大学）、EdX（哈佛和麻省理工）和"斯坦福在线"等线上教育平台面向公众提供近 1000 门优质课程，大多数课程都是完全免费的。我自己的耶鲁大学网课《古典音乐导论》的学习人数已经超过 15 万，学习者的中位数年龄为 44 岁。同样，成人读书俱乐部也开始盛行，部分是因为现在不管你想读哪本书，都比以前任何时候更加容易，一天之内就可快递上门，甚至片刻间就可以把电子书下载到你的 Kindle、Nook 或 iPad 上。谈到阅读和教育的重要性，伊丽莎白女王说"没有哪位教授读的东西比我多"；马斯克说"我把学校图书馆里的书全都读完了"；温弗瑞说"它是生命的邀请，它会永远哺育着你"。有了现代科技，自我教育的机会变得前所未有的强大和多样化，随时随地都可以学习。与过去的天才们相比，我们的学习环境好得多。

第 **6** 章

找到激情，撬动天赋

如果我们的激情驱使我们最终改变社会，那这种改变就是天才的标志。

所有天才创造者——作曲家、画家、作家、程序员、建筑师、律师和厨师——都曾经在工作中感受到极致的快乐。

找到令自己快乐的事情，就是激情所在，就是天赋所在。

"要有激情，要做你热爱的事情。"2007 年，凯蒂·柯丽克对威廉姆斯学院的毕业生这样说。2008 年，奥普拉·温弗瑞寄语斯坦福大学毕业生："如果你真的想高飞，首先就要把力量运用到你的激情上。"2009 年，艾伦·德詹尼斯在杜兰大学说："追随你的激情，忠实于自己。"2010 年，杰夫·贝佐斯在普林斯顿大学反问道："你是受惯性引导，还是追随你的激情？"年复一年，我们都听到这条信息被传递给天真的毕业生。理想主义的胡说八道？但请看看这个：早在公元前 380 年，柏拉图就强调了激情的力量——"真正热爱知识的人……会乘着不竭不懈的激情高飞翱翔，直到掌握事物的本质。"（《理想国》，490A）；1595 年，莎士比亚在《罗密欧与朱丽叶》中也强调过激情的力量；1884 年 10 月 2 日，凡·高在一封信中也写道："我宁愿死于激情，也不愿无聊地活着。"——因此，"追随你的激情"这句毕业寄语，也许并非胡说八道。

当然，要追随激情，我们必须先找到激情，这个过程可能会很快完成，也可能需要终生寻找。毕加索、爱因斯坦和莫扎特在 5 岁时就知道自己的人生激情分别是绘画、科学和音乐。但正如文森特·凡·高 1880 年写信给弟弟说："一个人并不总是清楚自己能做什么，而是本能感觉。我擅长某方面……我心里有某个东西。会是什么呢？"[1] 在找到激情之前，凡·高不断地尝试。他做过画廊代理人、教师、书商和街头牧师，29 岁时才转向艺术。他的好友、画家保罗·高更曾做过 6 年海员，后来又做过 11 年股票经纪人，34 岁时才把绘画当作自己唯一的激情。摩西奶奶（1860—1961）61 岁才开始拿起画笔。

痴迷于工作的快乐

一位病人曾经问弗洛伊德："生活中什么最重要？"他回答说："爱和工作（*lieben und arbeiten*）。"[2] 他可能想说的是"热爱的工作"；正是这种工作，让包括伟大运动员在内的大多数人找到了自己的激情。电影制作人加布·普尔斯基就其 2018 年的纪录片《寻找伟大》接受采访时总结说，伟大运动员最重要的驱动力，是他们体验到的快乐。"如果你找到了运动带给你最大的快乐所在，就可能在这方面取得伟大成就，因为它不再是工作，它变成了一种快乐，你会痴迷于这种快乐。"[3] 正如 2500 年前孔子所说："知之者不如好之者，好之者不如乐之者。"

我以前喜欢给我的孩子读谢尔·西尔弗斯坦的故事。西尔弗斯坦是一个言辞犀利的朝鲜战争老兵，他为《花花公子》画漫画，写短篇小说、电影剧本、长篇小说和乡村音乐歌曲。后来，他开始写儿童诗歌和故事，取得了惊人的成功，销量高达 2000 多万册。天才西尔弗斯坦直到晚年才找到了自己的激情。1975 年，他告诉《出版人周报》：

> 小时候，大概 12 到 14 岁，我宁愿做一名优秀的棒球运动员，也不愿有女孩子喜欢我。但我不会打棒球，也不会跳舞。幸运的是，我不招女孩子喜欢。对此我无能为力。所以，我开始画

画和写作。同样幸运的是，我找不到可以模仿、让我印象深刻的人，我形成了自己的风格。创作初期，我还不知道有瑟伯、本奇利、普利斯或斯坦伯格。我 30 岁左右才看到他们的作品。等到我招女孩子喜欢时，我已经爱上了工作，它对我更重要。不是说我不想拥有爱情，只是工作已经成为我的习惯。[4]

西尔弗斯坦的儿童绘本《缺失之角》就是对他为之充满激情的工作习惯的一个注解。故事主角是一个类人的圆，身体缺失了一个楔形的角。这个圆觉得自己不够完满，于是踏上冒险之路，去寻找缺失的那一角。它欢快地向前滚动，边滚边唱："啊，我要寻找缺失的一角 / 我要寻找缺失的一角 / 啦啦啦，我要出发啦 / 我要寻找缺失的一角。"最终，圆找到了缺失的那一角，而且完美吻合。但后来它意识到，快乐不在于找到的结果，而在于寻找的过程。于是，圆轻轻地放下那一角，重新开始寻找。

西尔弗斯坦的寓言，让我们想到了另一个关于激情、快乐和寻找缺失之角的故事：玛丽·居里和镭的发现。

玛丽·斯洛多斯卡（嫁给皮埃尔·居里后改名为玛丽·居里）是个让人意想不到的天才。20 岁左右，居里放弃了对文学和社会学的兴趣，找到了自己的激情：数学和物理学。1891 年，她移居法国，进入索尔本大学学习研究生阶段的物理学；通过入学考试之前，她一直在努力自学。她没有本科文凭，是个外国人，也是 1825 名新生中的 23 名女性之一。[5]

居里几乎不名一文。尽管学生时代很穷困，她还是非常快乐：

我住的房间是阁楼，冬天很冷，只有一个小炉子取暖，而且常常缺煤……也是在这个房间，我用酒精灯和几件炊具做饭。吃得很简单，通常就是面包、巧克力、鸡蛋或水果。没人帮我料理家务，我得自己把煤搬上六楼。

这种生活，从某些角度来看是痛苦的，但对我来说充满了真正的魅力。它带给我非常珍贵的自由和独立感。在巴黎，我默默无闻，迷失在大城市，虽然独自生活、一切靠自己，但我丝毫没有觉得沮丧。有时候，我也会感到孤独，但我的精神状态通常是平静和极大的道德满足感。[6]

然而，居里这种"穷困并快乐着"的生活并没有结束。接下来，她在自称为"令人痛苦的旧棚屋"里进行了长达10年的艰苦研究。[7] 1897年，居里获得了物理学和数学的硕士学位，开始在她丈夫、物理学家皮埃尔·居里的指导下攻读博士学位。她的博士论文课题是"贝克勒尔射线"——亨利·贝克勒尔于1896年发现的铀盐发出的一种高能波。在研究的紧要关头，居里体验到的不是"恍然大悟"的瞬间，而是"令人困惑"的洞察：从铀矿石中减去铀的能量后，仍然不能解释从中发出的强大辐射量。她当时对姐姐说："你知道吗，布洛丽亚，我无法解释的那些辐射来自一种新的化学元素。元素肯定在那里，我必须找到它。"[8] 于是，玛丽·居里开始寻找她的"缺失之角"。最终，她在沥青铀矿（铀矿石提取铀后剩下的残渣）的深处找到了它。

那些年，在用作临时实验室的棚屋里，玛丽·居里处理了大约8吨沥青铀矿。这个位于巴黎先贤祠（Pantheon，现在居里被供奉在这里）南部的外屋，曾经被用作医学院解剖室，后来被废弃，连尸体也抛弃了它。在这个取暖和电力都不足的棚屋和邻近院子里，居里先煮沸沥青铀矿，然后通过分级析晶分离其成分，最后测量微量放射性物质，直至千分之一毫克。经过对矿石中的每一种元素艰苦地逐一测试和排除，她最终找到了两种可疑的放射性元素。她以祖国波兰的名字将第一种可疑元素命名为"钋"。然而，钋并不是答案——"缺失之角"的放射性要高得多。1902 年，居里终于找到了它，可以把它捧在手里，或者至少放在玻璃试管里。她蒸馏了 8 吨沥青铀矿，最终只得到了一克的纯镭。

天才的标志：在激情的驱使下改变世界

我们很多人都有自己的爱好，比如读书、画画或旅行，但这些爱好并没有影响整个世界。如果我们对其他人感兴趣的事情拥有激情而且特别有天赋，比如在电视上唱歌或踢足球，结果可能会立刻成为名人。如果我们的激情驱使我们最终改变社会，那这种改变就是天才的标志。玛丽·居里发现了镭，成为公认的天才，获得了两项诺贝尔奖，一项是因为发现放射性的物理学奖（1903），另一项是因为分离镭的化学奖（1911）。居里发现了两种新元素（钋和镭），创造了"放射性"一词，并表明镭可以用来摧毁致命的肿瘤——至今仍是放射肿瘤学的基础。讽刺的是，"意外后果定律"再次应验，1939 年，她发现的镭揭开了原子弹的秘密。

从沥青铀矿中提取镭，想必不会有乐趣——但这取决于你对乐趣的定义。玛丽·居里工作的那个破旧棚屋，如她所述："夏天热得让人窒息，冬天冷得刺骨，炉子起不了什么作用。"[9] 在这里，她接触到"刺激性气体"，手和手指被镭灼伤，一触碰就会疼痛。她说："有时候，我得整天用一根很粗的铁棒搅拌沸腾的沥青铀矿。"分离镭需要好几年的时间，玛丽的丈夫皮埃尔准备放弃。[10] 但玛丽继续搅拌，没有注意到疼痛和痛苦。是研究激情麻醉了她，让她感觉不到疼痛？如居里后来所说："正是在这个令人痛苦的旧棚屋里，我们度过了一生中最美好、最快乐的时光，我们把全部时间都用在工作上。"[11] 居里的经历，让我们想起"激情"（passion）一词的拉丁语词根"parassis"的意思："痛苦"。弗里达·卡洛提醒我们："激情是连接痛苦和改变的桥梁。"[12]

居里最终死于自己的激情。放射性元素和气体渗透到她的棚屋和研究论文中——今天，这些文件保存在位于巴黎的法国国家图书馆，被封装在铅盒中，以防止后人受到辐射。为了消遣，她和皮埃尔喜欢在黑暗中坐在镭旁边，欣赏镭发出的熔岩灯般的迷人亮光。我们现在才知道她帮助我们发现了什么：核辐射既可以杀死恶性细胞，也可以杀死健康细胞。居里知道，这种被她称之为"恶魔"的物质会带来某些有害影响，但直到20世纪20年代，她几乎都没有采取任何安全防护措施。66岁时，她死于再生障碍性贫血，这是一种骨髓和造血细胞受到损害而引发的罕见疾病。她的女儿伊雷娜·约里奥－居里也因为研究镭而获得诺贝尔奖，但同样死于白血病，享年58岁。的确是致命的激情。

寻找心流状态

哲学家约翰·斯图尔特·密尔在他的自传中写道：快乐是我们追求别的目标所带来的感受——它悄悄地、横向地接近我们，就像一只螃蟹。[13] 玛丽·居里渐渐发现，她在棚屋里煮沥青铀矿的时候，是她最快乐的时光。在《作为意志和表象的世界》（1818）一书中，哲学家亚瑟·叔本华将激情爱好与天才联系起来："所谓天才，就是一个人把自己的兴趣、愿望和目标完全抛诸脑后因而完全忘却自我的力量。"[14] 心理学家米哈里·契克森米哈在他的《心流：最佳体验心理学》（1990）一书中，将这种超验状态简称为"心流"（flow）。所有的创造者——作曲家、画家、作家、程序员、建筑师、律师和厨师——在寻找"缺失之角"时都会体验到这种心流状态。快乐像螃蟹一样悄然而至。时间飞逝——忘记电邮、废寝忘食。

路易莎·梅·奥尔科特对这种超验状态的说法，不是心流或区域，而是旋涡。奥尔科特短短4个多月就一口气写成了两卷本小说《小妇人》（1868），每天完成一章。[15] 学者们一致把《小妇人》归为自传体小说。下面段落中的"乔"或"她"就是奥尔科特本人，她揭示了激情是什么样的。

> 每隔几星期，她就把自己关在屋里，穿上她的涂抹工作服，然后，像她自己说的，"掉进旋涡"，全神贯注地连续写作，小说一天没写完，她就一天不得安宁。（她的家人偶尔伸头探问）"来灵感了吗，天才乔？"
>
> 她压根儿不认为自己是天才，但只要写作冲动一到来，她便全身心地投入其中。她活得非常快乐，一旦坐下来进入自己的想象世界，便感到安全、快乐——那里的许多朋友，和现实中的朋友一样亲切、真实，让她忘却了贫困、忧虑，甚至糟糕的天气。她废寝忘食，唯恐时光太短，无法享受这种快乐，而只有这个时候，她才感到快乐、感到活得有意义，哪怕这段时间她别无所获。这种天才的灵感通常要持续一两个星期，然后，她从她的"旋涡"里冒出头来，又饿又困，脾气暴躁，或者心灰意懒。[16]

"这个时候所感到的快乐非常强烈。"奥尔科特说，写《小妇人》期间，"我完全忙于写作，除了每天跑跑步，根本停不下笔来吃饭、睡觉或做别的任何事情。"[17]

天才也并不总是击中"靶子"

激情、决心、坚毅、强迫或痴迷——每个词都有着微妙的含义。它们一起贯穿了从积极到消极的整个光谱。在这个光谱的何处,积极的激情会变成消极的痴迷?前者有推动作用并能自我调节,后者有强迫性且不能自我调节。一个被认为是健康的,另一个则不是。玛丽·居里知道镭的危险性,但依然"玩"镭。1962 年,安迪·沃霍尔创作了 13 幅性感偶像玛丽莲·梦露的肖像,后来又分别复制印刷了 250 份。1964 年,他甚至创作了更多、更大的梦露肖像。是激情,还是痴迷?

1946 年,著名经济学家约翰·梅纳德·凯恩斯在一篇纪念牛顿的文章中写道:"天才都很古怪。"[18] 牛顿确实很古怪。作为剑桥大学三一学院的学生以及后来的研究员,他会连续数日待在自己的房间里,沉迷于某个问题,几乎不吃不喝,即便这样也通常是站着,以免打破"心流"。[19] 就算在餐厅吃饭,牛顿也常常是独自坐着,其他人已经学会不打扰他,让他独自思考。回房间的途中,牛顿会停下来,用棍子在沙砾路上画图。这种近乎痴迷的专注,是牛顿个人形象的一部分,并最终产生了宇宙机械运转新规律,也使他至今享有有史以来世界最伟大的物理学家的盛誉。[20]

但是,至少在 1936 年他的完整论文曝光之前,公众并不知道牛顿是炼金术士。[21] 牛顿的"缺失之角",原来是用黄金做的。在其一生中,他记录炼金术和神秘学想法的笔记是数学或物理学的两倍。他的 1752 卷个人藏书,有 170 卷专门研究我们今天所称的"神秘魔法"。[22] 诚然,在牛顿生活的时代,人们对一种金属转化为另一种金属的过程知之甚少,因此,真正的化学和炼金术伪科学之间并没有清晰的界限。[23] 牛顿对物质结合或分裂的观察,可以说早就预示了量子物理学领域。但牛顿阅读的化学嬗变资料，大都集中于"点金石"——被认为可以治愈疾病、点铅成金的某种神秘物质。用他自己的话来说，他想知道"是否能够制造出与黄金一起加热的水银"。[24] 和居里一样，牛顿也在用作实验室的棚子里的炉子旁埋头苦干了 20 年，他的棚子就在剑桥大学三一学院宿舍的隔壁。

1700 年，牛顿得到"解脱"。他对金属的激情以及作为物理学家的声誉，促使国王威廉三世任命他为铸币厂监察。成为皇家货币守护者之后，牛顿几乎完全放弃了科学追求，搬到了伦敦的一所大房子里。他孜孜不倦地追查皇家货币的伪造者，很多人因此被绞死。[25] 至于他自己那个神奇的"黄金之角"，牛顿从未找到。

于是，牛顿进行了最后一次探索：他想确定世界末日何时到来。牛顿的外甥女凯瑟琳的丈夫约翰·康杜特回忆说，他"目睹牛顿在最后的日子里痴迷于世界历史研究——他写出了《古代王国编年修正》，至少写了 12 稿。他测算出古代列王的在位时间以及诺亚后代的谱系，用天文计算法确定出阿戈尔英雄们的航海日期，并宣称古代王国比通常认为的要少数百年"。[26] 最终，牛顿确定了基督再次降临和世界末日的时间：2060 年。

牛顿的"愚人金"故事和世界末日预言表明，激情有时会将天才引入歧途。贝多芬为赢得大众赞誉，满怀激情地写出了"民粹"作品《战争交响曲——威灵顿的胜利》(1813)，但这首作品今天听起来老套平庸，很少有人演奏；然而，贝多芬没有气馁，继续创作出《第九交响曲》及其受人喜爱的乐章《欢乐颂》。1983 年，史蒂夫·乔布斯推出"Lisa"苹果新电脑，他倾注了极大的热情，以至于用女儿的名字为它命名；它失败了，但乔布斯继续创造 Mac 电脑、iPad 和 iPhone。20 世纪 20 年代，"贝比鲁斯"乔治·赫曼创造出令人瞠目结舌的本垒打纪录，重塑了美国棒球的比赛规则。1927 年 9 月 30 日，他打出赛季第 60 个本垒打，创造了一项后来保持 34 年之久的职业棒球大联盟纪录；他在职业生涯中共打出 714 个本垒打——一项长期保持的美国纪录。赫曼共击打 1330 次，证明即使是天才也不总是击中"靶子"。但不管是本垒打，还是三振出局，赫曼都继续用力挥棒。

自尊的需要

查尔斯·达尔文的驱动力，是他对自然界的激情。起初，作为一项遗产的受益人，富裕的达尔文似乎只热衷于猎鸟和收集昆虫。他在收集昆虫的过程中所做的事情，现在看来似乎很奇怪，但回头去看，对博物学家来说，可能是天才的早期标志。

达尔文年轻时对甲虫产生了痴迷。他说："我雇了个工人，让他冬天从老树上刮苔藓，放在一个大袋子里，我还让他把沼泽地运芦苇的驳船船底的垃圾收集起来，因此，我找到了一些非常稀有的甲虫新品种。"[27] 如果这样做都未能找到"缺失之角"，达尔文就会自己动手。他曾经埋了一条蛇，为的是几周后把它挖出来，希望能从中找到一些食肉昆虫。[28] 有时候，达尔文会大获成功，如他在自传中所述："有一件事可以证明我的激情：有一天，我刚撕下一些老树皮，就看到两只稀有甲虫，我两只手各抓一只；接着，我又看到了第三只甲虫，而且是新品种，不能失去，于是，我把右手抓着的甲虫放进嘴里。"[29] 达尔文的动机是什么？当然是好奇心，但还有别的动机：自尊的需要。

1827 年，作为一个不太出色的学生，达尔文退出了爱丁堡大学医学专业，第二年转到剑桥大学，在这里，他的专业似乎是酗酒、赌博、狩猎和射击。[30] 达尔文的父亲罗伯特被儿子糟糕的学习成绩和散漫行为激怒，曾对他吼道："除了射击、狗和捉老鼠，你什么都不在乎，你将成为自己和全家人的耻辱。"[31] 最终，罗伯特花钱让达尔文登上了"贝格尔号"，开启了为期五年的环球探险。"贝格尔号"之旅使达尔文有机会寻找自己真正的"缺失之角"：科学而严谨地解释物种生存与进化的原因和方式。

1836 年，达尔文返回英国后，全力研究进化论问题，他成了工作狂，直到去世那天。达尔文在自传中坦率地列举了自己的优点和缺点，他对自己的激情是这样说的："我一直都酷爱自然科学，这比观察力要重要得多。不过，这种纯粹的热爱，在很大程度上得益于我立志要得到博物学家同行的尊敬。"[32] 因此，虽然达尔文天生热爱自然，但同时渴望向爱丁堡大学和剑桥大学对他留下糟糕印象的那些科学前辈，甚至可能也向父亲证明自己的优秀。可以说他是心怀芥蒂，或者是想弥补失去的时间——达尔文说的话，听起来就像是奥尔森·威尔斯所说的："我成年后的大部分时间都在努力证明自己不是没有责任感的人！"[33]

纯粹的激情与极致的勤奋

1903 年，被问及天才的来源时，发明家爱迪生的著名回答是："天才是 1% 的灵感和 99% 的汗水。"[34] 随着时间的推移，爱迪生改变了两者的比例——1898 年他说的是："2% 的天才和 98% 的勤奋"——但两者传达的信息是一致的：爱迪生非常勤奋。根据实验室助理爱德华·约翰逊的说法，爱迪生平均每天在办公室工作 18 个小时。"他一连几天都不回家吃饭或睡觉。"尽管他的办公室离家只有几步之遥。[35] 1912 年，65 岁的爱迪生发明了打卡钟，把它安装在办公室里，给作为老板的自己计算每周工作的小时数。同埃隆·马斯克一样，在爱迪生看来，上班时间超过甚至远远多于员工是一种荣耀。一周结束时，爱迪生会召集记者报道他的自夸新闻：他的工作时间是员工的两倍。[36]

是什么驱使着爱迪生的激情？他比达尔文更争强好胜。他在 1878 年说："我不太在乎发财，我更在乎超越同行。"[37]1898 年他也说过类似的话："要想成功，就找些敌人。"[38]爱迪生确实有很多敌人，包括乔治·威斯汀豪斯和 J.P. 摩根。尽管爱迪生在实验室领导了一个科学研究小组，但他申请专利时，只有自己的名字出现在申请表上。其他伟大的发明家（包括尼古拉·特斯拉、弗兰克·斯普雷格）不到 1 年就离开了爱迪生的实验室，他们有自己的激情和自我。但爱迪生坚持不懈、坚持自我。他一生中曾多次说过："我没有失败。我只是找到了 10000 种不成功的方法。"[39]但是，爱迪生也找到了 1093 种成功的方法——1093 块"缺失之角"。这是他成功注册的专利数量，也是一项至今无人打破的纪录。

2014 年，埃隆·马斯克说："人们应该追求自己热爱的东西。它带来的快乐，超过大多数其他东西。"[40]有些激情源于对他人的爱，有些则是简单的娱乐或游戏爱好，比如打高尔夫球，或是追随喜爱的球队。有些激情是由嫉妒（拥有最大的房子）或贪婪（再赚 10 个亿）驱使的。有些人热衷于充分利用自己的天赋，热衷于做好自己的工作，但这些激情很少能造就天才。日常的激情可能会产生独特的结果，但不会带来变革。

天才的驱动力有所不同。回顾本书提及的这些天才，他们都有一个共同特征：天才不能接受别人描绘的世界。每个天才眼中的世界都是分裂的，只有让它恢复正常才会感到心安。因此，要问问自己：你是否看到其他人都没有注意到的问题？这个"盲点"让你烦恼吗？你相信自己是这个星球上唯一可能解决这个问题的人吗？不解决这个问题，你就感到难受？对于这些问题，如果你的回答都是肯定的，那你就找到了自己的激情，也许也找到了自己的天赋。

然而，一旦找到自己的激情，就要当心。雕塑家亨利·摩尔说过："人生的秘诀，在于拥有这辈子每天每分钟都在完成的某个任务，某件毕生致力的事情、某件全力投入的事情。最重要的是，它一定是你看似做不到的事情。"[41]摩尔和谢尔·西尔弗斯坦说得对：纯粹的激情对于个人快乐和人类进步至关重要。而那个"缺失之角"真的只是"愚人金"。

第7章

杠杆差异：利用自己的不完美

大多数天才并不是完美的，他们有着各种各样的缺陷。有的精神错乱，有的自闭，有的失聪，有的脸盲……他们是大众眼中的异类。

然而，这些缺陷也许正是他们能够成为天才的原因。

正如梅纳德·所罗门说："失聪并没有削弱甚至可能提升了贝多芬的作曲能力。"

1888 年 12 月 23 日晚，法国阿尔勒市。文森特·凡·高因为好友、可能也是爱侣的画家保罗·高更要离开他而被激怒，拿起剃刀割掉了自己的左耳——不是部分，而是整个左耳。[1]凡·高拎着割下的耳朵，走到附近的妓院，把它作为"纪念品"送给了年轻妓女加布里埃尔·波拉迪尔。当局很快逮捕了这名自残者，并将他送进了精神病院。

凡·高割耳的故事世人皆知，并永远定格于这位艺术家的名画《绷带裹耳嘴含烟斗自画像》（1889）。我们将凡·高与精神错乱和疯狂行为联系起来，并将这些特质投射到他的艺术中。凡·高画的真是自己的幻觉？同样，行为古怪、半疯癫的贝多芬真的是创作自己听不见的声音？简单的逸事也许可以帮助我们理解复杂的问题。但这些"疯子天才"的故事是准确的表述，还是因为我们喜欢精彩的故事而被故意夸大？是天才发生精神错乱和自杀的概率更高，还是几位精神错乱的著名艺术家扭曲了我们的观点？

天才与疯子

自古希腊以来，人们一直都认为天才与疯癫之间没有清晰的界限。柏拉图把天才称为"神圣的狂躁症"。[2]他的学生亚里士多德把创造力与疯癫联系起来，他说："没有哪个伟大的天才没有一点儿疯癫。"[3] 17 世纪的英国诗人约翰·德莱登用诗文表达了同样的观点："天才与疯癫必为比邻 / 彼此相隔却近在咫尺。"[4] 埃德加·爱伦·坡被称为疯子，他回应说："人们都说我是疯子，但问题是，疯癫是不是最崇高的智慧——许多伟大的东西、所有深刻的东西是否都源于精神疾患。"[5] 在《爱丽丝梦游仙境》中，查尔斯·道奇森笔下的爱丽丝说："帽匠，你疯了，简直是疯子。不过，我要告诉你一个秘密。优秀的人都是疯子。"[6] 喜剧演员罗宾·威廉姆斯把"疯子天才"这个古老比喻带入了现代，他满怀渴望地说："与生俱来的疯狂只有那么一点儿。失去它，你就什么也不是。"[7]

天才与精神疾患之间的关系，心理学家们已经争论了一个多世纪，但仍然没有一致的意见。早在 1891 年，意大利犯罪学家切萨雷·龙勃罗梭博士就在其著作《疯子天才》中断定遗传、精神障碍、退化和犯罪行为之间存在联系，认为天才都与这些有关。[8] 他说："天才只是众多精神疾患中的一种。"当代精神病学家凯·雷德菲尔德·杰米森等人将杰出的创造者与可识别的精神疾患联系起来，在其权威的《精神疾病诊断和统计手册》中加以分类。[9] 精神错乱的发生率似乎可以被精确量化。1989 年，杰米森对 47 位"英国著名作家和艺术家"进行了典型的统计学研究，她得出的关于诗人的结论是："与普通人群的躁狂抑郁症（1%）、循环情感性精神障碍（1% ~ 2%）和严重抑郁症（5%）的发病率相比，英国诗人的躁郁症发病率要高 30 倍、循环情感性精神障碍或其他轻微躁郁症高 10 到 20 倍、自杀概率高 5 倍以上、被送进精神病院或疯人院的概率至少高 20 倍。"[10] 根据一项研究，科学家的精神疾病发病率最低（比普通人群高出 17.8%），作曲家、政治家和艺术家的发病率依次上升，而作家（46%）和诗人（80%）的发病率最高。[11] 艺术家的发病率更高，也许证实了说唱歌手坎耶·韦斯特的一句名言："伟大的艺术来自巨大的痛苦。"[12]

然而，痛苦不一定会产生伟大的艺术。很多人都有巨大的精神痛苦，但并没有表现为艺术（或科学）成就。相反，很多人没有痛苦，却创造出伟大的艺术或科学成就。我们会想到巴赫、勃拉姆斯、斯特拉文斯基、麦卡特尼等精神健康的作曲家以及迈克尔·法拉第、詹姆斯·麦克斯韦和爱因斯坦等科学家。有一个被确认的疯子鲍比·费舍尔，就有一个似乎正常的马格努斯·卡尔森；有一个凡·高，就有一个马蒂斯。

本书没有采用非常科学的方式看待天才和精神病，但书中所讨论的近100位杰出人物能告诉我们什么呢？至少 1/3——很高的比例——受情感障碍的严重影响。宾根的希尔德嘉、牛顿、贝多芬、特斯拉、草间弥生（Yayoi Kusama）、凡·高、伍尔夫、海明威、狄金森、罗琳、普拉斯、毕加索等人都表现出某种情感性精神障碍。天才并没有情感性精神障碍的癖好，但他们确实有这种倾向。根据专家的说法，数学家和科学家经历的精神障碍要少于艺术家，这可能是因为他们处理的是逻辑规则和理性领域，而不是无限的情感表达。[13] 科学探索是有序的、循序渐进的过程，一旦找到科学方法或解出数学方程，它往往就会完结。

精神错乱与创造力，有因果关系吗？

诺贝尔奖得主、电影《美丽心灵》的题材人物、经济学家和数学家约翰·纳什是"理智科学家"法则的一个例外。纳什 10 多岁就患了精神分裂症，他在 2008 年接受《耶鲁经济评论》采访时说："创造性洞察力有些神秘。它是一个聪明思维和疯狂思维可以相互联系的特殊领域。要产生非凡的想法，就要有某种特殊的思维，不能只是实际思维。"[14] 他还在别处说过："我对超自然现象的那些想法，和我对数学的想法，两者的获得方式完全相同，所以我认真对待它们。"[15]

那些想法的"获得方式完全相同"，纳什的这种说法含蓄地提出了另一个问题：精神错乱产生的创造力是巧合，还是有因果关系？换言之，创造力是由精神疾病引发的，还是同时发生但独立于精神疾病之外的？凡·高提供了一个没有明确答案的测试案例。

关于凡·高精神错乱的原因，医生们已经提出了上百种理论，包括双相情感障碍、精神分裂症、神经梅毒、焦虑障碍、中暑、急性间歇性卟啉症、苦艾酒引起的颞叶癫痫、亚急性闭角型青光眼、黄视症和美尼尔氏综合征。[16]此外，这位画家的精神错乱还有着明显的遗传因素。凡·高 37 岁时自杀；6 个月后，他的弟弟提奥精神病发作，死在一家精神病院，年仅33 岁；他们的弟弟科尼利厄斯也在 33 岁时去世，显然是自杀；妹妹威廉敏娜在精神病院待了 40 年，1941 年去世，享年 79 岁。[17]

凡·高明白自己经常发疯。他在 1889 年 1 月 28 日写道："要么马上把我关进疯人院——我不会反对——要么让我全力以赴地工作。"[18]两者都实现了。同年 5 月，凡·高住进了法国圣雷米一家精神病院，享有两间窗户封有木条的房间，他将其中一间用作工作室。第二年，凡·高创作了一些他最喜爱的作品，包括《鸢尾花》（他在圣雷米精神病院的院子里看见过）和《星夜》（从精神病院窗户望出去时创作）。凡·高的最后一幅作品《树根》是在他离开精神病院后完成的，艺术史学家尼恩科·巴克说："在这幅作品中，你可以感受到凡·高有时饱受折磨的精神状态。"[19]

但问题依然没有答案：凡·高是因为疯癫才成为天才，（疯癫塑造了他的幻想艺术？）还是凡·高本来就是天才，只是碰巧疯癫？凡·高所有的风格特点——他的绘画、色彩和透视理论，旋转的纹理和闪烁的亮光——都在他写给弟弟提奥的信中详细地解释过，后期才在画布上完整地表现出来。[20]黄色的独特使用、红绿色的强烈对比、双色成对条纹笔触，这些风格虽然都是全新的，但也完全是理性的、美学的。[21]就凡·高而言，精神分裂和艺术创作可能是他人生经历中两个并行但独立的部分。神志清醒时，凡·高清楚地知道自己在做什么。

最重要的是，凡·高还知道自己何时清醒、何时疯癫。他疯癫的时候不作画，正如他在1882年7月6日所说："一个病人不能随心所欲地工作，也不适合工作。"[22]对他来说，幻觉可能是也可能不是艺术材料的来源，但幻觉确实是可怕的经历，必须避免。为此，也为了活着，凡·高就作画。如他在1882年所说："没错，我能理解人们溺水自杀，但我认为更好的做法是鼓起勇气，用工作治疗疾病。"[23]他在1883年又说："工作是唯一的治疗方法。如果这不起作用，人就会崩溃。"[24]凡·高在信中多次强调，他求生的呼声是："我必须作画。"

于是，他就作画。在他生命的最后一年里，他疯狂地创作了近150幅作品。最终，在狂躁和抑郁、疯癫和清醒、精神病院和外面世界之间来回切换，即使作画也没多大作用。1890年7月27日上午，凡·高神志不清地走进巴黎北部瓦兹河附近的一块田地，用左轮手枪结束了自己的生命。

1941年3月28日上午，59岁的弗吉尼亚·伍尔夫用石头装满衣服口袋，走进伦敦北部的乌斯河，同样走向了生命的终点。伍尔夫的精神错乱符合精神分裂症和双相情感障碍的临床标准。[25]正如她的外甥昆汀·贝尔写道："这是与弗吉尼亚一起生活的一大困难；她的想象力装有加速器，而且没有刹车；它迅速向前飞去，与现实分道扬镳。"[26]弗吉尼亚的丈夫伦纳德·伍尔夫长期支持她，他也指出："狂躁发作阶段，她极度兴奋；思维快速运转；滔滔不绝地说话，严重时语无伦次；她有幻觉和幻听，例如，她告诉我，第二次发作时，她听到窗外花园里的鸟儿在说希腊语；她对护士很粗暴。1914 年开始的第三次发作持续了几个月，昏迷两天后才恢复正常。"[27] 早在 1904 年，伍尔夫从窗户跳下去，幸运地活了下来。

伍尔夫创作的那些自省式小说，是从哪里得到的灵感？赫尔曼·梅尔维尔为创作《白鲸》驾驶捕鲸船在南太平洋航行，获得了"深厚的背景"；同样，欧内斯特·海明威在"一战"和"二战"期间作为前线记者也获得了新闻"背景"。有些作家能敏锐地观察日常生活。有些则严重依赖自己生动而理性的想象力——莎士比亚似乎既有敏锐的眼睛，又有丰富的想象力。偶尔，作家也会深入自己错乱的精神世界。

在最具自我探索色彩的小说《达洛维夫人》中，伍尔夫将自己的真实和幻觉经历传递给了小说人物。达洛维夫人是理智而传统的她；彼得·沃尔什是她极度狂躁的另一个自我；塞普蒂默斯·沃伦·史密斯描绘的是她精神错乱的幽灵自我，她听到鸟儿用希腊语唱歌，认为工作人员要伤害她，然后跳窗逃走，最终死亡。伍尔夫说："作为一种体验，我可以向你保证，疯癫是可怕的，不可小觑；不过，我的大部分创作素材都是在疯癫的'岩浆'中找到的。"[28]

写作是伍尔夫的驱魔方式——驱使着她的天才的疯癫恶魔。作为"话疗"的一部分，大多数患者都会和精神科医生交谈，但伍尔夫通过写作扮演着自己的精神科医生。在 1931 年所写的一篇文章中，她通过写作表明了精神病发作经历与自我治疗之间的联系，从而消除威胁性的另一个自我。"我发现，如果我要写书评，就得和某个幽灵战斗。在我写评论的时候，她经常挡在我和我的文章之间。是她骚扰我，浪费我的时间，折磨我，最后我杀了她……我转过身抓住她的喉咙。我拼尽全力杀了她……我拿起墨水瓶朝她扔去。她死得很惨。"[29]

同许多躁狂抑郁症患者一样，伍尔夫也在精神亢奋和情绪低落之间来回切换，精神正常状态介于两者之间。她曾经写到自己从躁狂恢复到正常状态："我看到我自己、我的光芒、才智、魅力和美在衰减、消失。一个老态龙钟、邋遢、挑剔、丑陋、无能的女人，虚荣、喋喋不休、一事无成。"[30] 但只有在精神正常的状态下，内心冲突得到调和并形成连贯而流畅的叙述后，伍尔夫才能情绪稳定地写作。1933 年 6 月的一天晚上，她开车经过居住的伦敦郊区时意识到了这一点："昨晚开车经过里士满的时候，我想到某种非常深厚的、构成我的存在的东西，那就是写作。只有写作，否则什么也不能构成完整的我。"[31] 某些天才有一个隐秘的习惯：能够跨入一个想象的世界，然后再回到真实的世界。伍尔夫在失去这种能力之前，也能够做到这一点。

创作是治愈心灵的过程

当代艺术家草间弥生（1929—）仍然来回穿梭于日本东京的精神病院（她从 1977 年起就一直住在里面）和外面的世界。草间弥生被提名为《时代》杂志 2016 年度 100 位最有影响力的人物之一，可以说是世界上最著名的在世艺术家之一，她依然过着强迫症的生活方式："在医院对面的街道上，我建了一个工作室，这是我每天工作的地方，我就在两栋大楼之间来回穿梭。医院的生活按固定的时间表进行。我晚上九点休息，第二天早上七点准时起床验血。每天早上十点，我都会去工作室，一直工作到晚上六七点。"[32] 她在自传中补充道："我在两个极端之间来回波动：艺术家从创作中获得的满足感与激发创造力的强烈的内心张力……现实感与虚幻感。"[33]

草间弥生从小就经历着虚幻感。她描述了她年轻时在美国纽约逗留期间（1957—1973）精神病发作的情形：

我经常发作严重的神经症。我会用网盖住画布，然后继续在桌子上、地板上，最后在自己的身体上画网。我一次次地重复这个过程，网开始无限扩张。我忘记了自己，网包围着我，抓住我的胳膊、腿和衣服，充满了整个房间。一天早上，我醒来发现前一天画的网粘在窗户上。我很惊讶，就去触摸它们，它们爬到我的手上，接着爬进我的皮肤，我的心跳开始加速。有一次惊恐发作，非常痛苦，我叫了一辆救护车，把自己送往贝尔维尤医院。不幸的是，这种事情开始有规律地发生……但我一直在疯狂地画画。[34]

从"无限的网"开始，草间弥生痴迷于画波尔卡圆点（图 7.1）或某些可以快速复制的固定图案。评论家戏称她为"波点画女祭司"和"头号波点艺术家"。她称自己的作品是"身心艺术"——源自精神错乱的艺术。草间弥生的目标是消除令她痛苦的强迫性精神障碍，从而让她的精神（和观众的精神）超越，进入一种无限的、无差别的"虚无眩晕"。她说："我的艺术源自只有我能看到的幻觉。我把折磨我的幻觉和强迫性形象转化为雕塑和绘画。我所有的彩粉作品都是强迫症的产物，因而与我的疾病息息相关……通过将幻觉和对幻觉的恐惧转化为绘画，我一直在努力治愈我的疾病。"[35] 草间弥生在自传中写道："因此，你可以说我的绘画源自一种原始的、直觉的方式，与'艺术'的概念没有多大关系。"[36]

文森特·凡·高、弗吉尼亚·伍尔夫和草间弥生的例子越来越确切地表明：精神"障碍"不仅可以让人失能，也能为人赋能。创造性表达可以保护和治愈心灵，这个个体幸存的过程就是产生艺术作品的过程。创作者可以将自己的生活经历强加给读者、观众或听众。这个艺术家会说："我看到了，我感受到了，我希望你也能看到、感受到，这样，我们彼此的内

图 7.1 "永恒之永恒之永恒"展上题为《为挚爱的郁金香永恒祈祷》的室内装置作品中的草间弥生照。(日本长野县松本市美术馆)

心就会更加和谐。"下面是几位受精神"错乱"驱动的杰出人物的宣言：

> 文森特·凡·高："我必须作画。"
> 弗吉尼亚·伍尔夫："我写作是为了稳定情绪。"
> 草间弥生："艺术是一种释放，也是一种治疗。"
> 巴勃罗·毕加索："《亚维农的少女》是我的第一幅驱魔作品。"
> 安妮·塞克斯顿："诗歌牵着我的手离开疯癫。"
> 温斯顿·丘吉尔："绘画在我最艰难的时刻拯救了我。"
> 玛莎·格雷厄姆："停止跳舞，我就失去了活下去的意志。"
> 罗伯特·洛威尔："我愿躲进写作被治愈。"
> 查克·克洛斯："绘画拯救了我。"
> 艾米·怀恩豪斯："我写歌，是因为我脑子有毛病，需要从坏事中得到好东西。"[37]

每个人都需要某种健康向上的活动。即使你创造的东西对别人来说毫不重要，但只要你认为它重要，就可以拯救你的生命。

失聪的作曲家和"脸盲症"的画家

1803 年，贝多芬（1770—1827）在维也纳郊区沮丧地写完《海利根遗书》后企图自杀，这封遗书解释了他为什么最终没有结束自己的生命。"是我的艺术阻止了我。对我来说，在表达内心所有感受之前，我是不能离开这个世界的。所以，我只能忍受这种痛苦的生活。"[38]这并不是贝多芬唯

——次考虑自杀。1811年，他在树林里失踪了三天，被另一位音乐家的妻子发现他人在沟里。贝多芬向她承认"他想让自己饿死"。[39]贝多芬有很多问题。他患有双相情感障碍、偏执狂、慢性胃肠道疾病、铅中毒、酗酒。[40]不过，我们今天只记得他有耳聋残疾。

18世纪90年代，20多岁的贝多芬开始出现耳鸣，听高音越来越困难。1801年，他写信给朋友说："我的耳朵日夜嗡嗡作响……在剧院里，我得坐在离管弦乐队很近的地方，靠在栏杆上，才能听见演员们的话……有时候，我几乎听不清别人轻声说话，我只能听到音调。"[41]到了1814年，贝多芬不再以表演者的身份出现在公众面前。然而，直到1817年他47岁的时候，他的耳聋才严重到根本听不到音乐的程度。贝多芬去世后，尸检显示，他的听觉神经"发生萎缩、缺乏神经碱；伴随动脉扩张至乌鸦羽管大小、呈软骨质"。[42]

有两点可以提供背景：首先，在1803—1813年，尽管贝多芬的听力大大减弱，但仍能听到声音，在这10年里，他创作了当今音乐会爱好者最喜爱的那些作品，包括他最受欢迎的交响乐、协奏曲和钢琴奏鸣曲；因此，"聋子贝多芬"的说法并不完全准确，它取决于讨论的时间。其次，许多天才作曲家（莫扎特就是最好的例子）能够在没有外部声音的情况下通过"内耳"作曲；贝多芬也能够听见头脑中的音乐，绘制草图，然后不借助发声乐器在书桌上完成最后的乐谱写作。

但是，残疾可以带来改变。从某种程度上来说，贝多芬的音乐成为时代经典，正是因为他对身体"缺陷"所做的反应。讽刺的是，"聋子"贝多芬对音乐史的贡献，是他发现了乐音。也就是说，其音乐的独特之处，与其说是他的音乐观念，不如说是那个观念的声音一遍遍地重复。贝多芬设定好某个和弦、曲调或节奏，然后不断重复，每次重复都增加音量并经常提升音高，创作出独特的音乐作品。将音乐还原为基本元素，然后不断推动它们在逐渐高涨的声浪中向前发展，给贝多芬的音乐带来了前所未有的力量，他仿佛在说："我听不见，我听不见，我听不见。大声点儿。"

听力受损的人体验音乐，常常只能"听到"振动（地面的振动）。这就是为什么贝多芬的那么多作品都是程式化的舞曲（音乐被简化为基本的脉动）？要体验贝多芬的舞曲和地面振动，最好的办法也许是听听他的《第七交响曲》的第一乐章，作曲家连续重复同一主题 57 次。最能说明问题的是，我们可以在完全失聪的贝多芬晚期创作的四重奏和钢琴奏鸣曲中找到美得出奇的织体和抽象的位错（极致的内在性）。[43] 贝多芬研究专家梅纳德·所罗门总结说："耳聋并没有削弱甚至可能提升了贝多芬的作曲能力。"[44] 事实上，从某种程度上来说，贝多芬的天才在于他因为残疾而被迫倾听内心的声音，然后再转写到纸上。

失聪的作曲家和患有"脸盲症"的画家，谁面临的挑战更大？画家查克·克洛斯（1942—）无法认出朋友、家人或熟人，无论他们见过多少次面。除了有诵读困难和其他认知障碍，克洛斯还患有"脸盲症"——神经学家称之为"面容失认症"（prosopagnosia）。[45] 脸盲症是由颞叶梭状回面孔区受损引起的，该区域连接着视觉识别神经通路。[46] 诺贝尔奖获得者、神经学家埃里克·坎德尔在采访克洛斯时说："你是西方艺术史上唯一一位选择画肖像的脸盲症艺术家。"[47]

查克·克洛斯无法识别人脸，部分原因是他无法对三维图像进行概念化，但如果物体是二维的，他可以这样做。为了创作一幅肖像，克洛斯会先拍摄一张脸的照片，然后将这张二维图像分成无数个小的增量单元，每个单元都以独特的方式分别绘制。克洛斯为朋友比尔·克林顿创作的肖像画（图 7.2）是 676 个独立菱形的集合。结果，人脸变成了微粒化的东西，使我们意识到每个人（每个潜在的天才）都是无数微小元素的组合，它们

图 7.2　查克·克洛斯于 2006 年创作的《比尔·克林顿肖像画》，由 676 个独立菱形组成，是克洛斯对其所患的面容失认症做出的艺术回应。（华盛顿特区美国国家肖像画廊；伊恩·康明斯和安妮特·康明斯夫妇捐赠）

可能会也可能不会集合在一起。克洛斯特别提到克林顿的牙齿："每颗牙齿都是分开的，我必须把它们挤在一起，这样看上去才像牙齿。"[48]患有面容失认症的克洛斯被迫以不同的方式看待这个世界，即兴想出了自己的解决办法。今天，克洛斯的《比尔·克林顿肖像画》挂在华盛顿特区的国家肖像画廊里，作为对一位总统和一位残疾画家的纪念。

　　肖像画家查克·克洛斯是记不住面孔，但艺术家斯蒂芬·威尔夏却能记住看见的一切。威尔夏拥有异常清晰的如照相机般的记忆力。只需看一次伦敦、纽约、罗马、迪拜、东京等城市的某个景观或场景，持续20分钟左右，他就可以精细地复制出所看到的每一个细节。他的画可能需要几个小时完成，然后在伦敦的画廊以数万英镑的价格出售。

斯蒂芬·威尔夏是天才吗？他不是天才，尽管他的记忆力令人印象深刻。威尔夏是一个自闭症怪才，能够以计算机般的速度处理视觉信息，但其认知发展只有5岁儿童的水平。[49] 威尔夏画的，与他看到的完全一模一样。其他那些所谓的天才又怎样呢：计算奇才金·皮克，为奥斯卡获奖电影《雨人》（1988）提供了灵感；音乐神童德莱克·帕拉维奇尼，只听一遍就能精准地弹奏出乐曲。闪电般的处理速度是一回事，但原创性是另一回事。通过手绘每一个增量单元并以独特的方式加以组合，查克·克洛斯为他的肖像画带来了附加值；斯蒂芬·威尔夏和德莱克·帕拉维奇尼只是复制现有的东西。针对威尔夏和其他自闭症怪才，奥利弗·萨克斯指出，真正的艺术创作必须是个性化的过程，创作者拿起借用的材料，"放在与自己相关的地方，并以一种全新的、属于自己的方式表达出来"。[50]

自闭的天才们

汉斯·阿斯伯格（阿斯伯格综合征因其而得名）指出："要想在科学和艺术上获得成功，就必须有点儿自闭。"[51] 可能需要一点儿自闭，但同样需要强大的想象力——视觉化和联想的能力。艾萨克·牛顿看到了整个银河系的关系，斯里尼瓦瑟·拉马努金（1887—1920）解决了被认为无解的数学难题，艾伦·图灵（1912—1954）在发展现代计算机科学和破解纳粹恩格玛机方面发挥了关键作用——据说这些人都表现出自闭症障碍的症状，但除此之外，他们还都有丰富的想象力。后两位天才因为被拍成电影而为人熟知：《知无涯者》（2015）中的拉马努金；《模仿游戏》（2014）中的图灵。然而，拥有超能和无能极端化表现的当代公众人物中，谁也没有已故喜剧演员罗宾·威廉姆斯那样疯狂而无穷的想象力。

说罗宾·威廉姆斯的参照范围很广，这对他的头脑是一种伤害。有一次，他即兴讲完如何消除近东的恐怖分子，然后迅速转向美国补充道："如果你在阿米什人村庄看到有人拿着枪埋在马屁股里，那是一个机械师，不是恐怖分子。"[52] 威廉姆斯的思维如闪电般敏捷。比利·克里斯特尔曾经这样评价他的朋友："如果今晚我反应快，他会更快。"詹姆斯·利普顿在《演员工作室》里介绍威廉姆斯时问道："你如何解释自己惊人的思维反应速度？你比我们其他人都想得快吗？到底怎么回事儿？"[53] 答案也许是注意力缺陷障碍（多动症）。[54]

"我试着和罗宾交谈，"戏剧学院的同学乔尔·布卢姆说，"前 10 秒钟还好。但随后他就会进入表演状态。非常兴奋，乱蹦乱跳。然后，他就会消失。"[55] 虽然威廉姆斯从未接受过正式诊断，但许多心理健康专家怀疑他很可能患有多动症。[56] 很多多动症患者也有非常活跃的想象力和创作天赋。[57] 他们还容易患上"路易体痴呆症"（LBD），[58] 这种疾病表现为大脑神经化学蛋白异常堆积。威廉姆斯就患有路易体痴呆症，很可能加速了他 63 岁就自杀身亡。在许多情况下，抑郁是多动症和路易体痴呆症的病因。不过，抑郁也可能是黑色幽默的来源，带来具有治疗作用的好笑话。乔治·拜伦勋爵说："要不是想到我的抑郁让我岳母那样快乐，我早就朝自己的脑袋开枪了。"[59]

绞刑架上的幽默（讽刺性悲剧意识）——许多天才都有这个。抑郁的坑越深，就越需要幽默才能逃出深坑。威廉姆斯的导师、抑郁的乔纳森·温特斯曾经说过："我需要那种痛苦——不管它是什么——不时地拜访它，无论它有多糟糕。"[60] 威廉姆斯自己也说道："这不是很滑稽吗？我能给所有人带来巨大的快乐，但唯独自己不快乐。"[61] 威廉姆斯的阴暗思想轻易就能带来光明笑声，比如："得克萨斯州有那么多电椅，连圣诞老人也有一把。注射致命药物之前，他们会用酒精棉签给你的手臂消毒。这样你就不会受到感染。"[62] 威廉姆斯看见抑郁的到来："令人兴奋的，是那种探索性活动的想法。这是我们作为艺术家、喜剧演员和演员所面对的东西。你要走到悬崖边上去看看，有时你还要跨过悬崖并返回来。但愿如此。"[63]

多动症让罗宾·威廉姆斯表演喜剧时闪电般的联想能力得到增强？查克·克洛斯患有面容失认症，不得不找到一种"变通办法"，从而为现代艺术开辟了新的方向。史蒂芬·霍金患有渐冻症，据他的朋友、诺贝尔奖获得者基普·索恩说，他"不得不学会全新的方法"才成为物理学家。[64] 英国科学家们认为，艾萨克·牛顿拥有非凡的专注力、安迪·沃霍尔喜欢画重复性图像，都归因于阿斯伯格综合征。[65] 1995 年，阿斯伯格综合征被纳入《精神疾病诊断与统计手册》，但在 2013 年被移除，重新归类为自闭症谱系疾病（ASD）。时代和文化在变化，我们对天才和残疾的态度也在变化。

2015 年 4 月，纽约城市大学研究生院杰出教授约瑟夫·施特劳斯来到我的"耶鲁天才课"，就自闭症发表了演讲。施特劳斯的大儿子患有自闭症，因而他对残疾问题感兴趣，写过一本关于残疾的著作（《非凡措施：音乐与残疾》，2011）。演讲结束后，施特劳斯和大约 80 名学生进行了越来越激烈的讨论。听众中有很多心理学或神经生物学专业的学生，其中有几名学生曾在美国国立卫生研究院资助自闭症研究的实验室做过暑期实习。他们都渴望了解自闭症"治疗方法"的最新进展。

施特劳斯没有治疗方法，他和妻子一生中的大部分时间都在适应和接纳儿子多种的、全面的潜能。施特劳斯告诉学生们："对自闭症患者而言，特殊的兴趣或能力不是被自闭症限制，而恰恰是得益于自闭症：自闭症使特殊能力得以发挥。残疾只是一种差异，不是需要医学专家进行补救、正常化或治疗的缺陷。"上课时间结束时，双方只达成了一个结论：这是一个关乎数百万人的、亟须解决的伦理困境。如果可能，我们希望消除自闭症或其他残疾吗？这些"异类的"心理问题，难道不是可能产生天才的另类智力模式吗？[66]

马丁·路德·金对精神障碍给予了赞扬，他说："人类的命运，掌握在那些有创造力的精神障碍者的手中。"[67]天才需要创造，我们需要天才创造。同样，许多神经系统的差异已经被证明是天才的隐秘促成因素。我们不应把它们视为不可逾越的障碍或残疾，而应把它们看作产生原创性思想的机会。

如果贝多芬今天还活着，手术就可以改善甚至消除他所患的内耳硬化症。精神分析疗法和抗抑郁药也许能帮助伍尔夫继续写作，但代价是什么呢？草间弥生尝试过6年的弗洛伊德精神分析"谈话疗法"，但她的艺术创作受到了影响。她说："无论我画什么，都没有想法，因为一切都是从我嘴里冒出来的。"[68]罗宾·威廉姆斯知道自己永远无法摆脱精神障碍，甚至因为害怕失去喜剧天赋而希望保有精神障碍。他说："那你死定了，好吧！"[69]也许有一天，科学家们会找到方法来消除或从根本上减少耳聋、自闭症、阿斯伯格综合征、强迫症、多动症等"障碍"。但如果这意味着不再有《欢乐颂》、不再有万有引力理论、不再有《星夜》、不再有笑到流泪的笑话，那这真的会被认为是进步吗？这个问题的答案由你来决定。

"我希望，所以我活着"

最后一点：我们通常认为天才是"流星"，光芒闪耀，但迅速燃尽。以凡·高为原型，我们会想象到自杀的、英年早逝的疯子（凡·高去世时年仅 37 岁）。但凡·高被证明是个异类。尽管他耸人听闻的单身生活可以编写为引人注目的故事，但它掩盖了一个事实：天才有长寿的习惯。

谁是最伟大的天才画家、科学家或古典音乐家，对此，我们可能存在争议——这取决于你的价值观和文化视角。不过，为了简便地讨论长寿问题，我进行了一项非常不科学的研究。我用谷歌搜索"十大古典作曲家"，得到的名单包括贝多芬、莫扎特、巴赫、瓦格纳和柴可夫斯基等。对于这十位音乐天才，我计算出他们的平均寿命为 51.4 岁。我又用谷歌搜索到毕加索、达·芬奇、凡·高、米开朗琪罗、沃霍尔、卡洛等画家，他们的平均寿命是 67.2 岁。这些著名画家的平均寿命比凡·高高出 30 岁。我用同样的方法计算出牛顿、伽利略、爱因斯坦、居里、霍金、特斯拉等科学家的寿命，发现他们的平均寿命为 75.3 岁。在这些寿命数字的背后，几乎所有天才都是在抗生素普遍使用（1940）之前出生的，当时人们的寿命要短得多。调整婴儿死亡率之后，白人男性的一般寿命大约为：1750 年 35 岁，1830 年 40 岁，1900 年 47 岁。因此，根据这些粗略的计算，许多天才的寿命似乎比普通民众要高出 10 年。这组数字反驳了古老的拉丁谚语："我活着，所以我希望（*Dum spiro, spero*）。"天才们证明事实恰恰相反："我希望，所以我活着（*Dum spero, spiro*）。"这是为什么呢？

为什么乐观主义者比悲观主义者平均多活 10 年？——这是 2019 年哈佛大学和波士顿大学联合发表在《美国国家科学院院刊》上的一项研究得出的结论。[70] "根据个体最初的乐观程度，研究人员发现，较之于最不乐观的群体，最乐观的男性和女性平均寿命要高 11% ～ 15%，活到 85 岁的概率要高出 50% ~ 70%。"[71] 虽然其中的生理学原因尚不知道，但有一点很清楚：同天才一样，乐观主义者更长寿。

天才（有创造力的精神障碍者）大都是乐观主义者。正如"脸书"CEO 马克·扎克伯格于 2017 年所说："乐观者往往成功，悲观者往往正确……如果你认为某件事会很糟糕，那它一定会失败，你就会寻找数据证明自己是对的。你肯定会找到它们！这就是悲观者的做法。但是，如果你认为某件事是可能的，你就会努力寻找成功的方法。"[72] 寻找"成功的方法"是天才的使命和激情，甚至可能是强迫性的痴迷。不管是天才还是苦干者，我们都需要一个我们认为可以实现的使命。不管这个使命显得多么"疯狂"或"失调"，只要拥有它，我们就会活着。

第 **8** 章

反叛者、异类和麻烦制造者

什么叫反叛？反叛意味着突破。不反叛现状，就没有天才。

我们应该尊敬反叛的天才，因为他能够让我们以不同的方式看待世界。

"向那些疯狂的家伙致敬，他们是另类、反叛者、麻烦制造者，是圆凿方枘、格格不入……他们用与众不同的眼光看待事物，他们不喜欢墨守成规……你可以引用他们、反对他们、颂扬他们、诋毁他们，但唯独不能漠视他们，因为他们改变了世界……他们推动人类向前发展，或许他们是别人眼中的疯子，但他们是我们眼中的天才，因为只有那些疯狂到认为自己能够改变世界的人，才能真正地改变世界。"

这是 1997 年电视广告片《非同凡想》（*Think Different*）的广告语，借此，天才史蒂夫·乔布斯为当时苦苦挣扎的苹果电脑公司赢得了转机。数百万人观看了这则广告片的首次发布（从 1997 年播放到 2002 年），演员理查德·德雷福斯为其配音（原本由乔布斯本人配音），片中出现了许多 20 世纪标志性天才的照片：阿尔伯特·爱因斯坦、鲍勃·迪伦、马丁·路德·金、约翰·列侬、托马斯·爱迪生、穆罕默德·阿里、圣雄甘地、阿米莉亚·埃尔哈特、玛莎·格雷厄姆、吉姆·汉森、巴勃罗·毕加索和弗兰克·劳埃德·赖特。伴随着舒缓的宗教般的音乐，广告词听起来不像是推销语，更像是对我们最珍视的信念的赞美诗：反叛的天才让我们这个世界更美好。片中的"疯子""麻烦制造者"和"异类"听上去像是褒扬之词。这些天才是我们的朋友，我们的英雄，我们当代的神。

不反叛现状，就没有天才

作为一种文化，我们尊敬反叛的天才，因为他能够让我们以不同的方式看待世界。我们还记得哪些因循守旧者？不反叛现状，就没有天才。当然，并非所有的反叛者都是天才，因为并非所有的颠覆性想法都被证明是聪明的想法。反叛的伊卡洛斯飞得离太阳过近，结果怎么样？然而，天才都有一个习惯：不仅是反叛者，还是正确的反叛者。

但天才并不总是受到普遍的喜爱。苏格拉底是个危险人物，雅典人强迫他喝毒药；马丁·路德和伽利略被软禁；纳尔逊·曼德拉、马丁·路德·金和圣雄甘地被监禁；圣女贞德被烧死在火刑柱上。即使是温和的印象派画家，最初也受到辱骂，被驱逐进"落选者沙龙"（Salon des Refusés）。历史学家约翰·沃勒指出，文森特·凡·高、阿尔伯特·爱因斯坦、温斯顿·丘吉尔和耶稣基督都是经历过真正或象征意义上的公开流放的梦想家。[1] 社会变革需要时间，需要人们接受变革的意愿。只有随着时间的推移，疯狂的观念才能成为新的规范。

有时候，需要漫长的等待，接受才会到来。几千年来，不同时期的一些科学家认为，银河系的中心是太阳而不是地球。但直到 1820 年，这个观念才被罗马教会正式接受。[2] 大约在 1796 年，威廉·詹纳从感染牛痘的奶牛身上取下脓包，注射到人类体内。当时的家庭（包括莫扎特一家）拒绝接种疫苗并遭受了后果。直到 1980 年，天花才被根除。爱因斯坦的广义相对论在 1919 年就得到证明，但直到整整一个世纪之后，该理论的一大推论才被接受：存在黑洞。[3] 相比之下，马丁·路德·金从囚犯上升为美国国家广场的民权偶像只用了几十年。为什么会等这么久？因为我们其他人不喜欢颠覆性的想法和带来这些想法的反叛者。

1728 年，乔纳森·斯威夫特曾说："当一个真正的天才问世时，你可以通过这个迹象认识他：傻瓜们会联合反对他。"[4]那我们这些"傻瓜"为什么会联合反对天才，至少一开始是这样？因为天才是麻烦制造者，而麻烦制造者会给我们其他人带来困难，他们让我们感到不舒服，他们迫使我们改变，而改变需要付出。2011年《心理科学》发表的一项测试结果表明：一个创造性的新想法和一个实用的旧想法，大多数人都会选择实用的旧想法。[5]我们的默认模式是维持现状。即使教师声称有责任鼓励学生发挥创造力，但他们仍会觉得有创造力的学生是课堂的破坏性讨厌鬼。[6]阿曼达·里普利在《世界上最聪明的孩子》一书中写道："不管教师们说什么，事实上他们大都不欣赏学生的创造力和批判性思维。小天才被赶出学习场所的故事经常发生。"[7]

1632年，伽利略谴责教皇乌尔班八世，多次称其为"傻瓜"。[8]乌尔班无法忍受地球围绕太阳运转的激进观念，而伽利略无法忍受乌尔班的无知。不过，请站在乌尔班的角度想一想。所有经验主义的证据都表明，太阳从东方升起，掠过天空，在西方落下。事实上，《圣经》有67个地方都肯定了这一点。[9]我感觉不到自己在以每小时80万千米的速度在太空中呼啸而过，教皇乌尔班也感觉不到。然而，伽利略利用自己新发明的30倍放大望远镜，看到了木星及其4颗卫星在围绕太阳运转。然后他想到了类似的问题：如果木星及其4颗卫星围绕太阳旋转，那地球和它的唯一卫星不也在这样做吗？

尼古拉·哥白尼（1473—1543）也提出了同样的看法，但他两面下注（因而幸免于难），说自己的日心说只是一个概念性的模型。他有理由小心谨慎：宗教裁判所势力正盛，通过酷刑和处决来打击异端。1600年，他的弟子、哲学家乔尔丹诺·布鲁诺因为教授哥白尼的"异端学说"而被烧死在火刑柱上。然而，伽利略在口头和著述方面比哥白尼走得更远：他说，哥白尼的理论不仅仅是假设，而是真理。1616年，伽利略被传唤到罗马宗教裁判所，他放弃了自己的主张——暂时放弃。1632年，他出版了《关于世界两大体系的对话》，通过更多的证据，对哥白尼的模型提供了充分的支持。于是，1633年1月，伽利略再次来到罗马，在宗教裁判所前为自己辩护。

对我们而言，这个天体物理学问题似乎与日常生活相去甚远，但对当时的罗马教会来说，这是一个极其重大的问题。在前现代基督教看来，地球是宇宙的中心，罗马是其精神中心。地球的尽头之上是天堂，有圣徒和天使；尽头之下是地狱，有罪人和魔鬼。伽利略认为，地球在太空中飞行，实际上只是众多行星中的一个，而太阳只是众多恒星中的一个。这种观点是亵渎上帝。地球、教会和所有基督教末世论不再占据宇宙的中心和不可动摇的位置，被降级为快速移动的"余兴表演"。世界不是上帝的计划，更可能是某个神秘的意外。真是革命性的观点！

面对因宣扬虚假教义而可能被处以火刑，伽利略与宗教裁判所达成了认罪协议。[10] 他同意认罪，表示自己无意中给人留下自己的著作支持日心说的印象，教会当局则对他处以终身软禁（最终软禁了8年）。但是，审判结束时，反叛者伽利略起身离开长凳，据说他在喃喃自语："但地球仍然在移动（E pur si muove）。"

地球绕着太阳转，这在今天听起来是显而易见的。但即使在今天，面对压倒性的科学证据，我们中有些人似乎仍不愿意屈服。1953年，研究人员乔纳斯·索尔克就宣布发现了预防小儿麻痹症的疫苗，但今天仍有一些非洲国家不愿意推广使用。1961年，约翰·恩德斯就发现了麻疹疫苗，但现在仍有一些人拒绝接受它，就像他们拒绝让自己的孩子接种白喉、破伤风、百日咳和人类乳头状瘤病毒等疫苗一样。绝大多数科学家认为，森林火灾和不断增强的海洋风暴都与全球变暖有关，但仍然有人否认气候变暖、否认两者之间存在因果关系。今天我们都相信但明天会被某个天才推翻的，又会是什么呢？

今天，我们不假思索地使用"新教徒"这个词，有人很可能会随意地说："新教徒是指非天主教徒的基督徒。"但严格地说，新教徒最初是指那些提供证言支持这种反叛观念的人：宗教可以根据一种不同于罗马教会的新制度来构建。同样，我们普遍认为"抗议者"就是敌对者，是为改变现状而游行和高呼口号的人，是 20 世纪 60 年代反对越南战争的美国抗议者，是抗议修建边境墙和反移民政策的那些美国人。马丁·路德（1483—1546）既是一个新教徒，也是一个抗议者，他宣扬一种新的宗教，反对旧的宗教。如果有一个天才创造了变革，那就是路德。

临死之前，马丁·路德已经创立起拥有独立的神学和礼拜仪式的新宗教，开创了神职婚姻，促使修道会发生瓦解，使北欧在经济上独立于南欧，培育了个人资本主义和民主种子生根发芽的环境。原有的自上而下的权力结构——从教皇、教长（主教）、长老（牧师）到教民——被颠覆为自下而上，从教民到他们选择的教会领袖。可以说，在开启从神权统治到民主政治、从中世纪到现代欧洲的大门方面，马丁·路德的贡献超过了任何人。

这一切都开始于德国维滕堡教堂的大门。1517 年 10 月 31 日，马丁·路德将他著名的 95 条论纲钉在教堂大门上——对教皇的行为、特别是对教皇出售赎罪券的做法的 95 条控诉。[11] "银钱叮当落银库 / 灵魂立即出炼狱"，[12] 这是从罗马派来的代收人吟唱的推销歌词，用德国货币换取永恒的精神恩典。因此，路德不仅是宗教反叛者，也是经济反叛者，幸好得到几位有着相同信仰的德国王室成员的支持，路德才得以逃脱 1518 年的教会法庭和 1521 年的世俗法庭的审判。[13] 一位教皇使者宣称："三个星期后我会把这位异教徒扔进火里！"[14] 神圣罗马帝国皇帝查理五世下令逮捕路德，但让他溜走了。路德余生都待在支持他的城镇和城堡中，受到"保护性监禁"。路德的驱动力，是他的良知，他甘愿为自己的信仰冒死反抗罗马教会。在沃尔姆斯会议的辩护词结尾，路德发表了著名的声明："我不能也不会收回自己的话，因为违背良知既不安全也不正确。我不能那样做，我就站在这里。愿上帝保佑，阿门。"[15]

反叛的动机：对现状不满

还有哪些反叛者勇于捍卫自己的信仰？当其他人怀疑时，哥伦布向西航行到达远东，马克思写出了他的《共产党宣言》，埃菲尔修建了他的铁塔。达尔文明白，人类不是上帝在第六天创造的，而是由较不发达的灵长类动物逐渐进化而来的。他总结说，《创世记》充其量只是一个隐喻。[16]特斯拉于1884年来到美国为托马斯·爱迪生工作，但很快就离开了，因为他相信，照亮世界的将是自己的交流电系统，不是爱迪生的直流电。在1953年的一次广播演讲中，爱因斯坦感谢那些给他颁发"科学反叛者奖"的人，他说："我很高兴看到一个屡教不改、固执己见的反叛者受到热烈的赞扬。"[17]这些天才都反叛了传统的智慧。但是，是什么冲动导致了这种反叛呢？

一言以蔽之：不满。如前所述，天才看见别人看不见的东西，感到兴奋或震惊，或两者兼而有之。路易·巴斯德为死于受污染牛奶的人数感到震惊，于是找到了对牛奶消毒灭菌的方法。蒂姆·伯纳斯－李看见局域网支离破碎，于是将其改造为万维网。杰夫·贝佐斯看见万维网上的用户流量数据，于是对颠覆传统商业模式的营利前景感到兴奋。史蒂夫·乔布斯看见所有的大型主机和家用电脑都装在金属框架里，感到恼怒；他在1997年回忆道："我感觉屁股快长虫子了，必须把电脑装进塑料盒。"[18]埃隆·马斯克对化石燃料的危险和全球变暖感到震惊，于是诞生了特斯拉汽车公司、太阳城和太空探索公司。

安迪·沃霍尔似乎对一切都不满。他反抗自己的本名（从沃霍拉改为沃霍尔），反抗父母对其性偏好的预期，反抗自己的真头发（他戴着假发）和鼻子（他做过鼻整形手术）。1949年，沃霍尔离开家乡匹兹堡移居纽约，成为一名商业平面设计师。在这里，他与主宰曼哈顿博物馆和画廊的"传统大师"艺术和推动商业世界的过于商业化的价值观念分道扬镳。

沃霍尔质疑道，为什么视觉艺术就得关乎语境、象征、意义和绘画技巧？这些都是过去艺术中隐含的问题。沃霍尔改变了艺术世界，触及现代社会的各种痴迷：自恋、表现癖、商业主义和肤浅。他将这些状态转化为可以立即识别并当下享受的视觉形象。可乐瓶、金宝汤罐头、布里乐盒子等日常商业物品以及玛丽莲·梦露、马龙·白兰度、埃尔维斯·普雷斯利等名人，可能会让我们想起当下的活力。本着商业精神，沃霍尔创建了一个艺术工作室，他称之为"工厂"。20世纪60年代，"工厂"成为文化精英的圣地，沃霍尔积极推动所有先锋名人前来纽约与公众见面，并最终获得了"波普艺术教皇""德瑞拉"（吸血鬼德古拉和灰姑娘辛德瑞拉的缩略词）等称号。[19]

不过，同许多制造麻烦的创新者一样，沃霍尔的创新并没有立即得到赏识。在1964年纽约世博会上，他在纽约州展馆安装的专为世博会创作的作品——13张排列整齐的美国头号通缉犯的头像，引发了一桩丑闻。州长纳尔逊·洛克菲勒很生气，命令沃霍尔把展板拿走，几天之后，罪犯们被一层银色油漆覆盖。1962年，沃霍尔在洛杉矶费鲁斯画廊举办了他的首次展览，并标价出售32张金宝汤罐头（每种口味一个）的图片，每张300美元。结果一张也没卖出去，于是，画廊老板欧文·布鲁姆以1000美元买下所有图片，然后把它们拼接在一起。1996年，布鲁姆以1500万美元的价格将沃霍尔的《32灌金宝汤罐头》卖给了纽约现代艺术博物馆。[20]在不到30年的时间里，这位钢铁工人移民的儿子就从反传统的反叛者跃升为权威的偶像，成为仅次于毕加索的 20 世纪最有影响力的艺术家之一。[21]

在一篇题为"为什么有人拒绝创新"的文章中，伯克利大学心理学家巴里·斯托列出了反叛的创新者所共有的品质特征。在斯托看来，"创新者不会墨守成规。为了探索新思想、获得真理，他们愿意反抗传统甚至是权威。创新者会坚持不懈，遇到挫折或阻碍，他们不会放弃，他们会坚持下去。创新者有灵活性。面对失败，他们会重新思考问题，而不是干脆放弃或继续走老路"。但斯托强调，最重要的是，创新者敢于冒险。"他们宁愿冒险尝试未经证实的新方案，也不愿固守行之有效的老办法。"[22]

天才都是冒险家

天才都会冒险。1891 年，居里夫人乘坐四等车厢的火车离开波兰，此时的她几乎身无分文，前途黯淡。1994 年，杰夫·贝佐斯辞掉工作，倾尽积蓄并向朋友和家人借钱创办了亚马逊公司。史蒂夫·乔布斯有句名言："你必须有彻底失败的意愿。"[23]

如果你在 1870 年问马里兰州南部的坎布里奇镇居民："哈丽特·塔布曼是天才吗？"答案很可能是："不，她是个麻烦制造者，是反叛者。"塔布曼出生于马里兰州多切斯特县，是个奴隶，后来逃到费城；在美国内战期间，她反抗南方叛军的法律制度。[24]大多数反叛者都不是天才，因为他们的想法最终证明对社会毫无用处。如果你在 1870 年问北方人同样的问题，大多数人都会说："谁是塔布曼？"很少有人知道，身材矮小的塔布曼帮助建立了"地下铁路"，带着营救使命 13 次从费城返回马里兰州敌军领地，解放了 70 多名奴隶。她还持枪领导了南卡罗来纳州一次成功的军事袭击，又解放了750名奴隶。1913年，塔布曼去世，享年91岁。很少有人提及塔布曼的去世，《纽约时报》发布了一篇讣告，只有短短的四句话。[25]

时代变了。自1913年以来，由于社会价值观的转变，反叛者塔布曼已经荣升为美国的英雄和天才，最近又成为一部广受赞誉的电影的题材人物（《哈丽特》，2019）。2016年，时任美国总统奥巴马的政府计划将10美元纸币上的亚历山大·汉密尔顿更换为塔布曼。[26]但林·米兰达创作的音乐剧《汉密尔顿》使这位"美联储之父"声名大噪，于是，塔布曼被重新安排取代20美元纸币上的"民粹主义者"、奴隶主、前总统安德鲁·杰克逊。随着政治风向的改变，社会价值观发生改变，谁值得被称为"天才"也随之改变。社会不断移动着"隐藏的靶子"。反叛者塔布曼160年前就射出了箭，但公众才开始将靶子（种族公正和性别平等）逐渐移向一个最终让塔布曼射中靶心的位置——直到现在，大多数美国人才把塔布曼视为面对巨大困难仍勇敢行动的行为榜样。

有些天才会冒小风险来挑衅我们。2005年3月13日，星期天，一个戴着兜帽的人提着购物袋走进纽约现代艺术博物馆，经过睡着的警卫，来到陈列着安迪·沃霍尔的标志性作品《32罐金宝汤罐头》的三楼。这位闯入者从购物袋里拿出一张和沃霍尔的罐头大小形状都相同的三色图片，迅速贴上自己的画作《汤罐头》（特易购超值奶油番茄汤）。3个小时后，保安才赶到，但破坏分子已经溜走，显然是从礼品店溜掉的。[27]事后查明，干出恶意换画这件坏事的人，是名不见经传的街头艺术家班克西。在其他地方，班克西也做过类似的坏事。2004年，在纽约自然历史博物馆，他假扮成一名博物馆工作人员，展出了自己的填充老鼠，名为《班克西大战老鼠》（*Banksus Militus Ratus*）；同年，在卢浮宫，他安放了自己复制的《蒙娜丽莎》，蒙娜丽莎的脸被神秘的米老鼠取代。[28]尽管众说纷纭，但我们并不知道班克西的真名，也不太清楚他的身份。这位从事街头艺术的匿名艺术家已经成为著名的"破坏者"，《时代》杂志将他评为2010年度全球100位最具影响力的人物之一。

"汤罐头"恶作剧过去13年后，2018年10月5日，伦敦苏富比拍卖行的一名拍卖师敲落木槌，标志着班克西最著名的作品《气球女孩》以104万美元的价格拍卖成功。反叛的街头艺术一直被当局禁锢和驯服，或者说看起来是这样。拍卖之后，这幅画从墙上被移走时自毁了。班克西在画框中秘密安装了毁坏装置，104万美元化为乌有，真是巨大的损失。安迪·沃霍尔打破常规的非常之举，使艺术等同于商品。班克西冒险揭示了他眼中的真相：现代艺术作品大都毫无价值——或者不应该有价格。

拥有强大的复原力

接纳风险是天才的习惯，同样，复原力也是天才的习惯。请看看弗里达·卡洛1944年的画作《断裂之柱》（图8.1）。在这幅画作中，一个女人（卡洛本人）穿着一套固定脊柱的医用束身带。断裂的爱奥尼亚式柱子象征着断裂的脊柱，荒凉背景中的裂缝暗示着破碎而孤独的世界。钉子从她的右腿向下延伸，但左腿没有钉子，象征着耶稣般的激情和痛苦；眼泪从她的眼睛里流淌出来，但她的面部表情显得坚毅，甚至蔑视。

6岁时，弗里达·卡洛患上小儿麻痹症，导致右腿缩短，最终出现脊柱侧弯。18岁时，卡洛乘坐的公共汽车撞上有轨电车，好几个人丧生；卡洛肋骨骨折、双腿骨折、锁骨骨折，一根铁扶手穿透她的骨盆。[29]她在床上休养了三个月，余生都得穿着各种各样的医用束身带：石膏、金属和皮革（《断裂之柱》描绘的是后者）。被迫卧床期间，卡洛从素描艺术家变成

图 8.1 《断裂之柱》（1944）描绘的是遭受身心痛苦仍坚持不懈的墨西哥艺术家弗里达·卡洛。（墨西哥城多洛雷斯·奥尔梅多博物馆）

了严肃画家，伸手去够父亲在她床上搭建的画架。到了 20 世纪 40 年代，她既不能站立，也不能坐着，否则就会疼痛难忍；她在纽约和墨西哥城的各大医院先后接受过脊柱融合和移植手术，但收效甚微。1953 年 8 月，她的右腿疼痛难忍，不得不从膝盖处截肢。[30] 但是，她坚持作画，有时是坐在轮椅上，有时是躺在医院病床上。[31] 她说："痛苦不仅是生活的一部分，也可以转化为生活本身。"[32] 面对身体残障，其他天才——例如，查克·克洛斯（脊髓动脉塌缩）、约翰·米尔顿（失明）、贝多芬（耳聋）和史蒂芬·霍金（渐冻症）——都不屈不挠，但可能谁也没有表现出她那样强大的复原力。卡洛说："我没有病，我只是坏掉了。我很高兴活着，只要能画画。"[33]

逆境可以坚定决心，失败可以变成机会。正如奥普拉·温弗瑞 2013 年在哈佛大学毕业典礼致辞中所言："根本没有失败这回事。失败只是生活要把我们带往新的方向。"[34] 天才并不打算失败，但大都会在某个时刻失败，有些还败得壮烈。1891 年，托马斯·爱迪生打算在新泽西州开采和加工富铁矿，并为此建好了加工厂；明尼苏达州发现廉价矿石后，该厂被拆除。爱迪生打算设计一种更好的电话送话器，他需要找到合适的振膜材料，将声波转换为电脉冲。他尝试的候选材料包括玻璃、云母、硬橡胶、铝箔、羊皮纸、沥青、皮革、麂皮、布、丝绸、明胶、象牙、桦树皮、生皮、猪膀胱、鱼内脏和 5 美元纸币。[35] "我需要的，正是负面结果。对我来说，它们同正面结果一样宝贵。"[36] 1901 年，尼古拉·特斯拉认为，他可以从位于纽约沃登克利夫的广播塔发送纯电。他没有成功，1917 年，他的广播塔被当成废品卖掉。乔治·巴兰钦经过四次尝试，才在纽约成功推出一家芭蕾舞团。埃隆·马斯克尝试了五次才成功发射并安全回收火箭。他在 2015 年说："没有失败，说明你创新不够。"[37] 杰夫·贝佐斯似乎在亚马逊公司寻求失败，他在 2019 年写给股东的信中说："我们偶尔遭受数十亿美元的损失，因为我们的实验规模要与亚马逊的企业规模相匹配。"[38]2004 年，史蒂夫·乔布斯遭遇重大失败："据我所知，我是唯一一个在 1 年内损失 2.5 亿美元的人……失败可以塑造品格。"[39]

作家 J.K. 罗琳对失败有着切身的体会。2008 年，她写道："毕业仅仅 7 年，我就遭遇了史诗般的失败。一段异常短暂的婚姻破裂，失业，一个单身母亲穷困潦倒，无家可归。父母担心我，我也担心自己；按照所有的通常标准，我是我所知的最大的失败者。"[40]讽刺的是，在罗琳看来，琐碎的成功会使她无法发挥自己的天才。"如果我在其他事情上都获得了成功，那我可能永远无法下定决心在自认为真正属于自己的领域获得成功。我获得了解放，因为我已经经历了最大的恐惧，而且还活着……因此，人生低谷成为我重建生活的坚实基础……你从挫折中变得更加聪明和坚强，这意味着你此后拥有了可靠的生存能力。你永远不会真正认识自己和人际关系的力量，直到两者都经受了逆境的考验。"[41]

斯蒂芬·金出版的第一部长篇小说《魔女嘉莉》曾被 30 家出版商拒绝，最后才被道布尔戴出版社接受，预付款为 2500 美元。截至 2018 年，金出版了 83 部长篇小说，总销量 3.5 亿册，每年版税收入约 4000 万美元。同样，西奥多·苏斯·盖泽尔的第一本儿童读物《想想我在桑树街见过它》也曾被"枪毙"近 30 次。1937 年，他偶然邂逅达特茅斯学院的一位同学，才促成了该书的出版，此后，"苏斯博士"的作品销量达到 6 亿册左右。罗琳的第一部《哈利·波特》小说被 12 家出版社拒绝，1996 年才被伦敦布鲁姆斯伯里出版社选中，预付款为 1500 英镑（约合人民币 13486 元）。迄今，罗琳的作品销量已经超过 5 亿册。然而，就连布鲁姆斯伯里的编辑巴里·坎宁安也心存疑虑，他当时对罗琳说："乔，你永远不会从儿童读物中赚钱。"[42]

除此之外，还有下面这些如今闻名遐迩的美国作家，他们收到的退稿

信摘录如下：[43]

赫尔曼·梅尔维尔的《白鲸》（1851）："首先，我们必须问，这肯定是写鲸鱼的吧？"

路易莎·梅·奥尔科特的《小妇人》（1868—1869）："坚持教书吧。"

约瑟夫·海勒的《第二十二条军规》（1961，他因为收到 22 封退稿信而取了这个书名）："显然，作者是想搞笑。"

欧内斯特·海明威的《太阳照常升起》（1926）："听说你是在俱乐部一只手拿笔，另一只手端着白兰地写完了整部小说，对此，我一点也不惊讶。你那些夸夸其谈、嗜酒如命、晕头转向的小说人物，让我也去拿了一杯白兰地。"

弗朗西斯·斯科特·基·菲茨杰拉德的《了不起的盖茨比》（1925）："如果去掉盖茨比这个人物，你的小说勉强还可以。"

我们从上述作品的出版年份可以看出，这些优秀作家都拥有自信心和复原力，请以他们为榜样。如果你是有创造力的人，或是致力于变革的企业家，那就要硬着头皮坚持，要知道拒绝是成功的一部分，要做好长期不被接受的准备。要像伽利略、沃霍尔和班克西那样，乐于以局外人的身份坚持逆向思维。最后，不要忘记凡·高的坚定决心：1886 年 1 月，安特卫普艺术学院院长卡雷尔·维拉特望着凡·高的不合传统的作品，判断其为"腐化之作"，将这位学生送回了初级班。[44] 凡·高无视维拉特院长的规则，创作出《向日葵》《星夜》等颠覆传统的标志性巨作。无论遇到任何挫折，天才都会予以质疑：裁判、评论家或证据肯定是错的；解决办法一定会有的。

作为一个在"二战"后的美国长大的孩子，我整天都在建树堡、探索下水道、用其他孩子丢在街上的自行车自学骑车——所有这些都没有家长监管。今天情况不同了，有大量的现代词汇描述家长过度介入的当前趋势，包括"直升机妈妈""扫雪机爸爸"和"裹在泡泡里的孩子"。[45] 社会环境已经发生转变，不再是放任式的家长教育，取而代之的是父母的严格监管。2019 年，前面提及的"校园蓝行动"揭露了美国大学的招生丑闻，33 名家长（包括知名商界人士和知名演员）被控贿赂大学官员，伪造孩子的入学考试成绩，帮助他们获得名牌大学的录取资格。这不是本事，这些父母将孩子的冒险和失败视为必须避免的困苦，而不是把它们视为可以从中学到很多东西、培养复原力的人生经历。

本章提及的这些独立思考、勇于冒险、有复原力的英雄形象，与我们今天养育孩子的方式，二者如何调和？无法调和。统计数据显示，儿童和大学生比以前更加焦虑、恐惧和讨厌冒险[46]，尽管司法局、统计局的数据表明，我们的城市街道比 30 年前安全得多。[47] 家长和"热心公民"更倾向于守着孩子，有家长因为让孩子独自步行去公园而被逮捕。[48] 2019 年发表于《自然：人类行为》上的一项研究表明了这种过度监管的弊端：把一只老鼠放进迷宫，沿着一条路线电击它。最终，老鼠找到走出迷宫的安全路线，然后一直就走这条路线，不再探索其他路线。但它永远不会知道风险是否仍然存在或如何应对。[49] 幸运的是，少数教育者和家长正在抵制这种倾向，建造起鼓励创造性和冒险的"危险"游乐场，发起"散养教育"运动。[50] 想培养大胆、聪明、有独创性的思想家吗？那就让你的孩子独自探索、冒险和经历失败吧。让他们开心地玩、偶尔打破规则。没错，父母会更辛苦、担忧和痛心，但最终会有更好的结果。正如史蒂夫·乔布斯曾经想知道的："你可以做海盗，为什么还要加入海军？"

第**9**章

跨界思维：做有好奇天性的狐狸

天才是跨界者，是博学者，是懂数学的音乐家，是懂音乐的物理学家。

天才像狐狸一样到处"游荡"，他们有着蓬勃的好奇心，也懂得连接不同领域，发现别人看不到的东西。

他们天生的好奇心强于自律，把他们推到最初的兴趣领域之外。

我们得到的经验是：保持敏捷，广泛涉猎，终身学习。

我们都知道《伊索寓言》"龟兔赛跑"的故事：兔子拥有天然的优势，但最终未能发挥自己的全部潜能。《伊索寓言》还有一则人们不太熟知的故事，叫作"狐狸与刺猬"，其寓意是："狐狸多才多艺，刺猬只会一件看家本领。"不安分的狐狸总在探寻多种可能性，安分的刺猬专注于一个大概念。这个故事告诉我们两种对立的认知方式。狐狸采用不同策略应对不同的问题，它有好奇心，愿意接纳差异和矛盾。而刺猬只关注某个大问题，只寻求某个首要的解决方案。

1779 年，英国文学家塞缪尔·约翰逊对这个问题的阐述是："真正的天才拥有强大的宽广思维，偶然才决定某个特定的方向。"[1]事实上，宽广思维和狭隘思维并不是相互排斥的。但哪一个会让你取得突破呢？是宽度还是深度？你天生是狐狸还是刺猬？本章重在表明：想要拥有天才的隐秘习惯，就要做狐狸。

让大脑到处"游荡"

天才像狐狸一样到处"游荡"，他们的好奇心是随机而不受控制的。通常，他们天生的好奇心强于自律，把他们推到最初的兴趣领域之外。"文艺复兴人"达·芬奇说:"一个人要让自己博学是很容易的(Facile cosa è farsi universale)。"[2] 关键是你是否有博学家的那种天才。1915年,爱因斯坦努力完成广义相对论时感叹道:"我的好奇心正在妨碍我的研究工作!"[3] 同样,埃隆·马斯克来回忙碌于电动汽车、火箭飞船、超级铁路、太阳能电池板,以及对人工智能的兴趣,使他很难专注于"任务"。但正是这种不安分的探索才改变了世界。

为了说明跨界思维的益处,我们先来看看两个迥然不同的"狐狸",一个看似离谱,一个沉稳:Lady Gaga 和本杰明·富兰克林。

> 我叫史蒂芬妮·乔安妮·安吉丽娜·杰尔马诺塔,我是意大利裔美国人。如我妈妈所说,我不是生来就性感。这些年来,我读过很多书,看过很多电影,做过很多艺术,见过很多雕塑家、电影制作人、诗人、音乐家和街头艺术家,使我能创作出远比独自去做强大得多的东西。[4]

这是 Lady Gaga 在 2015 年美国非营利艺术教育奖颁奖宴会上的开场白。和莫扎特一样,史蒂芬妮·杰尔马诺塔也是 4 岁开始上钢琴课,努力练习,想成为一名技艺高超的古典钢琴家。念高中时,她参加戏剧表演,担任爵士乐队和学校合唱团的主唱。她是一个优秀的学生,但并不受欢迎。她说:"有一段时间,我觉得女孩儿们在嫉妒我,因此才会对我那么刻薄。也许,她们是嫉妒我的无畏。"[5] "无畏"这个词,经常被用来形容史蒂芬妮和其他"越境者"。

17 岁时,史蒂芬妮·杰尔马诺塔被著名的纽约大学帝势艺术学院提前录取。在那里,她不仅学习音乐,还学习艺术史和戏剧创作,但一年后辍学,转而走上歌曲创作和表演艺术的道路。为了挣钱,她在纽约下东区的酒吧兼职舞者。大约在此期间，史蒂芬妮·杰尔马诺塔给自己取了艺名 Lady Gaga，据报道说灵感来自皇后乐队的歌曲 *Radio Ga-Ga*，从此拥有了新的身份。与流行"封面"艺术家不同，Lady Gaga 是一位原创者，是一位融合了多种艺术的创作者。"什么都有——表演艺术、流行表演艺术、时尚。对我来说，所有的东西都融合在一起。"[6] 2017 年，她在橄榄球"超级碗"比赛中场休息时的创新表演吸引了 1.5 亿观众，是有史以来最多的电视观众。她先后赢得九次格莱美奖。2019 年，她获得奥斯卡最佳女演员奖提名，并获得奥斯卡最佳原创歌曲奖——这是第一次有人获得两个完全不同类别的奖项。作曲家、编舞、美妆品牌创造者（Haus of Gaga）、时装设计师、演员、唱片制作人、慈善家和社会活动家——Lady Gaga 是一位变革性的流行艺术家，其"变身"和涉猎广度可与安迪·沃霍尔相提并论。正如她所说："我不是一种偶像，我是所有偶像的集合，我是调色板上所有颜色调和而成的偶像。我不局限于任何东西，没有任何限制。"[7]

与做过夜场表演的 Lady Gaga 相比，"早睡早起"的本杰明·富兰克林显得有些迥然不同，但富兰克林也是一个博学多才、涉猎广泛的人。每当遇到怪异反常的事情，他都会追问：为什么旋风会旋转？为什么从伦敦到费城的轮船航行时间是回程的两倍？为什么高音小提琴会震碎玻璃杯？对于好奇的富兰克林而言，答案总是隐藏在表面之下，但不会隐藏太深。富兰克林是典型的"狐狸"，他认为，仅仅为了深度而深入挖掘是毫无意义的。尽管他对物理学、天文学、植物学、气象学、海洋学和政治学都进行过探索，但他希望自己的探索具有实用价值，并最终获得了实用的见解。下面就是富兰克林"漫游大脑"的一些发现：

富兰克林炉：一种有金属内衬的壁炉，比普通壁炉产生的热量更多、烟雾更少。

双光眼镜：能戴一副眼镜，为什么要戴两副呢？

避雷针：导走电流，保护建筑物（及其居住者）。

玻璃琴：莫扎特和贝多芬都曾为这件具有三个八度音阶的乐器谱曲。

游泳脚蹼：无疑是他最有趣、最持久的发明之一。

长臂（抓取器）：用来帮助人们够取高处物品。

医用导尿管：美国使用的第一支柔性导尿管。

富兰克林哥特式字体：1902 年命名，以纪念富兰克林 1726 年创造的字体风格。

夏令时：在夏季"长日"拨快时钟，以节省蜡烛或电力。

富兰克林拼音字母表：一种去掉字母 c、j、q、w、x 和 y 但增加四个新辅音和两个新元音的字母表，以改进英语的拼写。

墨西哥湾流：解释了从英国回程航行更快、西向轮船向南航行的必要性以及欧洲冬天更暖和的原因。

公共图书馆：富兰克林在费城建立了美国第一个借阅图书馆。

由此我们可以看到，富兰克林具有多么超乎常人的广泛兴趣！再看看富兰克林 1749 年为新建的宾夕法尼亚大学所做的课程设置。哈佛大学和耶鲁大学当时的目标是培养牧师，并要求学习拉丁语、希腊语和希伯来语，而富兰克林则从世俗企业家的角度考虑问题。他要求学生接触"一切有用的东西"，因为"人生有限，学海无涯"。[8]教职人员的任命优先保证物理学、工程学和经济学以及会计学和农学。法语、西班牙语和德语也是必修课，因为它们将有用于商界。富兰克林 1749 年提倡的是普通教育课程，其中有少量的专业预科课程。富兰克林的教育模式一直被美国许多大学和学院采用，开创了我们现在所说的通识教育的先例。所谓"通识"，是指范围广泛的、使学生免于过早专业化的课程。

那些改变世界的人，似乎都拥有多样化的技能、视角和思维习惯。阿里巴巴创始人马云回忆说，2015 年他曾告诉儿子："你不需要在班上名列前三，成绩中等就不错，不是太差就行。只有这样的人（中等学生）才有足够的空闲时间学习其他技能。"[9]科技企业家马克·库班 2017 年接受《商业内幕》采访时说："我个人认为，10 年后，文科专业的需求将超过编程专业，甚至可能超过工程学专业，因为面对汹涌而来的数据和选择，你需要不同的视角才能对数据有不同的看法。"[10]林·曼努尔·米兰达在卫斯理大学获得戏剧研究专业的文科学位，然后找了一份七年级英语教师的工作。2008 年假期，他读到了罗恩·彻诺撰写的关于亚历山大·汉密尔顿详尽的政治传记。结合自己对戏剧和政治史的兴趣，他创作出了音乐剧《汉密尔顿》。他在创作期间说："我的大脑立刻打开很多应用程序。"[11]头脑中的信息基础越宽广，就越可能结合截然不同的想法。

创新就是连接事物

几千年来，"跨界"博学家一直在结合截然不同的东西，创造出变革性的新事物。古埃及人把人的头部和狮子的身体结合成狮身人面像。阿基米德把螺旋和管子结合起来，制造出"阿基米德螺旋泵"，可以把水提升到高处用于灌溉或防洪。约翰内斯·古滕伯格看见印刷字模和榨酒机，然后发明了印刷机，可以说是轮子和电脑之间最重要的发明。赛勒斯·麦考密克看见镰刀和梳子，然后发明了庄稼收割机。塞缪尔·摩尔斯知道如何短距离发送电信号，但看到一队队用作轮换的马匹后，他想到了利用周期性信号增强器建立高效电报系统的点子。凡·高在荷兰纺织工人中长大，他一生都随身带着一个装有双色羊毛的盒子，大约在 1885 年，他想到在画作中将成对羊毛条纹和笔触结合起来，于是我们在《星夜》(1889) 等作品中看到了球状的双色调旋涡。

普通人也会把不同的事物结合起来。例如，乔治·德米斯特拉尔在打猎途中发现粘在衣服上的毛刺可以与一种新的合成纤维结合，于是发明了我们今天称之为维可牢魔术贴的钩锁材料。3M 公司的员工阿特·弗莱看到了透明胶带的黏合能力和他夹在《赞美诗集》中的书签的实用性，有一天，他把两者结合起来，瞧！就成了今天我们所用的便利贴。朗尼·约翰逊在帕萨迪纳市的喷气推进实验室工作，需要设计一个使用水而不是氟利昂的新热泵，他在家乡亚拉巴马州的游泳池里看到一把水枪，于是将水枪和热泵结合，便有了当今世界最畅销的一种玩具——超级水枪。所以，我们在生活中要随时睁大眼睛。

是什么让不同的想法融合成原创的东西？ 2019 年，亚马逊 CEO 杰夫·贝佐斯评论道，商业领域的"重大发现（非线性发现）极有可能需要大脑'漫游'"。[12] 发明万维网的无名天才蒂姆·伯纳斯－李这样描述自己的创造过程："那些半成形的想法四处游荡。它们来自不同的地方，不知大脑是怎么搅和的，有一天它们就奇妙地结合了。"[13] 大脑在创新时不是沿着直线奔跑，而是在玩概念的"跳房子游戏"，疯狂地跳跃。游戏中的方块越多、距离越远，就越有可能产生原创的想法。正如爱因斯坦 1901 年对朋友说的："发现起初看似完全分离的一组现象中的统一性，那种感觉太棒了。"[14] 作家弗拉基米尔·纳博科夫认为这是一种天才的行为，他在 1974 年写道："天才在于看见别人看不见的东西，更在于他们能发现事物之间看不见的联系。"[15]

1996 年，史蒂夫·乔布斯在接受《连线》杂志采访时说："创新就是连接事物。如果你问那些创新者是怎么做到的，他们会说：'我就是看到了某个东西。'对他们来说，这个东西很快就显得一目了然。这是因为他们能够将自己的经历连接起来，并合成新的东西。"[16] 虽然乔布斯从里德学院退学，但他在学院周围待了足够长的时间，旁听了他特别感兴趣的课程，包括一门由特拉普派僧侣教授的书法课。由于这一经历，乔布斯特别关注第一代 Mac 电脑使用的字体，它们随后成为所有家用电脑的经典字体。[17] 2007 年，乔布斯将苹果移动音乐播放器（iPod）和新开发的苹果手机（iPhone）结合起来，实现了他最具变革性和营利性的想法。在此之前，这两大功能属于完全不同的行业。最终，乔布斯创造出将照相机、计算器、录音机、闹钟、电子邮件、新闻、GPS 导航、音乐和电话结合在一起的设备。

1976 年，两个叫史蒂夫的人在加利福尼亚一个车库里创立了苹果公司：史蒂夫·乔布斯和史蒂夫·沃兹尼亚克。沃兹尼亚克打造了第一代苹果电脑的内部结构：硬件、电路板和操作系统——乔布斯不太清楚这些技术性的东西。乔布斯重点创造的是电脑外部结构：功能、用户体验以及和其他设备的互连性。乔布斯看到的是大画面——计算机的未来将取决于公司能够将软件设计与计算机硬件生产相结合。沃兹尼亚克是刺猬，乔布斯是狐狸。[18] 多年来，两人组成了伟大的团队。但今天，我们记住的是哪个天才呢？

如乔布斯所言，大多数发明都来自观察不同的事物，并发现它们之间意想不到的关系。科学研究尤是如此，比如我们使用 $E=MC^2$ 这样的方程式。诗歌和日常语言也是如此，我们会使用隐喻和明喻。亚里士多德认为隐喻非同寻常："只有隐喻是无法传授的；它是天才的标志，因为创造出好的隐喻，就意味着拥有了发现相似之处的眼睛。"[19] 类比思维研究专家、美国西北大学德德雷·金特纳教授在谈到类比时说："我们的关系思维能力是我们管理地球的原因之一。"[20]

学习"偷盗"

有时候存在我们没有看见或没有完全理解的有益关系。例如，专家们发现，上大学前受过艺术教育和音乐教育的学生，其数学和语言能力标准化考试的分数会更高。[21] 原因何在？至少就数学和音乐而言，两者存在着隐秘的联系。数学是数字的模式，如果我们更深入地看，音乐也是如此。音乐有两个基本元素：声音和时长。音高和和声是以每秒钟振动（声波）的精确次数来衡量的，而节奏则以均衡的时长来确定，标记为数字（如4/4拍）。我们陶醉于悦耳的旋律，是对数学化组织的音高模式做出反应；我们在运动课上随着一致的节奏翩翩起舞，是对时长模式做出反应。音乐和数学都是基于逻辑、产生审美满足感的过程[22]，许多伟大的人物都将两者联系起来。达·芬奇是专业级的中提琴演奏家；世界著名音乐理论家之子伽利略会弹奏难度很大的鲁特琴；氢弹之父爱德华·泰勒是一位出色的小提琴家；量子力学奠基者沃纳·海森堡是一位技艺高超的钢琴家；同为诺贝尔物理学奖得主的马克斯·普朗克写过歌曲和歌剧。天才的化身爱因斯坦说，如果他没有成为物理学家，他会成为音乐家[23]，他最喜欢的作曲家是莫扎特。

有谁知道莫扎特是个数学家？4岁左右，莫扎特就开始学数学，差不多也是他第一次接触音乐的时候。[24] 他的姐姐纳奈尔回忆说："这些年来，他渴望学习，无论他父亲为他写什么，他都会立即用最大的精力去学习，以至于忘记其他的一切，甚至是音乐。例如，他学算术时，他的桌子、椅

143

子、墙壁甚至整个地板都写满了数字。"[25] 长大后，莫扎特迷上了数论、数字谜语、谜题和赌博。大约在 24 岁时，他得到了一本约瑟夫·斯宾格勒的《算术与代数基础》（1779 年第三版），然后开始自学，特别关注"关系和比例"一节。

图 9.1 是莫扎特创作的众多短曲中的一首，从中可以看出，他对数字模式的渴望胜过了作曲的渴望。请仔细看看，忍耐一下。莫扎特挑选了五个数字：2、3、5、6、28。他将其中三个数字加以组合（例如 2、3、5 或 3、5、6），把它们放入方框中（页面右侧），标记为意大利语缩写词"tern"（意为"三个一组"）。然后，他将这些数字两两组合（同样有 10 种可能的组合），并标记为"amb"（意大利语"ambedue"，意为"两个一组"）。莫扎特在某个时刻像现代数学家那样仔细查看两个方框，并有了发

图 9.1　1782 年，莫扎特为了数学计算中断了一首三声部赋格曲的创作。（维也纳奥地利国家图书馆，莫扎特 Skb 1782j，右页）

现。集合中五个数字可能组合成的十对数之和（176）是集合五个数字之和（2+3+5+6+28=44）的四倍；集合中五个数字可能组合成的十个三个数之和（264）为集合五个数之和的六倍。任何一组五个数字的结果都是如此（你可以试试看）。但莫扎特还没有就此停止，他开始玩数字的逆行模式：1936:484:1936 和 44:176:264:484:264:176:44。莫扎特痴迷于计算，他对数字关系非常感兴趣。几个世纪以来，听众们一直在评论莫扎特音乐的"完美比例"，这并非巧合。爱因斯坦称之为"宇宙内在美的反映"。[26] 加州大学伯克利分校心理学家唐纳德·麦金农的观点既适用于科学，也适用于艺术："一些最具创造性的科学成就，是由那些在某个领域受过训练却进入另一个领域的人取得的。"[27] 你需要交叉训练。

另一位才华横溢的博学家毕加索有句名言："我不借，我偷！"像偷盗的狐狸，毕加索从各地"偷窃"，既有 17 世纪的大师，也有垃圾场。毕加索会把头脑中的想法和看到的图像或物体结合起来，创造出全新的东西。旧自行车的座椅和把手可能会和童年的斗牛记忆相结合，创作出现代主义雕塑。毕加索的思想因为"偷盗"而充满活力，他偷来的东西，并不打算归还。

毕加索的《亚维农的少女》（图 9.2）可以说是 20 世纪最重要的画作，也是第一件立体主义作品，吹响了现代艺术的冲锋号。《亚维农的少女》结合了毕加索的两种新的外部体验。首先，在 1907 年巴黎小皇宫举办的保罗·塞尚（1839—1906）作品回顾展上，毕加索受到这位艺术家的冲击。在这里，他看到了一种新的绘画，一种利用简单形式、二维平面和几何图形构成的绘画。同年晚些时候，毕加索在塞纳河对岸、与埃菲尔铁塔隔河相望的特洛卡德罗民族志博物馆中发现了非洲面具。[28] 塞尚的作品让毕加索意识到纯粹艺术形式的力量。非洲面具也是如此，但增加了原始恐怖元素。看到这些面具，对毕加索来说是一个决定性的时刻："我明白

图 9.2　毕加索的《亚维农的少女》（1907）是现代主义的一声惊雷，部分原因是他接触了非洲面具和保罗·塞尚的作品。（纽约现代艺术博物馆）

了自己为何要做画家。那座恐怖的博物馆、那些面具、红皮肤布娃娃、布满灰尘的人体模型——《亚维农的少女》肯定就是在那天来到了我的身边。"[29]毕加索将这两种视觉元素同自己的精神强度结合起来，从而改变了艺术史的进程。

不过请等一下：像毕加索那样"偷盗"东西不违法吗？是的，只要你把这个物体同自己的原始材料结合起来，创造出新的、具有变革性的东西，那就不算"偷盗"。毕加索把真正的报纸和其他受版权保护的物品放进自己的拼贴艺术，并没有受到谁的起诉。沃霍尔的作品使用了伊丽莎白·泰勒、马龙·白兰度、猫王、玛丽莲·梦露、马云等人的形象，但他们并没有去法庭起诉他。你也可以成为有创造力的狐狸。根据 1976 年美国版权法的"合理使用原则"，你只需确保自己对"被盗"作品的改造和创新是出于社会或文化的利益。[30]

披着刺猬皮的狐狸

查尔斯·达尔文非常绅士，不会偷盗任何东西。不过，他确实结合了 19 世纪早期两种截然不同的理论：演化论和马尔萨斯人口理论。演化论由达尔文的祖父伊拉斯谟斯·达尔文（1731—1802）和法国生物学家让 - 巴普蒂斯特·拉马克（1744—1829）提出，他们认为：随着时间的推移，物种适应当地的环境而进化，并将获得的特征传给下一代[31]；马尔萨斯人口理论认为，人口数量的增长将不可控制，除非受到饥荒、疾病和战争等"有益"影响的限制。查尔斯·达尔文在上爱丁堡大学之前和大学期间，曾研究过他祖父和拉马克的著作。但直到他登上"贝格尔号"完成加拉帕戈斯群岛航行（1831—1836）之后，达尔文才碰巧读到了托马斯·马尔萨斯的《人口原理》。当时，天才达尔文也许经历了"灵感乍现"的结合时刻。[32]

1838 年 10 月，也就是我开始系统性调查 15 个月后，作为消遣，我碰巧读到了马尔萨斯的《人口原理》，对动植物习性的长期观察，也让我清楚地意识到普遍存在的生存竞争。我突然想到，在此情形下，有利的变异会得到保留，不利的变异会被破坏，其结果是形成新的物种。在这之后，我终于有了一个理论来指导研究工作。[33]

这个理论就是我们现在所说的"达尔文进化论"，一种基于基因优势或"自然选择"的进化论。[34] 对科学和神学而言，没有任何理论比达尔文的"野蛮主义"模型更具爆炸性——只有那些有幸拥有适合特定环境的基因的动物才能生存。在接下来的 20 年里，达尔文继续验证并微调他的大构想。最终，他在 1859 年出版了《物种起源》。

那么，达尔文是狐狸还是刺猬？可能是后者：达尔文坚持不懈地追求一个伟大的、也许是最大的一个想法。不过，请回想一下杰夫·贝佐斯的观点：创造性的想法来自大脑的"游荡"。维多利亚时代的人，也许谁也不会比查尔斯·达尔文游荡得更多、看到的东西更多。1831 年，达尔文离开相对舒适的英国，登上"贝格尔号"，前往未知的领域并最终环游了全球。但与"贝格尔号"上的水手不同，博物学家达尔文的足迹踏遍了巴塔哥尼亚平原、深入亚马孙雨林、登上安第斯山脉的岩石，在此期间，达尔文见过和品尝过几乎所有可以想象的物种，同样也被它们咬过。事实上，达尔文 5 年的"贝格尔号"航程，有三分之二的时间都是待在陆地上，像狐狸一样四处游荡。[35] 最终，他成了一个"多元主义者"——动物学家、植物学家、地质学家和古生物学家。达尔文是一只披着刺猬皮的狐狸。

掉进刺猬洞的狐狸

有时候，狐狸会掉进刺猬洞里。涉猎广泛的托马斯·爱迪生试图建立一个连接整个北美并为其提供电力的电力系统时就是如此。爱迪生 1879 年就发明了可长时间燃烧的灯泡，现在他需要墙壁插座、电路、电线、变压器和发电机来点亮这些灯泡。[36] 但要采用哪种电流模式，直流还是交流？直流电适合低压和短距离输电，交流电适合高压和长距离输电。最终爱迪生把农场押在了直流电上。1881 年 2 月，他离开乡下的门罗公园实验室，把家庭和爱迪生电气公司的制造中心都搬到了曼哈顿下城。爱迪生的手下在街道的深处挖了隧道，为直流电铺设管道（图 9.3）。

图 9.3　1882 年 6 月 21 日《哈珀周刊》一篇题为"室内电灯：纽约街头铺设电线管道"的文章插图。爱迪生选择把电线埋在地下，而不是串在电线杆上。

但是，爱迪生失策了。直流电并不是为大城市或整个国家供电的有效方式，因为它需要昂贵的发电机才能每 0.8 千米产生新的电流。为了筹备建立密集型的直流电系统所需的资金，爱迪生决定将公司的大量股票逐步出售给摩根大通和合作伙伴。10 年后，他们将爱迪生赶下台，并把爱迪生电气公司更名为爱迪生通用电气公司，后来干脆变为通用电气公司。[37] 爱迪生不再拥有控制权，摩根大通和通用电气转向了交流电。

视野狭窄常常源于"沉没成本综合征"。爱迪生已经深陷单一的解决方案，并为之付出了巨大的代价，因而似乎不可能承认失败和改变方向。像爱迪生这样的天才，问题是要认识到勇气和毅力何时必须让步于常识。但"狐狸"爱迪生的兴趣可不止一个。他通过系列多样的实用产品继续取得商业成功，不仅包括灯泡、留声机和电影，还包括公共广播系统、助听器、会说话的布娃娃，甚至还有预制水泥房。

专家的过度自信，加上"沉没成本综合征"，使得门罗公园实验室的这位巫师忽略了其他可能的解决方案，从而在这个案例中失败。戴维·罗伯森在其 2019 年出版的《智力陷阱》一书中写道："如果专家不能超越现有的模式、寻找应对挑战的新方法，认知固化就会限制问题的创造性解决。"[38] 刺猬看不到森林里的树；而狐狸肆无忌惮地四处搜寻，往往看不到森林里的危险。你可能多次对自己说过："早知道会陷入麻烦，我就不会去那儿！"创造力专家唐纳德·麦金农解释了为什么缺乏专业知识可能是好事："专家基于理论和实证研究往往'知道'某些事情不该那样做或者根本做不到。天真的新手会冒险做专家永远不会尝试的事情，而且经常获得成功。"[39] 麦金农的劝告是："不要做目光狭窄的刺猬。"要像有远见的"狐狸"尼古拉·特斯拉所敦促的："要有无知的胆量。"[40]

对此，诺贝尔奖得主丹尼尔·卡尼曼（《思考，快与慢》）、菲利普·泰洛克（《超预测》）等经济学家均持同样的看法。他们指出：在预测未来和解决明天的问题方面，专注狭隘的专家无论有多出名，都不如广博的通才做得好。[41] 泰洛克的著作激发了美国情报分析员团队之间为期 4 年的竞赛，结果表明：阅读广泛、会外语的通才预测世界事务的能力胜过狭隘的专家。[42] 最新的研究也表明，获得诺贝尔奖的科学家从事某种美术活动的可能性是那些较为逊色的同事的三倍，而音乐是最受欢迎的爱好。[43] 同样，他们从事演员、舞者或魔术师等业余表演活动的可能性要高出 22 倍。

然而，美国政界人士却迟迟不明白这一信息，至少在教育方面是如此。州长们和州立法机构正在将教育与"就业能力"联系起来，正如《促进 STEM 教育和削减文科开支的呼声高涨》等文章所报道的那样。[44] 一些大学正在取消古典学和艺术史专业。[45] 就连一向开明的前总统巴拉克·奥巴马也曾对"无用"的文科进行大力抨击。[46]

然而，本章提及的这些天才给我们上了新的一课。他们教导我们要四处"游荡"、结合事物、跨界学习、无所畏惧、睁大眼睛、避免"沉没成本综合征"、拥有无知的胆量。他们还含蓄地告诫我们，不要以为教育会直接带来终身工作。20 世纪 20 年代，一个技术工程师的"知识半衰期"是 35 年，60 年代是 10 年，而今天最多是 5 年。[47] 我们得到的教训是：保持敏捷。技术或教育领域的工作者开始相信，随着我们不断地变动工作（每 5 年就会换个职位），我们需要的是终身学习具有大学水平的、学科广泛的短期课程，即所谓的"60 年课程"。[48]

史蒂夫·乔布斯 2011 年说过：技术要真正出色，就必须与艺术结合。他说："只有技术是不够的，这是苹果公司的一大基因。正是科技与文科结合、科技与人文联姻，才产生了令人心动的结果。"[49] 因此，志向远大的 STEM 专业的年轻人不妨听听诺贝尔奖得主、小提琴家阿尔伯特·爱因斯坦的建议，在 1950 年的一次演讲中，他贬低专业性并得出结论："每一个严肃的科学工作者都痛苦地意识到自己被迫进入不断缩窄的知识领域，从而剥夺了研究者的广阔视野，使其降低为机械师的层次。"[50] 我们需要刺猬来修复我们深爱的东西，但要创造新的、更美好的世界，最好还是要找狐狸先生。

第**10**章

逆向思考

当一个人越能利用生活中的矛盾，天才的潜能就会越大。伟大的艺术家、诗人、剧作家、音乐家、喜剧家和道德家，都十分擅长在作品中嵌入对立的力量，让作品更加动人。

每个人都可以采用这种策略。无论是给孩子讲故事，还是创立新公司，都可以利用逆向思考，达到出其不意的效果。

为了发现东方，克里斯托弗·哥伦布向西航行。为了消灭天花，爱德华·詹纳给人们注射天花疫苗。杰夫·贝佐斯不是吸引顾客前去购买商品，而是把商品送到顾客的家里。根据牛顿的第三运动定律："每一个作用力都有一个方向相反、大小相等的反作用力。"莎士比亚笔下的哈姆雷特说："为了仁慈，我必须残忍。"

上述的逆向操作和见解，体现了"逆向思维"的过程，这是一种深植于艺术、科学和工业中的古老战略。如果你想更好地理解某个对象或概念，可以设想相反的情况。如果你想了解机器是如何组装的，可以把它拆解。如果你想要实现某个特定的结果，可以定义最终目标，然后形成一条由终而始的开发路线。逆向思维至少有四大实际优势：第一，它能让我们看到原本看不到的问题解决方案；第二，它能让我们思维更灵活、更有想象力；第三，它能教会我们接纳模棱两可和悖论；第四，它能经常让我们开怀大笑，这是快乐的必然标志。

看到对立面

看到对立面的重要性，是天才的一个隐秘习惯，特别是在科学和工业领域。为什么会有闪电？——正如本杰明·富兰克林所知道的，空气和地面中的正负电荷从相反的方向竞相汇合。为什么飞机会飞起来？——正如莱特兄弟所证明的，飞机的机翼使上面的空气下降，迫使下面的空气上升，从而使飞机也上升。我们如何理解天体物理学中"大爆炸"时刻？——正如史蒂芬·霍金所建议的，可以把宇宙向后倒，直到它收缩成一个无限致密的原子。

1953 年，在著名的剑桥大学卡文迪什实验室，詹姆斯·沃森和弗朗西斯·克里克团队发现了所有生物的"构件"——脱氧核糖核酸（DNA）的结构。他们的洞察力源自对对立原则的理解。每一条 DNA 链都隐藏着一个回文结构。例如：

XXGATCXXXXXXGATCXX—XXCTAGXXXXXXCTAGXX

这个基因序列的顺序和逆序均相同。每种生物的基因都有退行模式。随着细胞的增殖，如果它们不能精确复制回文结构，就会产生恶性肿瘤或其他缺陷。理解这一点，是当今生物医学研究和基因工程的重要组成部分。DNA 结构的发现，为沃森、克里克及其同事莫里斯·威尔金斯赢得了1962 年的诺贝尔化学奖。

有时候，逆向思维只是孩子的游戏。1785 年，数学天才约翰·卡尔·弗里德里希·高斯 8 岁时，老师为了让这个早熟的孩子有事可做，就让他计算这个问题："从 1 到 100 的所有数字之和是多少？"很快，高斯就得出了答案：5050。他没有浪费时间将所有数字相加，而是找到了逆向的解法：50 是中间数，两端是互相平衡的；数字 1、2、3、4、5 到 50 可以被反置为"回文"数集。对于我们这些不是天才的人，将这个问题从100 个数字简化为 9 个数字，就可以明白高斯富有洞见的解法——他看见了一个快速得出答案的逆向模式。我们可以将这 9 个数字反置：

$$1+2+3+4+5+6+7+8+9 \longrightarrow$$
$$9+8+7+6+5+4+3+2+1 \longleftarrow$$

　　垂直相加，会得到 9 个 10（或 9×10）= 90。我们将这些数字加了两次（加上了第二行逆序数字），因此，除以 2 就可得出答案：45。真是精彩的演绎！不过，运用归纳思维，高斯发现，基于这个过程可以得出解决此类问题的公式：和（T）= N（N+1）÷ 2。你可以找个连续数字序列，用这个公式算一算。高斯的逆向洞察表明，"回文"可以为数学家节省时间。

　　火箭助推器发射后再返回，可以为实业家节省资金。2011 年，原本是"友敌"的埃隆·马斯克太空探索公司与美国国家航空航天局（NASA）结成合作伙伴关系。[1] 从那以后，马斯克的火箭为 NASA 提供运载工具，将货物和宇航员送入太空。太空探索公司已经成为美国太空运输的主导力量，它证明火箭助推器可以往返于太空（安全返回并重复使用），从而将每次发射的成本降低 80% 以上。[2] 马斯克做过五次飞行试验，最终获得了成功。他在 2013 年的一次 TED 演讲中说："物理学就是研究如何发现违反直觉的新事物。"[3]

逆向思维和反向运动

　　逆向思维或反向运动，也体现于艺术结构。作曲家巴赫发现了往返作曲法，取悦了国王。1747 年，巴赫离开莱比锡前往柏林，去见爱好音乐的腓特烈国王，他递给巴赫一首曲子，让他即兴演奏。回到家后，巴赫深思熟虑，创作出了《音乐的奉献》：他改写了国王的曲子，将它从头倒置（音符上升，然后下降），采用反向运动（旋律向前，然后向后）。海顿、莫扎特、贝多芬、舒伯特、斯特拉文斯基和勋伯格也采用了同样的逆行策略。

莫扎特（Mozart）给自己取了个回文的绰号：Trazom；他也喜欢用回文结构作曲。有一次，他创作的曲子同时朝相反的方向发展（图10.1）。有时候，莫扎特会在完成作品中加入这种逆向的过程，但大多数时候是在作曲时这样做。在这些作品中，他运用逆向思维来发展自己的技艺，扩展自己的想象力。

对莫扎特和我们来说，逆向思维是一大挑战，但会带来更好的结果。为了流畅地演奏奏鸣曲的某个音阶，演奏者需要用夸张的切分音来练习该音阶。为了成为足球"绝杀"射手，习惯右脚踢球的射手需要不断地练习左脚射门。达·芬奇不但会顺着书写，还自学倒着书写，从而提高了绘画技巧。这些逆向练习会促进神经可塑性，因而可以提高身体的灵活性。

图 10.1　莫扎特 16 岁学习对位法时在作曲本（Sk 1772o）上写出的一首 20 小节的曲子。莫扎特只写了部分旋律（上半部分），但可以看出它应该倒置。

达·芬奇是左撇子（占总人口的 10%）。[4] 在其绘制的 10 万幅素描中，有证据表明他也认识到"逆向思维"对于创作的价值。他为自己的名画《圣母子与圣安妮》（卢浮宫博物馆收藏的达·芬奇四幅杰作之一）所画的那些素描为我们提供了很好的佐证。[5] 大约在 1478—1480 年，达·芬奇设想出两个版本的创作场景：圣母、圣子和羔羊（猫是羔羊的占位者）。一个是右向版本（图 10.2A），一个是左向版本（图 10.2B）。在左向的构图中，出现了第二个女性头部。大约 10 年后，更完整的右向版本回归，但在圣母近影中有了第二个头像（圣安妮）（图 10.3A），两人深情地望着对方。在大约于 1503 年完成的最终版本（图 10.3B）中，圣安妮的头部与圣母的头部对齐，但圣子基督和羔羊的头部扭曲了 180 度。站在这幅巨作前，卢浮宫的参观者不会意识到，达·芬奇的最终版本是其 20 年纠结于人物戏剧性对比的产物。在这里，"反向思维"的过程是必要的，但完全是隐藏的。

进入卢浮宫向西北走 23 米，你就会看到世界上最著名的油画：达·芬奇的《蒙娜丽莎》。它也包含逆向思维，只是更为微妙。在达·芬奇之前，中世纪晚期和文艺复兴早期的绘画不是宗教主题就是历史主题。画作描绘的是基督教教义或留下国王和王后的视觉记录，而且是通过符号来实现的——昭示基督降临的鸽子，或是暗示国王的王冠。绘画信息由画家传达给观者，观者可以接受也可以拒绝、可以相信也可以不相信。传统象征绘画的交流都是单向的。

达·芬奇的《蒙娜丽莎》为绘画带来大逆转。交流方式发生了颠倒。不再由这位艺术家告诉我们什么，而是画中的那位女士想和观众对话。她的问题隐藏在神秘的微笑中，挑衅着观众。绘画不再是单向的教说，而是双向的交流。要理解《蒙娜丽莎》，我们必须接受这样一个事实：一幅画的意义可能更多地在于观众，而不在于作品本身。艺术史家称之为"逆向透视"。

心理学家将"逆向心理学"定义为言说某事以达成相反效果的策略。

图 10.2A　达·芬奇 1478 年所绘的
《圣母子与猫》右向版本。（伦敦大
英博物馆版画与素描馆）

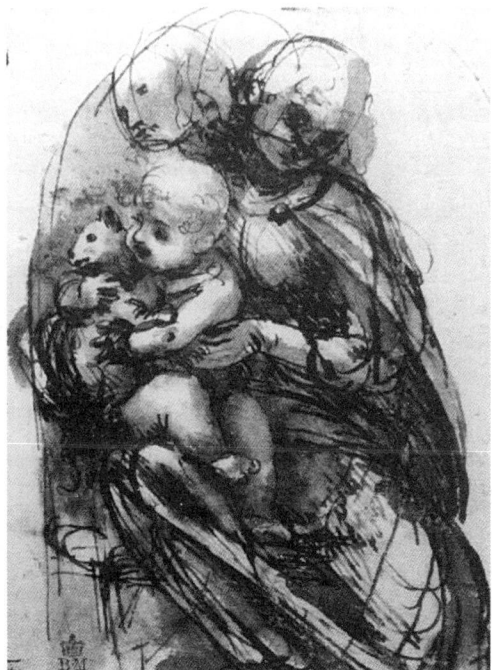

图 10.2B　达·芬奇 1480 年所
绘的《圣母子与猫》左向版本。
（伦敦大英博物馆版画与素描馆）

图 10.3A　达·芬奇 1499 年所作的草图。（伦敦英国国家美术馆）

图 10.3B　达·芬奇 1503 年完成的作品《圣母子与圣安妮》。（巴黎卢浮宫博物馆）

作家们有时会运用"倒叙"作为讲故事的技巧，其戏剧性效果早在维吉尔的《埃涅伊特》中就存在。作曲家理查德·瓦格纳在创作长达17个小时的音乐剧《指环》的剧本时采用了倒叙：他首先讲述诸神和英雄们的死亡（"诸神的黄昏"），然后倒回到他们的早期生活事件（"齐格弗里德"和"女武神"），最后为这三部曲加上背景性概述（"莱茵的黄金"）。乔治·卢卡斯的《星球大战》系列电影也采用类似的叙事手法，首先是三部逆序的"前传"，然后才是开场三部曲。弗朗西斯·斯科特·菲茨杰拉德1922年出版的短篇小说《本杰明·巴顿奇事》也采用倒叙展开主人公的人生：他出生时80岁，然后是中年、青年，最后死去时是个孩子。

"推理小说"畅销书作家P.D.詹姆斯曾说："写作之前，我就知道小说的结局。"[6] 通常，推理小说作家会先确定是谁在哪里如何"犯下谋杀案"，再回到开头引导读者完成谋杀故事。实际上，作家布鲁斯·黑尔在《倒叙为何是构思推理小说的最佳方法》一文中写道："推理小说都是倒叙的产物。"[7] 虽然我们这里谈论的是推理小说，但这个原则可以被推而广之。有抱负的作家最好先思考一下：小说的结局是什么？事实上，对于任何做书面或口头公众演讲的人来说，无论是做公司报告还是婚礼致辞，"逆向思考"都是很好的建议。浏览一下材料，把最好的、最有说服力的材料留到最后，再组织其他的东西。这样做，不仅材料会保持"正点"，同样重要的是，观众也会欣赏"大爆炸"结论。

根据定义，光线是一种直线，就像水枪射出的水流。波是一种曲线，就像投进池塘的石头所引发的涟漪。"光线"和"波"即使不是截然相反，也是大不相同的。光既可以是光线又可以是波，这是一个悖论，是相反的观点。"逆向思考"有时需要适应悖论。

阿尔伯特·爱因斯坦不止一次地与悖论做斗争。1905年，爱因斯坦解决了对立的光本质理论之间长期存在的争论：光是粒子流（直线）还是波？此前，艾萨克·牛顿认为光是粒子，他称之为"微粒"。与牛顿几乎同时代的克里斯蒂安·惠更斯（1629—1695）则主张光是一种波。牛顿的理论似乎占了上风，直到詹姆斯·麦克斯韦以其统一的电磁波定律（1865）为光波论提供了更为坚实的证据。[8]1905年，爱因斯坦提出波粒二象性理论，从而调和了上述对立的理论。光波撞上某种物质，发射出光电子流（爱因斯坦的"光电效应"理论）。他说："我们有两个相互矛盾的现实图景。它们各自都不能完全解释光现象，但可以共同解释它。"[9]这种二元性成为量子物理学的一部分——一种由悖论构成的新正统学说。此外，它还嵌入着一个对立面：光电子的能量总是与光的波长成反比。1921年，爱因斯坦因为破解光难题荣获诺贝尔奖。

从屋顶下落的女人，在什么情况下不会感觉自己下落？答案是："其他的一切东西都和她一起下落。"阿尔伯特·爱因斯坦解开这个假设的谜题时，他找到了另一个谜题的答案。1907年，爱因斯坦被两种明显对立的理论所困扰：牛顿的天体引力理论（物体与其他物体成直线的吸引力）以及他自己的狭义相对论（物体受其所处环境特有的规则支配）。他回忆道："要处理这两种根本不同的情况，这让我深感不安。"[10]想象一个所有东西同时下落的情形，产生了他"一生中最快乐的想法"，并让他如释重负。静止和运动怎么会同时存在？爱因斯坦解释说："因为对于一个从屋顶自由下落的观察者而言，下落过程（至少在他附近）是不存在引力场的。也就是说，如果这位观察者放开任何物体，它们都会相对于他保持静止状态。"[11]引力可能在起作用，但另一个相等的力也会起作用。用科学语言说，存在着一个"具有完全物理等价性和同时性的均匀引力场的反作用"。[12]通俗地说，引力可以呈直线，也可以呈曲线，这取决于物体的速度和引力场的力。牛顿没有错，但他的万有引力理论并非在所有情况下都是准确的。牛顿的苹果会竖直掉下，但在爱因斯坦的时空里，它会曲线降落。同样，单个原子在某些情况下会表现得像两个单独的原子，理解这一点是新兴的量子计算和未来计算机领域背后的基本逻辑。[13]

出其不意的对比

马克·吐温说："我此生经历过最寒冷的冬天，是旧金山的一个夏天。"我们原以为马克·吐温会详细讲述冬天的经历，结果却被他忽悠，讲的是夏天。不过，早在马克·吐温做出这种180度大转弯之前，莎士比亚在其戏剧《理查三世》的开场白中也采用了同样的招数："我们严冬般的宿怨，已被约克的太阳照耀成灿烂的夏天。"莎士比亚不仅营造了对立的戏剧效果（冬天变成夏天），还实现了一语双关的效果——"约克的太阳"既指约克公爵之子爱德华，也指他是如今约克王朝天空中最耀眼的太阳。《理查三世》是一部黑暗的政治悲剧，但由于理查德的对立观点，这部悲剧充满了幽默感：市民们把这位国王看作一种邪恶的力量，而有妄想症的他认为自己是仁慈之人。莎士比亚戏剧中最著名的对立场景例子是：谋杀犯麦克白屈服于滑稽醉酒的门房。消极的和积极的力量连接在一起，可以产生闪电般的舞台效果。

莎士比亚的诗歌大都建立在类比、隐喻和明喻（两个相关概念的配对组合）的基础之上。如果是对比性的配对，其效果会更强。要理解天赋是什么，不妨看看莎士比亚的《罗密欧与朱丽叶》中罗密欧说的一段话。在这里，这位坠入爱河的人经历着矛盾的情感纠结——八行诗句中出现了十四次。有些是可以想到的："憔悴的健康"和"寒冷的火焰"——你我可能都有过这些想法。但"吵闹的相爱""铅铸的羽毛"等表达，则需要隐秘的天赋！

> 这些都源于怨恨，更是因为爱情。
>
> 啊，吵闹的相爱！啊，亲爱的怨恨！
>
> 啊，无中生有的一切！
>
> 啊，沉重的轻浮！严肃的狂妄！
>
> 整齐的混乱无序！
>
> 铅铸的羽毛，光明的迷雾，寒冷的火焰，憔悴的健康！
>
> 清醒的睡眠，否定的存在！
>
> 这就是我感受的爱情，却感觉不到爱。（我爱她，但她不爱我。）

再看看莎士比亚最言简意赅的矛盾修辞的持久力量，他将两个对立的、互不相容的存在条件加以并置："生存，还是死亡。"

反向探索：通过答案，寻找问题

1913 年，亨利·福特采用装配线批量生产廉价的 T 型车，彻底革新了工厂生产和汽车工业。有一次，福特参观芝加哥的一家屠宰场，对其速度和效率留下了深刻的印象：一头牛宰杀后，被从刀口处挂起来，沿着一条钢链传递，直到最后被完全分解。如果分解可以如此之快，难道不能进行逆向组装吗？

在汽车定价问题上，"逆向思维者"埃隆·马斯克采取了与福特相反的做法。马斯克执掌特斯拉汽车公司后，他没有推出廉价的汽车，而是竭力推出了昂贵的型号: 2011 年推出 Roadster 汽车 (售价 20 万美元); 2015 年推出 Model X 汽车 (售价 8 万美元); 最后在 2017 年推出 Model 3 汽车 (售价 3.5 万美元)。由此,特斯拉汽车公司正从一个高价格、低产量的公司过渡为一个低价格、高产量的公司。正如马斯克在 2006 年的一篇题为"特斯拉汽车公司的秘密总体规划"的公开帖子中大声宣布的那样,他的规划是:

> 制造跑车
>
> 用这笔钱造一辆经济实惠的汽车
>
> 用这笔钱造一辆更实惠的车……
>
> 不要将这个秘密告诉任何人 [14]

20 世纪 90 年代初,作为对冲基金德绍公司的一名年轻的数据经理,杰夫·贝佐斯安闲地做着对冲押注——正确地平衡配置经济资产。贝佐斯看到互联网用户以年均 2300% 的惊人速度增长,他意识到全球增长的"大蓝图"。挑战在于,如何将互联网与小人物联系起来并取得收益,于是,他开始寻找可以赚钱的问题。通过逆向思考,他发现了一个问题: 购物。消费者开车到处寻找东西,但经常空手而归。为什么不反过来,利用互联网找到商品并把商品送到消费者手中,从而节省时间和金钱呢?他做到了。今天,亚马逊控制着美国 40% 的电子商务。[15] 2005 年,贝佐斯说:"有时候,人们看到某个令人恼火的问题,于是发明了解决方案。有时候,你可以反其道而行之。事实上,我认为高科技领域的很多创新都来自这个方向。看到某种新技术或新东西……你可以反向地通过解决方案去寻找恰当的问题。"[16] 贝佐斯当前的困扰是:"我们必须进入太空去拯救地球。"[17]

利用"不可能"的逻辑

"逆向思考"也能产生喜剧效果。幽默同讽刺、矛盾或反直觉思维相关。反讽也是如此。我们说"孩子,那做法真聪明",其实,我们的意思恰恰相反。喜剧演员有时是揭露真相的哲学家,他们以讽刺的方式告诉我们:我们的目标是错误的,因为真正的目标被隐藏了。下面这段妙语出自克里斯·洛克的单口秀专场《更黑更暴力》:

> 控枪?我们需要控制子弹!我认为,每颗子弹应该卖5000美元。因为如果一颗子弹卖5000美元,人们开枪之前就会掂量一下,想想自己是否能负担得起……我们就不会再有无辜的旁观者,如果是这样,枪手就会到处叫喊:"把我的财产还给我!"

悖论是带有道德寓意的矛盾修饰,而洛克在此构建的正是这个,他将一个人们熟知的真理与另一个真理对立起来:枪不会杀人,子弹才会杀人。也许我们应该取缔的是子弹。洛克还说过:"喜剧是不会唱歌的人的蓝调。"他明白,笑话探索了人类经验的两极对立并让我们一路大笑。正如弗洛伊德在《诙谐及其与无意识的关系》(1905)一书中所说,笑话揭示了我们所有人内心的弱点、恐惧和矛盾。讽刺在于:弗洛伊德这本关于笑话的书,是你读过的最无趣的书籍。

下面这些俏皮话,出自天才们之口。它们之所以有趣,是因为它们包含了对立、误解、逻辑不可能或词语重置。

莎士比亚:

"哎哟,你这个恶棍!干下这等恶事,要永远在地狱得到救

赎啦！"（《无事生非》）

本杰明·富兰克林：

"我等而今务须生死与共，否则定遭各别处决。"

"我会为自己的谦逊而感到骄傲。"

查尔斯·达尔文：

"伦敦晚宴的主题是沉默，（托马斯）卡莱尔一直在高谈阔论，大家只得保持沉默。"

马克·吐温：

"如果不是因为这首曲子，瓦格纳听上去也不会那么糟糕。"

爱因斯坦：

"为了惩罚我对权威的蔑视，命运把我变成了权威。"

威尔·罗杰斯（得克萨斯州干旱期间）：

"格兰德河是我见过的唯一需要灌溉的河流。"

温斯顿·丘吉尔：

"回首越深远，前瞻越深远。"

马丁·路德·金：

"我们的科学力量已经超越了我们的精神力量。我们可以引导导弹，却无法正确地引导人。"

埃隆·马斯克：

"有人问我为什么要创办一家火箭公司，我回答说：'我要努力学习如何把巨额财富变成小钱。'"

"最好的服务是根本不服务。"

N．C．怀斯：

"世界上最难的工作是不工作！"

杰克·沃格尔：

"你得到了没有付钱的东西。"

奥斯卡·王尔德：

"工作是酗酒者的诅咒。"

"真正的朋友会背后捅你一刀。"

"失去父亲或母亲是一大不幸；失去双亲则显得淡漠。"

"除了诱惑，我能抵抗一切。"

J.K. 罗琳：

"我们买了两百本《隐形术的隐形书》——花了一大笔钱，却永远找不到它们。"（《阿兹卡班的囚徒》）

奥斯卡·黎凡特：

"世界需要更多谦逊的天才。这样的人所剩无几了。"

笑话很好笑，但其原因却不为我们所知，那就是：逆向思考。

利用矛盾与对立

世界上许多伟大的宗教都包含着开始和结束之间的永恒循环，或是某种无尽的对立力量的牵引。在佛教中，对立统一的力量并存为涅槃（重生循环的结束）和轮回（生命的不断转世）。[18] 作为终极状态的涅槃本身就是非死亦非生。在道教中，阴阳是对立的，却是普遍的道德原则，作为一种单一的力量共同作用。希伯来词语"אמת"（意为"真理"，犹太教中上帝的名字之一）由希伯来语字母表的第一个（Aleph）和最后一个（Taw）字母构成。撒旦和上帝的天使们为基督教末世论而交战。在《圣经·启示录》中，"我是 α 和 ω（*Ego sum alpha et omega*）"（希腊语字母表的第一个和最后一个字母）则是上帝的象征。

1951 年，马丁·路德·金毕业于克鲁泽神学院，4 年后在波士顿大学获得神学博士学位。他知道"α 和 ω"（开始和结束）的意义，并在其最著名的演讲《我有一个梦想》（1963）中使用了这个对立的字母组合。

关于金的《我有一个梦想》，相关的著述颇多，这是他职业生涯的决定性时刻，也是美国人民种族观念的转折点。我在这里想说的是：这篇演讲稿的修辞力量，不仅来自不断地重复（逆向照应），也源于矛盾意象（矛盾修辞法）的不懈运用。修辞直抒胸臆，而诗意则在矛盾中交替闪现。

现在是从荒凉而阴暗的种族隔离深谷攀登种族公正的光明大道的时候……

自由和平等的爽朗秋天到来之前，黑人义愤填膺的酷暑就不会过去。

1963 年不是斗争的结束，而是开始……

在争取合法地位的过程中，我们不要采取非法的做法。

我们不要为了满足对自由的渴望而抱着痛苦和仇恨之杯痛饮……

我们要永远前进。我们不能后退……

我有一个梦想：有一天，在佐治亚的红山上，昔日奴隶的儿子能够和昔日奴隶主的儿子坐在一起，共叙兄弟情谊。

我有一个梦想：有一天，就连密西西比州这个因为不公正和压迫而让人窒息的地方，也会变成自由和公正的绿洲……

我有一个梦想：有一天，幽谷上升，高山下降，坎坷曲折之地变成坦途……

有了这个信念，我们就能把这个国家刺耳的争吵声，变成洋溢着手足之情的优美交响曲[19]。

大学期间，金接触到印度教信仰并研究了圣雄甘地的生平；1959年，他去印度向甘地的门徒学习消极抵抗。作为南方基督教领袖会议的领导人，金后来将非暴力作为反对街头暴力的武器。在亚拉巴马州伯明翰市，高压水枪和警犬对准了妇女和儿童，适得其反，引起了公众的强烈抵制。1964年，金的逆向斗争策略为他赢得了诺贝尔和平奖。

总而言之，本章提及的这些天才，表明一个人越能利用生活中的矛盾，天才的潜能就会越大。伟大的艺术家、诗人、剧作家、音乐家、喜剧家和道德家都在其作品中嵌入对立的力量，达成了戏剧性甚至是喜剧的效果。杰出的科学家和数学家似乎没有寻求矛盾，但发现矛盾时，他们不会感到难受。革新性的企业家寻求逆向解决方案。巴赫采用对位法创作出他最伟大的作品。贝佐斯从解决方案到问题进行逆向工作。金使用矛盾的语言和积极的不抵抗策略，改变了美国公众的种族观念。

每个人都可以采用这种策略。给孩子讲完睡前故事，要逆向操作，让孩子给你讲一个故事——激发讲者和听者的形象思维。要创立新公司，可以先进行"事前检验"，逆向地看看公司可能失败的原因。要写出更完美的公司报告或发表更精彩的演说，可以先看看材料，把结尾放在首位。要简化你的论点——越简单，效果可能越好。做出重大决策时，为了减少个人偏好和推理谬误，可以列出利弊清单。[20]要测试你的立场的正确性，可以找一个故意唱反调的人——和你的配偶或伴侣争论是件好事，可以让你有机会克制自己的冲动。要想机智地交谈，可以考虑逆向地反驳。"逆向思考"策略可能不为人察觉，但其带来的结果会明显更好。

第 **11** 章

越努力练习，越幸运

运气偏爱有准备的头脑。

天才产生的环境，天才成长过程中所受到的训练，天才从阅读、学习、榜样中所受的滋养，天才在各个发展阶段从自我认可和外界认可中得到的激励——这些才是真正的原因：清楚这些细节后，我们就会明白为什么天才在机遇到来时做好了准备。

1904 年，天才作家马克·吐温发表了小说《圣女贞德》，暗示了这位伟大的女英雄及其伟大的变革思想是如何产生的："当我们着手解释为何会有拿破仑、莎士比亚、拉斐尔、瓦格纳、爱迪生或其他某个非凡人物时，我们就会明白：天赋是无法解释这一切的，甚至不是其主要的原因。没错，天才产生的环境，天才成长过程中所受到的训练，天才从阅读、学习、榜样中所受的滋养，天才在各个发展阶段从自我认可和外界认可中得到的激励——这些才是真正的原因：清楚这些细节后，我们就会明白为什么天才在机遇到来时做好了准备。"[1] 在马克·吐温看来，所有这些外在的天才"细节"都取决于一个条件：机遇。"机遇"（opportunity）一词源自拉丁语"*opportuna*"，是指吹向港口的顺风。"幸运"（fortunate）一词源自拉丁语"*fortuna*"，意思是运气或命运。幸运之风吹来时，只有那些准备好随风起航的人，才会成为最大的幸运儿。天才、伟人和成功人士，都是这样到达"港口"的。

天才是幸运儿吗？

高尔夫球传奇人物加里·普莱尔更简洁地表达了类似的观点："我越努力练习，就越幸运。"[2] 谁都不会否认，那些努力工作、勇敢行动、大胆行事的"幸运儿"会获得更伟大的成就。这些行动，可能是做出明智的决定，也可能是做出彻底的改变。有些天才出生时就得到幸运眷顾，而奇怪的是，有些天才是去世后才有幸运降临。但我们都是带着"出生彩票"开始人生的。

对天才来说，生而富有和生而幸运是两码事。天才几乎不会诞生于极其富裕的家庭。查尔斯·达尔文可能是一个例外：他年轻时完全依靠家里的支持，最后还继承了一笔不太多的财产。同样，天才往往也不会来自贵族或统治阶级。天才们完全醉心于改变世界，而贵族们却常常沉溺于现状。为什么要改变世界？事实上，天才不会产生于极端的社会经济背景——过度贫困，就几乎没有机会；过度富裕，就不会有动力。看看下面这些天才及其父亲的职业：莎士比亚（手套制造者）、牛顿和林肯（农场主）、富兰克林（蜡烛制造者）、巴赫（镇里的小号手）、勃朗特姐妹（乡村牧师）、法拉第（铁匠）、爱迪生（酒馆老板）、居里夫人（教师）、金（传教士）、莫里森（焊工）、贝佐斯（自行车店老板）。对天才来说，生而幸运一般是指出身于中产阶级。

有时候，天才去世后，随着时间和事件改变了社会对他的看法，运气（好运和厄运）才会降临。威廉·莎士比亚在世时是一位非常成功的剧作家，俘虏了伦敦观众的想象力，但他的观众却很少。到了18世纪，随着英国的商业影响不断扩大，这位"埃文河畔的诗人"的剧作才逐渐被翻译成法语、德语和西班牙语。今天，随着英语成为公认的世界性语言，他的影响力才不断扩大，甚至遍及亚洲。[3] 莎士比亚现在被视为有史以来最伟大的剧作家，他的这一重要地位，部分是随后英语扩张的结果。在莎士比亚时代，世界上只有8%的人口会说英语；而在今天，大约20%的人都会说英语。莎士比亚很幸运：在他去世后，英语"涨潮"抬升了他的剧作之船。

1911年8月22日清晨，维修工人温琴佐·佩鲁吉亚从卢浮宫偷走了

《蒙娜丽莎》。这次盗窃事件和这幅画的照片登上了世界各大报纸的头版，掀起了一场国际性的艺术追捕。《纽约时报》高呼："六十名警探在寻找被盗的《蒙娜丽莎》，法国民众极为愤慨。"[4] 就连毕加索都被牵连其中，因为有些卢浮宫被盗的古董半身像可以追溯到他的公寓。佩鲁吉亚把《蒙娜丽莎》放在床下藏了一段时间。两年后，他打算把它卖给佛罗伦萨乌菲齐画廊的经纪人——这可不是天才的做法，因为整个西方世界都见过这幅画。警方接到报警，佩鲁吉亚被捕，这幅画被送回了巴黎。于是，关于《蒙娜丽莎》的更多照片和故事登上了报纸。它回到卢浮宫展出的头两天，前来观看的观众超过了 12 万人。[5]

全世界人人都能认出《蒙娜丽莎》，从某种程度上来讲，它的盛名源于艺术品失窃的持久影响——在 1912 年 4 月 14 日 "泰坦尼克号" 沉没之前，这是西方世界最为轰动的大新闻。[6] 美国全国公共广播电台在纪念这一盗窃案 100 周年的节目中，将其称为 "让《蒙娜丽莎》成为杰作的盗窃案"。这个说法也许有些夸张，但得到了统计证据的支持。利用耶鲁大学图书馆的馆藏数据，我计算了 1911 年以前主题为 "米开朗琪罗" 或 "达·芬奇" 的书籍及文章的数量，数据呈偏离状态，前者占比 68%，后者仅为 32%。但 1911 年以后的条目中，两者的比例大致都为 50%。参考引用了两位艺术家的书籍及其字数，1911 年再次成为临界点：其比例由米开朗琪罗占优的 7：5 变为达·芬奇占优的 2：1。如果说公众兴趣是衡量天才的某种标准，那么，一位博物馆工作人员偶然的不法行为则提升了达·芬奇的地位。

DNA 被称为生命的基石。[7] 嵌入人体各细胞的细胞核中的 DNA 包含着基因形式的遗传特性，它是驱动所有生物体生长发育的最微小的 "加密装置"。到了 20 世纪 50 年代初，人们知道 DNA 的存在已经有将近一个世纪，但科学家们尚不清楚 DNA 的结构，更不知道机体各个分子是如何自我复制从而形成完整生物体的，这是解开遗传密码的钥匙。1953年4月25日，这把钥匙交到了人类的手中：英国剑桥大学卡文迪什实验室的两位年轻科学家弗朗西斯·克里克和詹姆斯·沃森的研究成果，以一篇题为《脱氧核糖核酸》的简短科学论文的形式发表在《自然》杂志上。[8]可以说，这是现代最重要的科学声明，那谁应该排名第一呢？他们投掷硬币，结果是沃森居先。

沃森和克里克并不是唯一试图解释生命秘密的人。1944年，奥斯瓦尔德·艾弗里发现了"转化原理"，即DNA是遗传信息的载体。莫里斯·威尔金斯和罗莎琳德·富兰克林同沃森和克里克的研究方向相近，他们研究X射线晶体衍射学，生成了单个DNA分子的图像。此外，著名化学家莱纳斯·鲍林制作出三维的三链螺旋DNA模型（事实证明是错误的）。[9]凭借他人的研究成果和自己的直觉，沃森和克里克把它们拼凑在一起，建立起精确代表DNA结构的分子模型（他们的论文描述了这个模型）：著名的连锁双螺旋结构。沃森和克里克洞察到的关键的信息"拼图"，是罗莎琳德·富兰克林的显示出DNA双螺旋结构的"第51号"X光衍射照片。双螺旋结构的发现，带来了人类基因组测序、刑事案件基因鉴定、重组DNA研究（CRISPR）及其基因编辑和基因治疗等技术，催生了价值数十亿美元的生物技术产业的发展。1962年，诺贝尔奖委员会将生理学、医学奖授予弗朗西斯·克里克、詹姆斯·沃森和莫里斯·威尔金斯。但为什么缺少了罗莎琳德·富兰克林？答案是：运气不好。

富兰克林的重要的X光衍射照片被人盗用了。1953年2月，富兰克林的导师未经她的允许就向沃森和克里克展示了这些照片。两人从中看到了DNA的螺旋结构、维度和碱基对数。[10]富兰克林在世界顶尖大学剑桥大学获得学士学位和博士学位。1951年搬到伦敦后，她在著名的国王学院做博士后研究。富兰克林受过高等教育，在自己的领域拥有地位，而且雄心勃勃——这些都是天才的先决条件。但在那个时代，她面临着不利的障碍：她是一个女人。谈及富兰克林及其名义上的导师莫里斯·威尔金斯时，沃森写道：

> 莫里斯是 X 射线衍射研究的新手，他想得到一些专业的帮助，希望训练有素的晶体学家罗莎琳德能帮助他加快研究。然而，罗莎琳德并不这么看。她声称，她是在自己的研究中发现的 DNA 结构，不认为自己是莫里斯的助手。
>
> 我猜想，莫里斯一开始希望罗莎琳德冷静下来。然而，看一眼就知道，她是不会轻易屈服的。她刻意地不强调自己的女性特质，虽然她面部轮廓分明，但并不缺乏吸引力，如果她稍微注重穿着打扮，可能会相当惊艳。但她没有。她留着一头黑色直发，从来不用口红，31 岁的她，穿着完全是一副英国书呆子的模样……
>
> 很显然，罗莎琳德必须离开，否则就得安分守己。[11]

富兰克林拒绝展示女性魅力，勇敢地表明女性也可能是尖端 DNA 科学的引领者。但是，罗莎琳德不愿与男人们友好相处，并最终受到他们的惩罚。她被剥夺了拥有自己发现的一切权利——剥夺其权利的，不仅有她的男性同伴，还有一条只会影响"不幸者"的致命的"在世"规则。

《诺贝尔基金会章程》包含一两条有些武断的规定。根据《章程》第 4 条第 1 款的规定：

> 每个奖项的奖金可平均分配给两部作品，每部作品都被视为获奖者。获奖作品由二人或三人完成的，应当共同获奖。在任何情况下，奖金金额的分配者不得超过三人。[12]

直到 1961 年，诺贝尔奖委员会才认识到 DNA 及其双螺旋结构的巨大影响。但荣耀和名利应该归谁呢？当然是主要的研究者沃森和克里克，可能有接近成功的莱纳斯·鲍林，还可能有富兰克林的名义导师莫里斯·威尔金斯，基于她的贡献，也可能包括富兰克林本人。但是，请读一读《章程》第 4 条第 2 款的规定："过世者不可提名为候选人。若获奖者在领奖前去世，则仍可获得该奖。"在她做出有影响力的 DNA 研究成果 4 年之后、在该领域获得诺贝尔奖 4 年之前，罗莎琳德·富兰克林死于卵巢癌，年仅37 岁，她的荣耀和名利被剥夺了。

为了更好地理解发现 DNA 结构的宿命般的故事，2017 年 3 月，我与时任耶鲁大学教务长、生物物理和生物化学教授斯科特·斯特罗贝尔共进午餐。斯特罗贝尔首先向我指出，沃森和克里克很幸运，而莱纳斯·鲍林则不走运。如果鲍林看到了富兰克林的 X 光衍射照片，那这个发现很可能属于他。1953 年年初，鲍林途经伦敦，就是为了看到富兰克林的 X光衍射照片，但他的签证被拒绝，无法离开希思罗机场去见她。斯特罗贝尔还强调，双螺旋结构的发现是团队努力的结果。他向我解释说："实验性科学正变得日益复杂，不管是哪个领域，谁也无法完全控制。科学发现越来越成为公共实验室的产物，其带来的意外后果，是孤独的天才成了濒危物种。"谈到 CRISPR（令人兴奋的基因科学新领域）未来是否会获得诺贝尔奖，斯特罗贝尔指出了一个讽刺的事实："我以前的合作者、加州大学伯克利分校的詹妮弗·杜德纳是最佳候选人之一。问题是，在伯克利分校、麻省理工学院和其他地方，CRISPR 诺贝尔奖的候选人太多，诺贝尔奖委员会很难筛选出三位获奖者。因此，CRISPR 诺贝尔奖很可能会推迟。"[13]

也许，我们最好成为宿命论者，认同这样的观念：我们的命运掌握在幸运女神的手中。然而，本章旨在给出恰恰相反的建议：尽管运气可能会起作用，但天才会习惯性地做出有意识的、导致更好结果的决定。

运气偏爱有准备的头脑

1588 年，英国女王伊丽莎白一世很幸运：西班牙舰队抵达英国海岸之前被反常的飓风摧毁。然而，在此前的 30 年里，她一直推行"不接触"的外交政策，让敌人自毁。1895 年，威廉·伦琴在实验阴极射线管时，碰巧把相片底片留在实验室里，从而看到了印在底片上的光带，作为一名研究高能波的物理学家，他立刻就明白了他人很可能错过的现象——射线为何能穿透某些物体并留下其他物体的影像：X 射线现象。1945 年，珀西·斯宾塞很幸运：他站在磁电管旁边，口袋里的糖果融化了，作为一名训练有素的电气工程师，他了解金属盒内微波的热能，马上就用爆米花做了实验，然后申请了微波炉专利。1879 年，路易斯·巴斯德很幸运：他偶然丢弃了一个用于消灭鸡霍乱的培养基，一个月没人照看，后来发现只有那一批"变质"疫苗才起作用，然后加以利用。作为一名经验丰富的微生物学家，巴斯德早在 1854 年就在法国杜埃举行的一次医学会议的发言中阐述了这个教训："在实验性科学中，运气（*le hazard*）只偏爱有准备的头脑。"[14]

亚历山大·弗莱明发现青霉素据说是医学史上最著名的"意外天才"例子。但这真的都是意外吗？ 1881 年，弗莱明出生于苏格兰一个农民家庭，13 岁时移居伦敦，最终获得医学学位。1921 年，弗莱明发现了具有防腐作用的溶菌酶，然后继续做一种细菌摧毁另一种细菌的实验。弗莱明习惯让实验室保持杂乱无章。1928 年 8 月，在去进行为期一个月的度假之前，他堆放了一组布满细菌的、没有清洗的培养皿。回来后，弗莱明发现，除了一个培养皿，其他培养皿里都有大量的细菌。后来他发现，那个几乎没有细菌存活的培养皿里布满了一种叫作"特异青霉菌"（*Penicillium notatum*）的霉菌，它的孢子意外地从临近实验室吹进来，落在了那个培养皿中。

我的同事、耶鲁大学化学教授迈克尔·麦克布莱德曾经告诉我说："科学家没有'顿悟'闪现的时刻。相反，他们经历的是'天啊，这太奇怪了'的时刻。"看到培养皿里的奇怪现象，弗莱明喃喃自语道："这太有趣了。"[15] 他想知道是什么杀死了细菌，很快就确定是那些误闯入的青霉菌。接着，他开始研究这种霉菌的治疗作用，从而由这个幸运的机会中诞生了特效药青霉素。科学家们一直将青霉素的发现同巴斯德识别细菌（病原体）、沃森和克里克发现 DNA 结构并列为人类历史上三大医学进步。随着青霉素的到来（第一种抗生素），西方医学迈入了现代，挽救了无数人的生命。如果天才表现为改变世界的洞察力，那么，在亚历山大·弗莱明的实验室里，这种洞察力是在机缘巧合下诞生的。至少，故事是这样说的。

但是，亚历山大·弗莱明幸运地发现了青霉素，却远不止是机缘巧合。温斯顿·丘吉尔谈及自己在"二战"中的角色时曾说："我感觉自己好像是在与命运同行，我过去的半生只不过是为这一刻和这场考验做准备。"[16] 弗莱明也做好了准备，当时的他并不知道，他在近 30 年的专业生涯中一直在为自己的这个幸运发现而训练。他培养了观察能力和科学知识，因而能够理解和利用前人的东西。对此，医学史学家约翰·沃勒做出了简明的总结："弗莱明很有天赋，能看见别人忽略的东西。"[17]

弗莱明的前期准备和在溶菌酶研究方面的突破，使他在科学界享有一席之地。事实上，有人早就发现了青霉素的治疗作用，但没有引起人们的注意。1897 年，法国里昂一所军事大学的学生欧内斯特·杜切斯内（1874—1912）向巴黎巴斯德研究所提交了一篇论文，描述了弗莱明后来才发现的许多东西。[18] 但 23 岁的杜切斯内很不幸，他没有得到幸运的眷顾，甚至没有得到人们的承认。随后，他参了军，年纪轻轻就死于肺结核（青霉素本可以治愈的）。30 年后，弗莱明已经赢得了世界级细菌学家的地位，并且同科学界有着广泛的联系，这使得人们开始倾听他。杜切斯内击中了一个隐藏的靶子——但他没有地位，所以没人注意他。

亚历山大·弗莱明本人并没有把特效药青霉素推向市场——经过牛津大学一个由霍华德·弗洛里领导的细菌学家团队 10 多年的努力，才最终面市。但弗莱明雄心勃勃，对其所谓的"我的老青霉素"保留着专利权益。[19] 随着欧洲战争的持续，英国需要一种"灵丹妙药"来鼓舞军队士气，弗莱明急切地成为这种新药的代言人。1945 年，诺贝尔医学科学家委员会将生理学、医学奖颁给了三个人：亚历山大·弗莱明、霍华德·弗洛里及其牛津大学的同事恩斯特·钱恩。

为什么我们只记得弗莱明？因为这个"幸运发现"的故事虽然过于简化，却引人入胜。显然，这不仅仅是运气的问题。弗莱明做好了充分的准备，他努力维护自己作为伟大事业背后"伟人"的形象，而一个团队有意的努力实现了弗莱明最初的希望。因此，路易斯·巴斯德天真的格言"做好准备"还应加上另外两个与伟大相关的格言："向前迈进""不要丢掉你的发现"。

不惧风险

"幸运眷顾勇敢者",这句谚语早在古罗马时代就已流传,人们把它分别归于老普林尼、特伦斯和维吉尔。勇敢意味着愿意冒险,但冒险意味着什么呢?是否意味着,结果不确定但可以量化(比如50%的机会)时就愿意采取行动?还是仅仅意味着相信纯粹的运气(比如"纯属偶然")?脸书(Facebook)创始人马克·扎克伯格表现勇敢,既没有被预期风险吓退,也没有被运气吓倒。

如果说天才可以用社会影响来衡量,那扎克伯格绝对不能被剥夺天才标签。诚然,扎克伯格与隐私专家、联邦贸易委员会和美国47个州的司法部长发生过冲突(见第12章)。尽管如此,现在几乎有20亿人每天花将近1个小时使用他的创造:脸书。[20] 2010年,扎克伯格被《时代》杂志评选为年度人物,26岁的他成为这个殊荣第二年轻的获得者。做好准备(他是一个电脑编程神童)和不自我设限的雄心壮志成就了马克·扎克伯格。从他21岁之前采取的那些冒险之举,就可看出他能够勇敢地(有时是非法地)主动采取行动。

冒险之举一:侵入哈佛大学计算机系统,窃取"脸谱"(face books)学生数据

("脸书"这个名字来源于哈佛大学的"脸谱"——按照学生宿舍楼排列的所有学生的照片及信息目录。)

2003年10月28日晚,马克·扎克伯格坐在柯克兰宿舍楼H33房的办公桌旁,编程到深夜。那个学期刚开学,他就开发了"课程搭配"应用(Course match),帮助哈佛学生了解他们的朋友在上哪些课程,可能的话就组成学习小组。但现在扎克伯格要做更大胆的事情:一个让哈佛学生看到女生照片并确定谁是"辣妹"的在线"交友"网站。起初，他甚至想过将女生照片贴在农场动物旁边供人评比，但后来改变了主意。

为了开发这个程序，扎克伯格实施了"偷窃"——或至少是未经授权的使用。他侵入哈佛大学服务器，从宿舍楼"脸谱"上下载了学生的照片和数据信息。借用本·梅兹里奇在《偶然的亿万富豪》一书中所说："从某种意义上来讲，这当然是偷窃行为——他没有那些照片的合法使用权。哈佛大学上传那些照片，当然不是为了供人下载。但如果这些信息是可以获取的，难道马克就没有权利得到它吗？"[21] 29 日清晨，扎克伯格发布了他当时称之为 Facemash 的应用产品。

这个应用很快产生了影响。加入 Facemash 的学生太多，哈佛大学的服务器速度开始变慢，妇女团体发起抗议。校方要求扎克伯格立即关闭网站，并接受哈佛大学行政委员会的质询，他都按要求做了。最终，扎克伯格只因入侵哈佛大学电脑系统和窃取学生资料而受到谴责。[22]

冒险之举二：背叛哈佛大学竞争对手

Facemash 的惨败，让身高 170cm 的马克·扎克伯格成为校园里的大人物，并且引起了两个大个子的注意：身高 195cm 的双胞胎泰勒·温克莱沃斯和卡梅隆·温克莱沃斯。他们是哈佛大学著名的双桨赛艇运动员，2008 年入选美国奥林匹克赛艇队。但在 2003 年 11 月，这对双胞胎心里想的是别的事情，他们计划建立一个全国性的新社交网站：哈佛连线（Harvard Connection）。为了完成最后一点编程，这对双胞胎口头上聘请了马克·扎克伯格，后者同意完成所需的计算机代码和图形。他们和扎克伯格见了面，并且往来了 52 封电子邮件。[23] 他看了他们的代码，给他们的印象是他会帮上忙。然而，2004 年 2 月 4 日，扎克伯格却推出了自己的网站：Thefacebook.com。6 天后，扎克伯格再次接受了哈佛大学行政委员会的质询，这次他被温克莱沃斯兄弟指控窃取了他们的想法，违反了学生诚信守则。温克莱沃斯的律师还向扎克伯格发出"禁止令"，实质上是指控他盗窃知识产权。7个月后，两人起诉扎克伯格。2008年，他们达成庭外和解。据报道，这对双胞胎获得了120万股（价值6500万美元）"脸书"股票。[24]律师劝他们要现金，但这对双胞胎却大胆地持有"脸书"股票，最终也成为亿万富豪。后来，他们进入更冒险的区块链经济，创立了双子星公司（Gemini），计划将比特币打造为全球虚拟货币。至于扎克伯格，他继续坚守自己创立的"脸书"公司，建立起无论公司出什么问题都会确保自己不被"废黜"的公司治理结构。[25]

冒险之举三：大二退学

扎克伯格就是这么做的。想象一下，他的父母听到这样的消息会做何反应："老爸、老妈，我要从哈佛大学退学，成立自己的公司。"但这样大胆的举动早有先例。2003年秋天，马克·扎克伯格参加了比尔·盖茨的一次计算机科学讲座，盖茨在演讲中说："哈佛大学的伟大之处，在于你随时可以回去完成学业。"[26]两人都离开了哈佛，但再也没有回去，除了后来回去接受哈佛大学的荣誉学位。他们的大胆之举获得了回报。

冒险之举四：20岁时独自搬到加州

退学之后，马克·扎克伯格"加倍下注"，离开他在纽约城外的家人，搬到了"硅谷"中心加州帕洛阿尔托。这又是一个大胆的举动，但也许是合乎逻辑的，因为这个地区是计算机工程师和风险投资家的圣地。正如扎克伯格后来所说："硅谷让人感觉必须在那里，因为所有的工程师都在那里。"[27]科技巨头们（埃里森、马斯克、布林、贝佐斯、盖茨和扎克伯格）都需要大胆地换个地方。

莎士比亚曾经说过："幸运带来停泊之舟。"(《辛白林》)然而，它带来的船，没有一艘锚定得如此牢固，毫不移动。这是天才的隐秘习惯？为了推进自己目标的实现，他们都搬到了大都市或大学。

看看本章提及的这些天才"铤而走险"的举动：莎士比亚、富兰克林和弗莱明搬去了伦敦；沃森和克里克搬去了剑桥大学；巴斯德搬去了里尔，然后又搬到了巴黎；扎克伯格搬去了硅谷。这些年轻人都搬到了大都市、大学，或大都市里的大学。奥普拉·温弗瑞2011年说过："我不相信运气，运气是准备好迎接机会到来的时刻。"[28] 没错，但你首先得前去迎接。温弗瑞搬到了芝加哥。

看看这本书提到的这些天才以及他们成就伟大事业的城市。雅典：苏格拉底和柏拉图在此出生；亚里士多德17岁时搬到这里。伦敦：法拉第在此出生；莎士比亚、狄更斯和伍尔夫是后来者。维也纳：舒伯特和勋伯格是本地人；海顿、莫扎特、贝多芬、勃拉姆斯、马勒、弗洛伊德是移居者。亚历山大·汉密尔顿移居纽约，给了同是移民之子的林·米兰达灵感，创作出非凡的音乐剧《汉密尔顿》。如果没有草间弥生、波洛克、马瑟韦尔、罗斯科、沃霍尔等移居纽约的艺术家，那后现代艺术世界会怎么样？谈及自己1953年从保守的日本乡村搬到纽约，草间弥生说："我必须走出去。"[29]

至于大学，牛顿去了剑桥大学；爱因斯坦去了柏林马克斯－普朗克研究所，然后又去了美国普林斯顿高等研究院。马斯克、谢尔盖·布林、拉里·佩奇、彼得·蒂尔等科技大咖都曾在斯坦福大学待过，尽管时间长度各不相同。天才不会待在家里，他们会搬到环境更有利的地方。

我们权且将这种移居驱动称为"天才的反惯性法则"。当然，这条法则也有例外，比如莱特兄弟，他们一直住在俄亥俄州的代顿小镇附近。植物学家格雷戈·孟德尔和乔治·华盛顿·卡弗需要接触开阔的田野。由于职业的需要，达尔文等博物学家，莫奈、奥基夫等外光派画家也不适用这条法则。但一般而言，天才是不会待在农场里的。就连创作出《星夜》的凡·高年轻时也曾说："就因为每月可能少挣 50 法郎，你就指望我回到乡下，我认为这是没有道理的；我必须在城里建立人脉才有未来，不管是在安特卫普这儿，还是今后去巴黎。"[30] 1886 年，凡·高搬到了巴黎。

同一时期或此后不久搬到巴黎的，还有毕加索、马蒂斯、莫迪利亚尼、夏加尔、布拉克、布朗库西、米罗、里维拉等画家，德彪西、斯特拉文斯基、科普兰等作曲家，以及庞德、阿波利奈尔、乔伊斯、斯坦因、海明威、菲茨杰拉德等诗人和作家。夏加尔曾说："如果没有去巴黎，我就不会成为现在的我。"海明威也说："不管我们是谁，总是会到巴黎。"[31]

"美好时代"的巴黎、20 世纪中期的纽约和大都会硅谷有什么魔力能够吸引这些天才？历史上，富有创造力的城市总是位于交汇之处，不同的人（通常是新移民）在此聚集，带来全新的想法。[32] 这些新来者为现有的知识氛围播下新思想，从而催生新的思维方式。通过 H−1B 签证计划（被称为"天才签证"），硅谷吸引到全世界最优秀的科技人才，因为它允许高技能外国工人移民。历史学家肯尼斯·克拉克说过："文明的伟大进步……几乎都发生在国际主义盛行的时期。"[33] 看到美国西南部的边境墙，你还会有这种感受吗？

最后，要"异花授粉"，不同的思想就必须能够自由流动，减少政府审查。约翰·斯图尔特·密尔说过："只有在自由的空气中，天才才能自由地呼吸。"[34] 天才还必须得到鼓励。硅谷提供的风险资本超过世界上其他任何地方，2018 年，硅谷获得的风险投资额（105 亿美元）是其最大竞争对手（波士顿，30 亿美元）的三倍多。[35] 财务支持、接触新思想、言论自由、竞争、有机会同高手较量，这些都是吸引天才的魔力。

这个城市得多大？大到足以达到"临界质量"。作曲家需要剧院、表演者、制作人、观众和评论家。画家不仅需要同行的支持，还需要经纪人、画廊、节日、展览场地和赞助人。技术工程师需要其他技术工程师、设备和研究资金。他们都需要竞争对手，也都需要工作。正是机会的集聚，迫使天才们行动起来。

同天才一样，创新"震中"也总是在移动之中。历史上，它们从东方转移到西方，从中国转移到近东，再转移到欧洲和英国，再从美国东海岸转移到西海岸。下一个硅谷会出现在哪里？天才会回到循环原点亚洲？新加坡已经初露端倪？现在，巴黎的游客人满为患，纽约的租金是天文数字，那下一个创新中心会是哪里？请跟随那些不安分的天才去寻找答案。最好弄清楚"顺风"吹向哪里，马上收拾行囊，抢先到达那里。

第 **12** 章

迅速行动，破旧立新

即使有道德感的天才，也会有意或无意地破坏事物。

破坏，毁灭，然后才能创新。

破坏是变革不可避免的过程，破坏不能使人成为天才，但所有创新天才都有破坏习惯。

"一个如此令人厌恶的人，得是多么伟大的天才才能加以弥补。"这句话是著名战地记者玛莎·盖尔霍恩1945年离婚前夕对其丈夫欧内斯特·海明威的评价。[1]海明威是1954年诺贝尔文学奖获得者，也是一个最终毁掉自己的酒鬼。我们习惯于希望天才是超级英雄，是人类物种的最高形式。1934年，爱因斯坦曾说："那些对人类进步和生活提升做出最大贡献的人，理应最受爱戴。"[2]然而，天才们总是让我们失望，至少在个人层面上是这样。

错在我们自己。我们忘了天才的标准是基于其成就，而不是基于其品格。我们不明白，成就和道德是可以区分开来的。根据品格判断，天才似乎并不比普通人强。事实上，他们往往会更糟，痴迷于改变世界的个人追求。然而，时间是站在他们一边的，时间的流逝会掩盖他们造成的破坏，照亮他们对社会的贡献。我们忘记了诺贝尔奖背后的奖金主要来自炸药、炸弹和炮弹；在牛津大学设立罗德奖学金的塞西尔·罗德是靠强迫当时的非洲殖民地罗得西亚的劳工而发家致富的。随着我们的记忆逐渐模糊，消极的联想就会消失，个人的怪癖也会被清理。正如作家埃德蒙·德·龚古尔1864年所说："天才去世之前几乎都不受人爱戴。"[3]

有没有天才是人类的模范？在历史的后视镜里，达·芬奇、玛丽·居里和达尔文可能是值得尊敬的人，亚历山大·弗莱明和乔纳斯·索尔克为人类的福祉而工作。但对于天才真实的道德指南或动机，我们又真正了解多少呢？今天的天才中，有些公开宣称自己的利他主义目标。奥普拉·温弗瑞曾说："我喜欢把机会给那些可能没有机会的人，因为有人曾这样对我做过。"[4] 我们没有理由怀疑她的真诚。埃隆·马斯克宣称，他的目标是拯救人类："我想尽量为人类成为多星球物种做出贡献。"他暗指的是，他的目标是在地球无法容纳人类居住时把人类送上火星。[5] 然而，根据各种报道，马斯克粗暴地对待家人、朋友和员工，给人的印象是粗鲁和不宽容。[6] 马克·扎克伯格不止一次地说过："'脸书'的宗旨是联系和分享——联系你的朋友、家人和社区，并与他们分享信息。"[7] 然而，我们在"脸书"上联系和分享信息，扎克伯格却在出售我们的个人信息牟利，并通过许多账户破坏世界的民主。

有些天才是有道德的，但会有意或无意地（根据意外效应法则）破坏事物。有些天才是不道德地破坏事物。有些天才破坏制度，是变革过程不可避免的一部分；有些天才摧毁人们，是作为产生精神能量的手段来满足自己的痴迷。破坏不能使人成为天才，但所有创新天才都有破坏习惯。

1942 年，哈佛大学经济学家约瑟夫·熊彼特提出了"创造性破坏"概念：不破坏原有的技术或产业，任何新技术或新产业都无法立足[8]。对于这种共生关系，美国联邦储备委员会前主席艾伦·格林斯潘指出："破坏不仅仅是创造的不幸的副作用，破坏还是创造不可或缺的部分。"[9] 在最近的"创造性破坏"中，"不幸"受害者包括银行柜员、杂货店职员、旅行代理、图书管理员、记者、出租车司机和流水线工人，这种被数字革命取代的人还有很多。在某种意义上，破坏是我们为进步付出的代价。

"创造、破坏、毁灭"

史蒂夫·乔布斯是一个精通技术的远见者，他让秘书、电话接线员失业，让相机制造商和唱片公司破产，当然这是为了让我们的生活更加美好；他凭直觉认为，革命性的苹果个人电脑和苹果手机创造的就业机会将超过其消灭的工作。2011 年，《福布斯》发表的一篇题为《史蒂夫·乔布斯：创造、破坏、毁灭》的文章指出："没有谁比乔布斯先生对现有的做事方式更具破坏性。"[10] 所有关于天才的传记中，只有在沃尔特·艾萨克森的《史蒂夫·乔布斯传》中，你才能找到"攻击性行为"这一索引条目。

史蒂夫·乔布斯是一个"傲慢的浑蛋"，这是众所周知的，他自己也知道。他说："我就是这样的人。"在《纽约时报》2008 年发表的一篇文章中，商业作家乔·诺切拉回忆起乔布斯打来的一个电话："我是史蒂夫·乔布斯。你认为我是一个傲慢的、自以为可以凌驾于法律之上的浑蛋，而我认为你是一个卑鄙无耻的、搞错大部分事实的讨厌鬼。"[11] 依照乔布斯的标准，这样说还是宽厚。更为典型的，是他对自己苹果公司员工的问候，如产品经理黛比·科尔曼所述："你这个浑蛋，从来没有做过正确的事情。"她说："几乎每小时都会发作一次。"[12] 1981 年，施乐公司计算机工程师鲍勃·贝尔维尔接到的电话也是如此，乔布斯在电话中说："你这辈子所做的一切都是狗屎，干吗不来为我工作？"[13] 正如艾萨克森在书中写道："乔布斯的尖刻言行，部分是源于他的完美主义，源于他无法容忍那些为了按时、按预算推出产品而做出妥协的人。"[14]

但是，乔布斯的破坏行为还有一大驱动力：伤人不利己的习惯——羞辱他人、显得自己更聪明，仅仅是为了从中得到虐待狂般的快感。乔布斯毫无必要地羞辱他遇到的人（不管是服务员还是首席执行官），这样的故事比比皆是[15]，他身边的家人也未能幸免于虐待。虽然乔布斯是亿万富豪，但他拒绝承认自己的女儿丽莎·布伦南·乔布斯，否认自己的父亲身份，直到他被提起诉讼。布伦南·乔布斯在她的回忆录《小人物》（2018）中讲述了父亲如何频繁地使用金钱来迷惑或吓唬她。她写道："有时候，他会在最后一刻决定不付钱，没付账就离开餐馆。"[16] 一天晚上，在餐馆吃饭时，女儿的表妹莎拉点了肉菜，无意中冒犯了素食主义者乔布斯，他转头对莎拉说："你不知道自己的声音有多难听？请不要用那种可怕的声音说话。你真的应该想想自己的问题，并想办法解决它。"丽莎的母亲克里斯安·布伦南回忆说："他很开明，又很冷酷。真是奇怪的组合。"[17] 为什么会如此冷酷呢？

史蒂夫·乔布斯认为，人类行为的黄金法则并不适用于他。他觉得自己很特别，是天选之子，是"开明的人"，可以"凌驾于法律之上"。他拒绝给自己的汽车上车牌，把车停在公司的残疾人专用停车区。软件工程师安迪·赫兹菲尔德和乔布斯当初都是麦金塔电脑团队的成员，他说："乔布斯认为，特别之人寥寥无几——比如爱因斯坦、甘地以及他在印度遇到的那些宗教大师，他自己也是其中之一。"[18] 有时候，乔布斯知道应该销毁自己的产品（比如 iPod）并推出一款更具革命性、利润更丰厚的产品（iPhone）。乔布斯偏执般的激情——他毫不客气地称之为"背上的一只虫子"[19]——有时会改变科技世界，而有时只会对他人造成无谓的伤害。乔布斯有时是天才，有时就是个浑蛋。

爱迪生也同样无情。他并不是有意伤害他人，他只是缺乏同情心。在1922年（爱迪生去世前9年）的一次民意调查中，有75万美国人认为爱迪生是"历史上最伟大的人"[20]。毕竟，他发明了一种可以长时间燃烧的白炽灯泡，终结了黑夜。诚然，灯泡使蜡烛制造商破产，让捕鲸业陷入困境。然而，说起对他人的同情，爱迪生却显得无情。从他向第一任妻子玛丽·斯蒂维尔（爱迪生位于新泽西州纽瓦克市的实验室里的一名 16 岁员工）的求婚中，我们就可看出他对待家人和常人的方式。几年后，《基督教先驱与时代印迹报》是这样报道的：

> "小姑娘，你觉得我怎么样？你喜欢我吗？"
>
> "别这样，爱迪生先生，你吓到我了。我——我——"
>
> "不用急着告诉我。不要紧的，除非你愿意嫁给我……我是认真的。不过，别着急。好好想想。跟你妈妈谈谈，方便的时候告诉我——星期二吧。星期二怎么样？我是说，下星期二。"[21]

1871 年圣诞节，爱迪生和斯蒂维尔举行了婚礼。当天下午，他就回到实验室工作。据传记作家尼尔·鲍德温所说，她则成为"被丈夫日益忽视的受害者"。[22] 1878 年，爱迪生的助手爱德华·约翰逊对《芝加哥论坛报》记者说："他好多天都不回家，不回家吃饭，也不回家睡觉。"后来，约翰逊又回忆起爱迪生曾经对他的警告："我们必须小心交叉（电线短路）；如果有顾客被电死，那对生意是非常不利的。"[23] 不过，要了解爱迪生在追求某个想法时会变得多么痴迷，我们只需重温一下"电流大战"和大象托普西之死的历史。

简而言之，1885 年，爱迪生同其主要的竞争对手尼古拉·特斯拉就美国应该采用爱迪生的直流电（DC）还是采用特斯拉的交流电（AC）发生了交战。为了诋毁竞争对手，爱迪生发起了一场诋毁特斯拉、证明交流电会致命的公开运动。爱迪生先用狗做交流电实验；他雇男孩子去捕捉流浪狗，每条奖赏 25 美分。1890 年，应纽约州刑事部门的请求，他促成了一名罪犯的电刑。既然交流电能杀死人，那何不试试用电杀死一头大象呢？于是，1903 年 1 月 3 日，一头名叫托普西的马戏团母象在康尼岛被电死，成为公共游乐园里的精彩表演。爱迪生明确要求将电极安放在毫无戒备的大象脚上，为了确保所有人都能看到交流电的毁灭力量，他还派了一个摄制团队，用他新发明的摄影机记录了这一事件。[24] 爱迪生拍摄的短片流传至今，仍可以在 YouTube 上看到。通常，影片警告语"谨慎观看"是吸引更多观众的噱头。对于爱迪生的短片，它可不是噱头。

天才常常不讨人喜欢

长期以来，人们都清楚天才具有破坏倾向。1711 年，在一场关于谁是微积分发明者的争论中，艾萨克·牛顿爵士竭力破坏戈特弗里德·莱布尼茨的声誉；身为皇家科学院院长的牛顿任命一个法庭来审判此案，但后来他自己做出了判决并写下了意见书，诋毁莱布尼茨的名誉。[25] 牛顿还在实验中伪造证据[26]，窃取同事的数据，不在应当之处注明出处——这一切，都是打着科学进步的名义。[27] 小说家阿道斯·赫胥黎有些夸张地讥讽说："作为一个人，牛顿很失败；作为一个恶棍，他很杰出。"[28] 同为物理学家的史蒂芬·霍金用一句话概括了牛顿："艾萨克·牛顿不是一个讨人喜欢的人。"[29]

物理学家阿尔伯特·爱因斯坦也不讨人喜欢，至少对他的家人来说是这样。他有一个私生女，却没有任何联系；他把二儿子送进瑞士的一个疗养院，从 1933 年到爱因斯坦 1955 年去世，从来没有去探望过这个儿子。爱因斯坦的第一任妻子米列娃·马里奇在 1912 年 12 月说："他孜孜不倦地攻克着他的问题；可以说，他只为那些问题而活。尽管有些难为情，但我必须承认，我们对他来说并不重要，只能居次要地位。"[30] 爱因斯坦自己也承认有自我中心的本性，他说："我明显缺乏同其他人类和人类社区的直接接触。我是一个真正的'独行客'，我从来没有全心全意地属于我的国家、我的家乡、我的朋友甚至是我的家人。"[31]

为什么天才有将他人排在第二位的习惯？是单纯的自我主义、天才必须做第一？抑或仅仅是痴迷于工作？1878 年，托马斯·爱迪生曾说："我不太在乎发财，我在乎的是超过其他同行。"[32] 诺贝尔文学奖得主赛珍珠称："创作是压倒性的必需品——不创作音乐、诗歌、书籍、建筑或其他有意义的东西，他就失去了存在。他必须创作，必须不断地推出作品。由于某种奇怪而未知的内在紧迫感，如果不创作，他就没有真正活着。"[33] 贝多芬说："我完全活在乐谱中，我还没有谱完一首曲子，就开始创作新曲子了。"[34] 毕加索也表达了同样的感受，只是用词不同："最糟糕的是，他（艺术家）永远没有结束的时候。你永远不能说我干得不错，明天休息吧。"托马斯·爱迪生说："坐立不安就是不满足。要进步，首先就得不满足。给我举出一个完全满足的人，我就能给你举出一个失败者。"[35]

这些感受都是真诚的表达。事实上，我们很多人都以"工作"为借口逃避家庭或社会责任。许多忙碌的职场父母，每晚都要面对一个难题：是回去工作，还是辅导孩子作业？在这一点上，痴迷的天才们可能为我们树立了负面的榜样。

但是，痴迷也具有积极的一面：生产力。莎士比亚创作了 37 部戏剧（平均每部时长 3 个小时）和 154 首十四行诗。有些批评家将莎士比亚的戏剧归于团队或作家委员会创作，认为谁也无法独自创作出那么多的作品。这些批评家大概没有听说过达·芬奇创作了 10 万幅画和 1.3 万页笔记，巴赫以每周一首的速度创作了 300 首清唱套曲，莫扎特在 30 年里创作了 800 部作品（包括几部时长为 3 个小时的歌剧），爱迪生拥有 1093 项专利，毕加索创作了 2 万件艺术作品，弗洛伊德写了 150 本书 / 文章和 2 万封信件。爱因斯坦因为 1905 年发表的那 5 篇论文而闻名，但他还发表了另外 248 篇论文。富有生产力的痴迷是天才的习惯，而不是否认天才的理由。

莎士比亚应该留在埃文河畔的斯特拉福德镇帮助养家糊口，不应该离开家人去伦敦（造就他的城市）？也许吧，但正如女儿吉尔不依不饶地让他戒酒时福克纳所说的伤人的话："没人记得莎士比亚的孩子们。"[36] 如果保罗·高更留在哥本哈根陪伴妻子和五个孩子，没有漂洋过海去塔希提岛，那会怎么样？会有幸福的家庭，但会少了很多描绘波利尼西亚的杰作。综上所述，天才是否应该拥有自由通行证？

当然，传记作家们非常愿意为天才提供自由通行证——为各种破坏行为寻找借口。莫扎特去世一周后，维也纳的一家报纸写道："很不幸，莫扎特对家庭漠不关心，伟大的人物往往都会这样。"[37] 但莫扎特的姐姐纳奈尔在 1800 年写的一本简短传记中为他辩护说："伟大的天才会专注于自己丰富的想法，而且往往英年早逝，因而不愿意屈身于关注和处理世俗事务。"[38] 记者莉莲·罗斯经常在《纽约客》杂志上发表关于罗宾·威廉姆斯的文章，对于这位喜剧演员，她 2018 年是这样写的："罗宾是个天才，而天才不会像普通的邻家男人那样做一个照顾妻子和孩子的居家好男人，天才必须有自己独特的看待世界和生活的方式，而这往往与传统的生活方式不相容。"[39]

我们可以讨厌某个艺术家却喜欢他的艺术吗？数十年来，以色列给出的都是否定答案，它禁止音乐厅演奏狂热的反犹主义者理查德·瓦格纳的变革性音乐作品。2018 年，华盛顿国家美术馆馆长推迟了查克·克洛斯作品展，理由是被指控女模特受到性骚扰。纪录片《离开梦幻岛》（2019）指控迈克尔·杰克逊有恋童癖后，其音乐作品的销量和媒体播放量都在下降。[40] 2019 年，2 万名加州大学学生要求取消一门关于猥亵儿童疑犯伍迪·艾伦的电影的热门课程。[41] 同年，伦敦国家美术馆提出了"是否应该停止观看高更作品"这个问题，理由是这位艺术家"多次与少女发生性关系"。[42]

然而，正如耶鲁大学美术馆名誉馆长乔克·雷诺兹所质疑的那样："我们要对所有艺术家的行为做多少石蕊测试？"[43]几乎一手创造了巴洛克艺术明暗对比风格的天才画家卡拉瓦乔曾被指控谋杀；获得 2018 年在纽约、巴黎、伦敦、维也纳等地举办 100 周年纪念展这一殊荣的埃贡·席勒，曾被指控同一名 13 岁的少女发生性关系而入狱 24 天，而那是 100 多年前的事了。艺术家的破坏行为是否有时效规定？如果没有，那我们应该如何看待可能是西方最伟大的画家、天才和恶棍巴勃罗·毕加索呢？

1965 年，文化批评家莱昂内尔·特里林写道，伟大的艺术时刻的衡量标准，是"它们能造成多大的伤害"。[44]巴勃罗·毕加索对他生命中的女人造成了巨大的伤害。他有情感虐待和体罚行为，恐吓自己的妻子、伴侣和情妇并让她们互相争斗。看看下面这个列表，有助于我们弄清事实：

费尔南德·奥利维尔（1904—1911）：2016 年，毕加索以她为原型的一幅立体主义油画售价高达 6340 万美元。

奥尔加·霍克洛娃（1917—1955）：第一任妻子、儿子保罗的生母。

玛丽－塞雷塞·沃尔特（1927—1935）：玛雅的生母，他画沃尔特的次数是其他女人的两倍。

多拉·玛尔（1935—1943），对毕加索创作《格尔尼卡》扮演了重要角色。

弗朗索瓦·吉洛（1943—1953）：克劳德和帕洛玛的生母、著名画家，现居住在纽约。

杰拉维夫·拉波特（1950）：第一次见到毕加索时，她还是一个高中生。

　　杰奎琳·罗克（1953—1973）：第二任妻子，直到1973年去世。

　　根据这个名单，这些女人似乎是按顺序出场的，但事实上，她们是结伴而行的。1938年夏天，毕加索去摩金斯避暑，同行的有新情妇多拉，还有妻子奥尔加和玛丽-塞雷塞。1944年，毕加索住在巴黎奥古斯丁大街期间，奥尔加、多拉、玛丽-塞雷塞和弗朗索瓦来来往往。在多拉挑选的这所住宅里，她和玛丽-塞雷塞曾经相互殴打。毕加索回忆说："这是我最美好的回忆之一。"[45]

　　如果毕加索的女人们不能互相毁灭，那毕加索会帮上大忙。他最喜欢的一句话是："对我来说，只有两种女人——女神和受气包。"[46]在拉博蒂街的公寓里，毕加索将奥尔加打倒在地，然后拽着她的头发在地板上拖来拖去；在奥古斯丁大街的画室里，毕加索把多拉打得昏死过去；弗朗索瓦被三只致命的地中海毒蝎咬伤，毕加索却开心大笑——他的星座是天蝎座。在法国的戈尔夫瑞昂，他曾用点燃的香烟烫伤了吉洛的脸。毕加索似乎特别喜欢烫伤女人。正如1952年他对关系即将破裂的吉洛所说："每次换妻子，我都要烫伤前任。这样我就可以摆脱她。她就不会纠缠我，让我的生活复杂化，还可能让我找回青春。你杀死那个女人，就抹去了她所代表的过去。"[47]

　　恐吓那些女人后，恢复活力的毕加索开始将自己负面的心理电流转移到艺术创作中。玛丽-塞雷塞·沃尔特回忆道："他先强奸那个女人……然后开始创作。不管是我还是别的女人，他总是那样做。"[48]毕加索手里拿着画笔，将玛丽-塞雷塞曲线优美的身体当成性幻想目标，他不止一次在她的额头画上一个大阳具（可能临摹的是他自己的阳具）。美丽迷人、才华横溢的多拉·玛尔最初在毕加索的心目中是一个时尚偶像，但后来渐渐变成了《哭泣的女人》（图12.1），她的五官变得越来越棱角分明、支离破碎——从时尚女神变成了歇斯底里的受气包。玛丽 - 塞雷塞、多拉和弗朗索瓦都"出演"过"脆弱女人与牛头怪米洛陶"的心理戏剧：她是祭祀品，而他是醉心于强奸的可怕怪兽（图12.2）。毕加索审视其中一幅画时自言自语道："他（米洛陶）在端详她，想读懂她的想法，想确定她是否因为他是怪兽而依然爱他。你知道的，女人在这方面很奇怪。很难说，他（米洛陶）是想叫醒她，还是想杀死她。"[49] 受害者何时逃离米洛陶，逃离哪怕是天才的他？

图 12.1　毕加索《哭泣的女人》（多拉·玛尔肖像画）（1937，伦敦泰特现代美术馆）。毕加索曾说："对我来说，多拉就是那个哭泣的女人。几年来，我一直把她画成饱受折磨的形式。"

图 12.2　毕加索《跪在熟睡女孩上方的米洛陶》(1933，渥太华加拿大国家美术馆)。
2016 年，加拿大国家美术馆举办的"毕加索：人与野兽"展展出了毕加索的这幅画及
其类似画作。

　　关于毕加索就是米洛陶，还有很多可以说，但有一点是明确的：他是
个怪物。同所有革新者一样，这个怪物的存续时间，只能由公众决定，正
如他自己意识到的，"他们（公众）期盼着被震惊和恐吓。如果怪物只是
微笑，他们就会失望"。[50] 毕加索没有让人失望，但其艺术恐惧附带着对女
性的伤害。

　　在毕加索看来，这种伤害并不重要。他告诉弗朗索瓦·吉洛："没有
人对我是真正重要的。在我看来，其他人都是飘浮在阳光中的小沙砾，只
需动动扫帚，它们就会消失。"[51] 有些疯癫的第一任妻子奥尔加消失了，在
她 1955 年去世前，不管毕加索去哪里，她都会跟踪他；1977 年，玛丽－

塞雷塞自缢身亡；1986 年，第二任妻子杰奎琳开枪自杀；多拉·玛尔接受电击治疗，过着半修女的生活，1997 年去世；弗朗索瓦·吉洛虽然受到伤害，但得以幸存，后来又嫁给了一个天才，就是前面提到的乔纳斯·索尔克博士。1988 年，新闻博客网站《赫芬顿邮报》的创建者阿里亚娜·赫芬顿出版了这位艺术家的传记《毕加索：创造者与毁灭者》，这个书名真是一针见血。

创新性大于破坏性

2009 年，马克·扎克伯格说："要迅速行动、破旧立新。没有破旧立新，你就行动得不够迅速。"[52] 硅谷的计算机工程师们行动迅速，从大型主机转向工作站、台式机、平板电脑，最后转向智能手机，每一种新产品都是对前身的破坏。扎克伯格想要破坏什么呢？——产品，组织，还是人？

今天，"脸书"公司的市值接近 2.5 万亿美元，扎克伯格本人的净资产也超过 600 亿美元。脸书是全球性的天才公司，拥有 27 亿用户（包括 Instagram、WhatsApp、Messenger 等子公司），连通着全球三分之一的人口，是全球新闻和与人际联系的主要来源。脸书的优势是显而易见的：通过单一平台聚合多个通信和商业场景（金融、消息、找人、动态资讯、照片、视频、视频会议、焦点小组等），能够以前所未有的速度和效率将人和产品汇集在一起。现在，你不再需要书写和张贴标语来召集市民参加反枪示威，也不再需要通知邻居来参加你的庭院拍卖会。这些都可以快速、高效、大规模地完成——而且都是"免费"的。你需要付出的代价，只是你的隐私，也许还有你的自由。

然而，正如《使女的故事》的作者玛格丽特·阿特伍德所说："人类科技的各方面都有阴暗面，包括弓箭。"[53] 脸书的明显阴暗面，首先是数据泄露和未经授权将个人信息卖给广告商。在脸书的"监视资本主义"世界里，隐秘信息直接或通过合作供应商或手机 App 开发商流向脸书。联系人、位置、药物、心率、政治派别、度假兴趣——这些都被脸书用作弹窗广告加以牟利。[54]

人们不太知道的，是脸书的算法能够将人们绑定到焦点小组，焦点小组得到的信息流越来越窄，很可能会变成极端主义组织。2019 年 2 月 12 日，《纽约时报》用连续两页的篇幅刊登了两则头条新闻："脸书法国记者焦点小组骚扰女性""脸书在散布谎言时，一名德国警察在传播真相"。两条新闻都表明脸书具有骚扰或误导的技术能力。2019 年 3 月 15 日，一名白人极端分子在新西兰的一座清真寺杀害了 50 名穆斯林，部分原因是他想到可以用脸书进行现场直播。到目前为止，脸书已经证明无法监管造谣、骚扰、欺凌和仇恨言论。2016 年美国总统大选期间，俄罗斯特工假扮成美国人，获得伪造的脸书身份，加入政治宣传组织，发布消息，购买脸书广告，受众高达 1.26 亿人。[55] 有时候，这些"美国人"用卢布支付广告费（不是天才的做法）。[56] 2019 年 2 月 14 日，英国下议院的一个委员会发布了一份关于英国"脱欧"投票受到干预的报告，一位发言人得出结论说：脸书扮演了"数字黑帮"的角色。[57] 同月，硅谷投资家和观察家罗杰·麦克纳米出版了著作《"扎"心了：警惕脸书灾难》，对脸书予以了抨击。在一个不受管制的垄断势力的操纵下，自由民主体制确实会受到破坏。

至于天才扎克伯格本人，他预见过数据盗窃会造成各种破坏？还是他只是一个"意外效应法则"的受害者？2003 年 11 月 19 日，《哈佛大学校报》发表的一篇报道说，扎克伯格被指控"违反安全规定、侵犯版权、侵犯个人隐私"，差点儿被哈佛大学开除。当时的扎克伯格看上去是一个沉迷于

代码、不擅社交的电脑怪人。[58] 他同朋友在网上的聊天记录，代表了他的典型想法，《商业内幕》是这样报道的：[59]

扎克：好的，如果你需要哈佛大学任何人的信息，

扎克：随便问。

扎克：我有4000多人的电子邮箱、照片、地址和社交账号。

朋友：什么？！你怎么做到的？

扎克：有人刚刚提交了。

扎克：我不知道为什么，

扎克：他们就是"相信我"，

扎克：一群白痴。

现在有改变吗？显然没有多大改变，除了我们这些"白痴"的数量增加到了27亿。

莎士比亚在戏剧《恺撒大帝》（1599）中写道："人所行之恶，死后仍会流传；所行之善，则随尸骨被埋葬。"莎士比亚的这句话具有如此雄辩的力量，以至于我们没有看到：就天才而言，这位诗人可能说错了。我们会记住善行，但会忘记破坏。人类的这种集体健忘症，也许是一种进化优势，有利于进步。我们宽容那些浑蛋变革者及其造成的个人伤害和制度破坏，因为事实证明，这样做会给我们带来长远的利益。正如小说家亚瑟·库斯勒1964年所说："天才的首要标志不是完美，而是独创性，是开拓新的疆域。"[60] 如果天才的创新能带来足够大的益处，我们往往会原谅和忘记。

第 **13** 章

在放松中寻找灵感

　　从许多天才的工作习惯来看，要想创造，就应该放空大脑，放松自己。

　　要获得创造性的灵感，最重要的不是"努力思考"，而是听音乐、慢跑、散步、泡澡……或者睡个好觉。

以其标志性作品《美国哥特式》（1930）为人熟知的画家格兰特·伍德曾说："我所有的好点子，都是在挤牛奶的时候想到的。"[1]你那些最好的点子，是在哪里、什么时候、何种情况下想到的？是晚上喝酒放松的时候？是早上洗澡的时候？还是坐在办公桌旁喝完第一杯咖啡的时候？艾萨克·牛顿可以一动不动地站着思考、思考，不停地思考。这种极度的专注和不懈的逻辑钻研，就是获得创造性洞察力的关键所在？并不总是如此。别忘了，阿基米德是在泡澡的时候才"找到了"惊喜的发现。从许多天才的工作习惯来看，要想创造，就应该放空大脑，放松自己——挤牛奶、听音乐、慢跑，甚至坐火车。要获得创造性的灵感，最重要的也许是：睡个好觉，睡个充满奇异梦境的好觉。

连接梦境与现实

梦是什么？我们为什么会做梦？我们的梦有何意义？天才弗洛伊德在《梦的解析》（1900）一书中试图回答这些问题。弗洛伊德认为，梦是隐藏在潜意识中未能完全满足的欲望的表达。这是一个精彩的理论，但谁也无法予以科学的证实或反驳，随着脑成像仪器的问世，心理治疗领域从弗洛伊德的精神分析转向了神经生理学。

当代科学认为，解释"梦工厂"的关键在于弄清楚"快速眼动"（REM）睡眠期间的大脑状况。快速眼动睡眠是我们在睡眠周期结束时经历的一种深度的、准幻觉的状态，但有时甚至是打盹儿也会如此。核磁共振成像扫描显示：快速眼动睡眠期间，大脑的某些部分会关闭，而其他部分则被激活。负责决策和逻辑思维的最左侧和右侧前额叶皮层会关闭，而负责记忆、情感和图像的海马体、杏仁核以及视觉、空间皮层会变得非常活跃。[2] 结果就是（也许有违直觉）：记忆、情感和图像自由地奔放时，会产生更好的问题解决办法和更有创造性的想法。[3] 当代神经科学正在证明一句如何解决问题的格言的正确性："最好带着问题睡上一觉。"

哈佛大学的罗伯特·史提葛教授同他的合作者马修·沃克教授（现任职于加州大学伯克利分校）做过一项测试，结果表明：破译同样的字谜，从快速眼动睡眠／做梦状态中醒来的受试者的效率，要比那些从非快速眼动状态中醒来或清醒状态下的受试者高出 15% ～ 35%。[4] 史提葛教授进行的另一项测试的结果显示：如果快速眼动睡眠期间的梦境与现实中待解决的问题相关，那受试者找出解决方案（该项测试中的问题是逃离迷宫）的可能性会高出 10 倍。[5] 沃克在他 2017 年出版的畅销书《为什么要睡觉》中指出：在极为放松的快速眼动睡眠／做梦状态下，大脑会不停地自由联系整个记忆库、串联远隔而迥异的信息，努力地理解问题。沃克写道："在做梦睡眠状态下，你的大脑会大范围地思考已获得的知识，然后从中提取最重要的规律和共性——'要点'……我称之为'联觉'（ideasthesia）的这个做梦过程，已经为人类的进步带来了不少革命性的飞跃。"[6]

1869 年，俄罗斯化学家门捷列夫入迷般地思考着所有已知化学元素之间的关系，然后就进入了梦乡并找到了答案：元素周期表。作家斯蒂芬·金说过，他的恐怖小说《撒冷镇》源于一个反复出现的童年噩梦。百老汇音乐剧《狮子王》的导演朱莉·泰莫提道："我最奇怪的那些想法，很多都来自清晨的睡梦中，它真是一个不可思议的时刻。我起床后，事情很快就变得清楚。"凡·高说（也许是隐喻）："我梦见自己作画，然后就画了我的梦。"超现实主义画家萨尔瓦多·达利的许多作品，仿佛就是人在梦中经历的幻觉。达利非常痴迷于梦境的创造性力量，连睡觉都有意地拿着一把勺子。打盹儿的时候，勺子咔嗒掉在地板上，醒过来的他只需捕捉梦游时产生的那些想法，然后把它们画在画布上。[7]

正如画家在做梦时能看见画面，音乐家也能从中听到声音。1853 年，理查德·瓦格纳散步后在沙发上打盹儿，然后就听见了他的歌剧《指环》的开场部分。谈到《管乐八重奏》的来源，伊戈尔·斯特拉文斯基回忆说："《八重奏》源于一个梦。在梦中，我看见自己在一个小房间里，周围是一群乐器演奏家，他们在演奏某首迷人的曲子。我努力听，但无法听出是什么曲子，第二天也记不起它的任何特征，但我清楚地记得，我在梦中急切地想知道有多少个演奏家……从这场小型'音乐会'中醒来后，我感到极大的喜悦和期待，第二天早上便开始作曲。"[8]比利·乔尔说，他梦见自己用管弦乐队编排流行歌曲。基思·理查德称，《（我不能不）得到满足》这首歌是在睡梦中写成的，当时，他在佛罗里达州的一个酒店房间里睡觉，开着一台慢速录音机，结果录下了这首歌曲的旋律乐旨。[9]不过，关于睡梦中诞生音乐灵感，最全面的描述来自保罗·麦卡特尼爵士。

麦卡特尼创作的、被评为 20 世纪流行金曲之一的《昨日》诞生于1963 年的一个梦，先有乐曲，后来逐步填词。2010 年，在美国国会图书馆举行的一场音乐会上，麦卡特尼是这样介绍这首歌曲的："我们下面要唱的，是今晚的最后一首歌曲（《昨日》），它是在我梦中出现的，所以我不得不相信魔法的存在。"[10]麦卡特尼曾多次讲起这首歌的创作来源，他如何在女朋友家从梦中醒来就想到它，又如何走到钢琴前弹起旋律。他不相信睡梦中可以诞生一首曲子，于是连着几个星期四处找朋友询问其出处，包括制作人乔治·马丁以及披头士乐队成员约翰·列侬和乔治·哈里森。"这是什么曲子？它肯定有出处，只是我不知道它来自哪里。谁也想不出来，最后我只好把它当成自己的了。真的，太神奇了，你某天早上醒来，脑子里就有这首曲子，然后3000来人去录制它。它最初的歌词是'炒鸡蛋，哦，宝贝，我多么爱你的腿'。但后来我重新填了歌词。"

是什么让麦卡特尼在梦中获得了灵感？科学家们说是神经递质——在身体细胞间传递脉冲的、具有兴奋或抑制作用的电化学物质。醒着的时候，化学物质去甲肾上腺素流经大脑，使其活跃起来。其作用方式类似于肾上腺素（"行动召唤"激素）。然而，在快速眼动睡眠期间，去甲肾上腺素会消失，乙酰胆碱（抑制性神经递质）开始作用，让大脑慢慢放松，开启自由联想的航程。[11]德国化学家奥托·洛维（1883—1961）是第一个发现乙酰胆碱作用的人，而且，他是在梦中发现的。

1915年，化学家亨利·哈利特·戴尔发现了乙酰胆碱。但它作为神经递质的作用方式尚不清楚，直到1921年3月25日晚洛维上床睡觉。这里的细节不太重要，更重要的是洛维获得洞见的背景——连续几晚做的两个梦：

那年（1921）复活节前那个晚上，我醒来打开灯，在一张薄薄的小纸条上草草写了点儿东西，然后又睡着了。早上六点，我突然想起，我写的那些东西非常重要，但字迹潦草，我无法辨认。第二天凌晨三点，这个想法再次出现在梦中。它是一个实验设计，用来确定我17年前所说的化学传递假说是否正确。我立刻起床去实验室，按照梦中想到的设计，用一只青蛙的心脏做了一个实验。[12]

依照梦中获得的洞见，洛维的实验设计是将乙酰胆碱注入青蛙的心脏，使其跳动，结果表明：心脏不仅会受到外部电荷刺激，也会受到内源性化学电荷的刺激（今天，如果电荷无法规律地出现，可能就需要安装起搏器）。1936年，洛维凭借这个发现获得了诺贝尔化学奖。

我们从中可以得出三点具有某些实际意义的重要结论。首先，和许多睡眠中解决问题的人一样，洛维不止一次做同样的梦。其次，他似乎长期每天24小时都专注于同一个问题，他的洞见经过17年的孵化终于破壳。最后，洛维睡觉是有准备的——把纸笔放在身旁。科学家爱因斯坦也随时准备着迎接"顿悟"时刻的到来。有一次，他在纽约朋友家过夜，朋友问他是否需要睡衣。他回答说："我喜欢赤条条地睡觉。"[13]不过，爱因斯坦要了一支钢笔和一个记事本放在床头柜上。[14]请提醒你自己：床边放好纸笔。

沐浴、音乐、运动

我们还可以把纸笔放在淋浴器旁边。2016年，《商业内幕》发布的一项调查表明：72%的美国人是在淋浴时获得了最好的主意。宾夕法尼亚大学心理学家斯科特·考夫曼说："我们做了一项跨国研究，发现人们在洗澡时获得的创造性灵感要多于上班的时候。"[15] 神经学家给出了解释：淋浴的时候，影响做梦的神经递质去甲肾上腺素和乙酰胆碱不会像清晨睡觉时那样打开和关闭，而是像潮水一样起起落落。[16] 当然，淋浴还会让人放松身心，因为热水和持续的"白噪声"背景可以消除分心。但最重要的是，我们的大脑完全恢复清醒状态之前，存在着长达 20 分钟的时滞。[17] 在这个"迷离时空"，大脑在感官上是清醒的，但仍能体验到思想的自由流动。因此，要抓住机遇，或至少抓住最初的 20 分钟——把纸笔放在身边。

淋浴可以放松身心，和声优美与节奏轻柔的音乐也可以，即使是在子宫里。爱因斯坦凭直觉也知道这一点，因此无论搬家到哪里，他总是带上小提琴。1931 年，爱因斯坦的第二任妻子艾尔莎对演员查理·卓别林讲述了一个故事，它表明在重要的突破时刻音乐可能是一个不那么沉默的搭档：

> 像往常一样，博士（爱因斯坦）穿着睡衣下楼来吃早饭，但他几乎什么也没吃。我觉得不太对劲儿，于是问他有什么困扰。他说："亲爱的，我有个绝妙的主意。"喝完咖啡后，他走到钢琴前弹奏起来。他时而会停下来写些东西。[18]

他就这样持续了半个小时，思考着自己的突破有何意义。他回到楼上的房间，两周后下楼时，他手里拿着几张纸。上面写着他的广义相对论方程式[19]。

这个故事也许有些夸张，但爱因斯坦的长子汉斯·阿尔伯特也有类似的说法：研究陷入僵局时，他的父亲就会回家拉小提琴，把自己的思想转移到另一种状态。"每当他觉得自己进入了死胡同或者在工作中遇到艰难的挑战，他都会躲进音乐里，于是所有的难题迎刃而解。"[20]

有时候，即使是音乐大师也需要用自己的方法放松身心。多年来，我在耶鲁大学教授"音乐赏析"课时，都会告诉学生们：莫扎特能够倒立弹琴。接着，我会说："事实上，这并不是太难。"然后亲身证明。我仰卧在琴凳上，双手交叉，伸手去够琴键，然后弹起来（我的网站上有这个视频演示）。随着时间的推移，我发现：如果我把注意力集中在应该把手指放在哪里，我就会弹错，但如果我告诉自己"你熟悉这个东西，只需深呼吸、放松、弹奏——琴声就会响起"，我就会弹得完美无瑕。有一年，一个学生向我指出了我没有意识到的东西，她说："你注意到了吗，你弹琴的时候闭着眼睛。"是的，我没有注意到，不过这很有道理。我们都应该意识到，我们的长期记忆库中储存着大量的材料，我们只需放松自己，让它走到前台。

遇到文思枯竭？那就穿上运动鞋出去跑上3千米。至少，这是《卫报》2014年发表的一篇文章所给出的建议，该文报道了关于创造力与运动之间关系的最新学术研究成果。[21]事实上，有几位神经学家和心理学家的最新研究表明：加强运动（哪怕是散步）可以提升认知功能、发散思维和创造力。[22]但历史上的天才们早就有意或无意中知道这一点。

在古希腊，亚里士多德的追随者结成"逍遥派"，他们绕着吕克昂学府，边散步边进行哲学追问。查尔斯·狄更斯构思《圣诞故事》（1843）期间，每天在伦敦街道上步行24千米。[23]马克·吐温的儿子回忆说："有时候，父亲口述时会在房间里走来走去……然后，仿佛有新的精灵飞进房间。"[24]比尔·盖茨也是一个踱步者。他的妻子梅琳达说："这有助于他厘清思路，看见别人看不见的东西。"[25] 酷爱散步的大卫·梭罗 1851 年曾说过："只要双腿开始移动，我的思绪就开始流淌。"[26] 我们前面提到的小说家路易莎·梅·奥尔科特酷爱跑步（对当时的女性来说是罕见的），她在 1868 年创作《小妇人》期间写道："我要写的太多了，无法停下来吃饭、睡觉或做别的事情，除了每天跑跑步。"[27]

不管你是散步还是跑步、是在大自然中还是在健身房里运动，神经递质都在起作用：减弱抑制，减少概念性限制，增强记忆资源。但要提醒创新者一点：尽管运动地点不重要，但运动节奏很重要。例如，步行速度从 15 分钟 1 千米提高到 10 分钟 1 千米，或者跑步速度从 8 分钟 1 千米增加到 6 分钟 1 千米，大脑就会从放松模式转换到专注模式。[28] 因此，如果你用跑步机锻炼，就不要理会跑步机上的各种电子显示器；如果是在室外运动，就要扔掉智能手环——专注是创造力的大敌。

1882 年的一个傍晚，尼古拉·特斯拉在布达佩斯的城市公园里散步，他感到很放松。26 岁的特斯拉在为新成立的布达佩斯电话公司工作。他的朋友安妮塔·斯奇吉一直向他灌输定期锻炼的重要性，因此两人经常在一起长距离散步。[29] 特斯拉在自传中是这样描述的：

> 我永远记得那个下午，我和朋友在城市公园里愉快地散步、朗诵诗歌。年轻的我已经背下了不少书籍，一字不差。其中之一就是歌德的《浮士德》。落日的余晖，让我想起了下面这段光辉的诗章：
>
> 阳光回返又退去，白昼就此完结；
> 太阳快速离去，走向新生；
> 哎，竟没有羽翼助我离地飞升，

沿着它的轨迹，永远将它追随！

啊，多么光辉的梦想！

朗诵完这些诗句，仿佛闪电划过，我突然有了灵感，想法瞬间显现。[30]

特斯拉想到的方法，是借助交流电诱导磁场旋转，从而迫使驱动轴以恒定的方向旋转。由此，开发出了多相电动机，促成欧洲和美国后来成为工业大国。今天，驱动着洗衣机、吸尘器、电钻、水泵和电风扇等设备的，仍然是特斯拉散步时获得的灵感。

但重要的是：特斯拉早在 1875 年就读格拉茨大学工程学时，就一直在寻找办法解决交流电机的问题。1921 年，有人问特斯拉是如何想到的，他回答说："这个想法在我的大脑后台可能持续了几个月或数年。"[31] 特斯拉没有专注地思考电动机的时候，"顿悟"的洞见却突然闪现——他在公园里散步，自言自语地朗诵歌德的《浮士德》，欣赏着落日，而地球在旋转。上面那段诗节的原文包含德语单词"rucken"（回返）——地球的旋转，交流电驱动的磁场的旋转。他朗诵的这段诗以"Ein schöner Traum"（光辉的梦想）结尾，这也许并非巧合。特斯拉很放松，可能处于半意识或梦境般的状态。意识和无意识知觉发生交融，从而催生了顿悟，但这个闪现的洞见，是用了 7 年的时间才形成的。

假如你不想通过运动来达到顿悟状态，那交通工具可以吗？我们的天才表明，是可以的。许多天才都在乘坐火车、公共汽车、马车或轮船时获得了灵感。我们在前文读到，乔安娜·罗琳变身为畅销书作家 J.K. 罗琳，就是从她在火车上构思《哈利·波特》系列小说开始的。沃尔特·迪士尼在火车上想了米老鼠。林-曼努尔·米兰达说，音乐剧《汉密尔顿》的那首合唱曲《等待》，是他在纽约坐地铁去参加聚会的途中想到的。他哼唱这首旋律副歌并用 iPhone 手机录下来，短暂聚会后，在乘地铁回家的路上完成了这首歌。[32] 这些经历都有一个共同点：持续的摇摆和柔和的背景节奏，这也是我们经常在火车上睡着的原因。

1810 年，贝多芬写信说，他从巴登去维也纳时在马车上睡着了："昨天，我坐马车去维也纳的路上，睡意袭来……我梦见自己去了很远的地方，到了叙利亚，到了印度，又回到阿拉伯半岛，最后甚至到了耶路撒冷……'梦游'期间，我突然想到这首轮唱曲。然而，我刚醒来，轮唱曲就不见了，一个音符、一个字也想不起来。"[33] 巧合的是，第二天贝多芬返回巴登，乘坐的又是那辆马车，他描述说："你瞧，那首轮唱曲又出现在我的脑海里。这次，我像梅涅劳斯抓住普罗透斯那样紧紧地抓住它，只给它帮了一个忙，就是允许它变形为三声部。"运动、放松、睡眠和联想（同样要有舒适的场所），这些都是贝多芬两次在马车上创作轮唱曲的促成因素。

因此，从苏格拉底到保罗·麦卡特尼，历史上的天才们已经证实：白天和夜晚的放松时刻可以产生创造性的洞见。从这些记述中，我们可以推断出一些有利于今天的创新者的建议。如果你需要新的想法，可以去散步或慢跑，或者干脆坐上一辆让人放松的交通工具，让自己的思想更自由地驰骋。不要在市区开车，因为你得注意交通状况。要去开阔的地方开车，关掉让人分心的有声读物或广播新闻。事实上，所有重复性的、"无须动脑"的身体活动都可以促使你释放想象力。小说家托妮·莫里森在修剪草坪时会"琢磨、构思"。[34] 舞蹈家乔治·巴兰钦声称："我的作品大部分都是在熨烫衣服的时候完成的。"[35] 早上醒来时，你可以躺在床上思考几分钟——不要伸手去拿智能手机！这个时候，你的思维可能正处于最佳状态。同样，不要认为白日做梦或打盹儿是浪费时间——要把它们看作获得洞见的机会。最后，要像爱因斯坦那样——把纸和笔放在床头或淋浴器旁边，以便捕捉到灵感。我们都想要专注和高效的习惯，天才的习惯是知道自己什么时候不需要这么做。

第 **14** 章

保持极致的专注

　　有时候，我们需要放松自己。而有时候，我们需要专注，需要在心流状态下，废寝忘食地分析和研究。

　　所有成就卓越的天才，都拥有人类最强大、最持久的专注力。

有时候，我们需要放松自己。而有时候，我们需要专注，先分析问题，然后完成"作品"。这适用于所有成功人士和天才。我们知道要集中注意力才能想出解决方案，但接下来是完成它还是拖延？正如我们将读到的，达·芬奇具有非凡的专注分析能力。然而，一旦想出解决方案，他往往就失去兴趣，不会做出"成品"。也许正是这个原因，他留给世人的完整画作才不到 25 幅。漫画家查尔斯·舒尔茨创作的《花生》系列连环画达到 17897 幅；众所周知，他会数小时地用铅笔涂鸦，让自己的思维随意游荡。但是，根据传记作家戴维·米凯利斯的说法："一旦有了想法，他就会抓住灵感，迅速而专注地画起来。"[1] 那些能够改变世界的想法，不管是源自放松的冥想发散，还是紧张的专注分析，都必须被物化、验证和推广，才能产生变革性的影响。分析和创作都需要专注和努力。

沉浸于创作的世界

专注分析是先于创作的。毕加索常常先用眼睛和大脑分析，再拿起画笔或钢笔创作。毕加索在 20 世纪 40 年代的缪斯女神弗朗索瓦·吉洛讲述了他如何专注地分析他最喜欢的对象——女性身体：

第二天，他说："你给我摆个裸体姿势。"我脱掉衣服后，他让我站回到门口，挺直身体、双手叉腰。除了从右上方的窗户射进来的一缕阳光，整个房间都沐浴在阴影般的昏暗而均匀的光线中。巴勃罗站在离我三四码远的地方，显得专注而遥远。他的眼睛一刻也没有离开我，他没有碰他的画板，他甚至没有拿着铅笔，时间显得很漫长。

最后他说："我知道该做什么了。你现在可以穿上衣服了。你不用再摆姿势了。"我去拿衣服的时候，发现自己已经在那儿站了1个多小时。[2]

达·芬奇也会站着凝视。事实上，达·芬奇创作米兰圣玛利亚感恩教堂的那幅《最后的晚餐》，用于分析构图的时间可能和绘画的时间一样多。正如同时代的马迪奥·班德洛所说："有时候，达·芬奇会两三天，甚至四天都不碰画笔，每天都花几个小时站在这幅画作前，双手抱胸，独自地审视和分析画中人物。"[3]达·芬奇把这种专注称为"精神对话"（discorso mentale）。

由于《最后的晚餐》进展缓慢，修道院院长感到愤怒，并向达·芬奇的赞助人米兰公爵投诉。在被要求解释自己为何进展缓慢时，达·芬奇声称："有时候，最伟大的天才工作越少时成就越大，因为他们会在头脑中寻求发现，形成完美的想法，然后用手将构想的东西表达和复制出来。"[4]一旦在头脑中找到了《最后的晚餐》的"发现"，他就会集中注意力，疯狂地作画。班德洛说："他有时从早到晚都待在那儿，从不放下画笔，忘记了吃喝，不停地作画。"

同样，长期为毕加索工作的秘书杰米·萨巴特也指出，毕加索完成画作时就像着魔一样：

哪怕是调色的时候，他眼角的余光仍然凝视着画。画布和调色板争夺着他的注意力，但他会两者兼顾；两者都保持在他的视觉焦点之内，成为一个整体。他全身心地投入创作，这是他存在的意义（ *raison d'etre* ），充满爱意地用画笔蘸上油画颜料，所有的感官都集中在一个目标上，仿佛着魔一般。[5]

爱因斯坦不管身在何处，都可以专注于自己的精神世界。根据一位朋友的描述，大约在 1903 年，刚做父亲的爱因斯坦住在巴塞尔的公寓里：

房间里弥漫着尿布味道和陈旧的烟味，炉子里不时冒出阵阵烟雾，但这些似乎没有让爱因斯坦感到困扰。他把孩子放在一个膝盖上，另一个膝盖放着便笺簿，不时地在上面写出方程式，激动的时候会快速地摇晃孩子。[6]

这个儿子长大后说："即使是婴儿大声啼哭，似乎也不会打扰父亲。他可以继续工作，完全不受噪声干扰。"[7] 据爱因斯坦的妹妹玛雅说，他在人群中也是如此："在相当嘈杂的人群中，他可以躲在沙发上，手里拿着笔和纸……完全沉浸在某个问题中，喧哗的谈话声不会打扰他，反而会激发他。"[8]

有时候，爱因斯坦的专注力也会闹笑话。在为他举行的一次招待会上，发言人讲话时，他却拿出钢笔在安排表背面潦草地写着方程式，显然他压根儿没有注意发言人对他的褒扬之词。"演讲结束时掌声雷动。每个人都起身鼓掌，目光转向爱因斯坦。他的秘书海伦低声对他说，他得站起来。他站起身，也跟着鼓起掌来，完全不知道大家是在为他热烈鼓掌。"[9]

同样，莫扎特也有着全神贯注的能力。据他的妻子康斯坦茨回忆，

1787 年在一次户外草地保龄球派对上，莫扎特一直埋头创作歌剧《唐璜》；轮到他的时候，他站起来扔出保龄球，"然后回去接着创作，完全没有受到其他人的讲话和大笑声的干扰"。[10] 但更有趣的是，1783 年，康斯坦茨在生他们的第一个孩子雷蒙德的时候，她的丈夫却在她床边创作弦乐四重奏第 15 号（K.421）；他草草地安慰了她，然后又继续写他的乐曲[11]。

如何保持专注

今天，我们可能需要建造起"第四堵墙"（a fourth wall），才能在混乱嘈杂中保持专注。这是一个戏剧术语：演员要建立一道想象中的屏障，以便与面前的观众分开，从而待在自己的心理空间。下次你在拉瓜迪亚机场或希思罗机场候机的时候，或者坐在嘈杂的经济舱中间位置时，可以试着建立起"第四堵墙"，进入自己的禅宗境界，成为那里的唯一公民。在得到强化的精神世界里，你也可以像爱因斯坦和莫扎特那样不受外界干扰地工作。

牛顿的专注力似乎接近精神错乱。他的男仆汉弗莱·牛顿（没有亲属关系）说："他如此专注、认真地研究，以至于经常忘记吃饭；我走进他的房间，发现他的餐食没有动过，我提醒他，他回答说：'是吗？'然后走到桌旁站着吃上一两口，我从未见过他一个人坐在桌边吃饭。"[12] 要领略牛顿的专注力，请看看图 14.1。我们可以看到他解出的一个无穷数列的开头部分：55 行数字排得整整齐齐，可以断定，它们全部是在他的脑子里计算出来的。天才经济学家约翰·梅纳德·凯恩斯对牛顿的专注力总结道："他如此卓越，我想是因为他拥有人类最强大、最持久的专注力。任何尝试过纯科学或纯哲学思考的人都知道：你在头脑中瞬间抓住一个问题并运

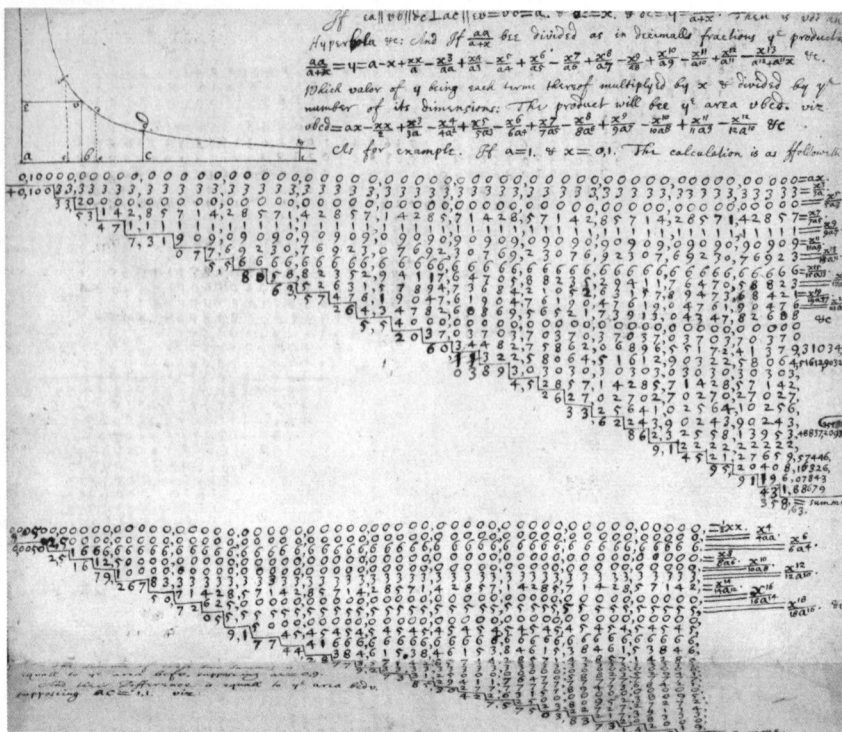

图 14.1 约在 1665 年，牛顿对无穷级数各项求和，将双曲线下面积计算到小数点后 55 位。当时，剑桥大学城瘟疫肆虐，这页计算（他发展微积分的部分努力）显然是牛顿在林肯郡"居家隔离"期间完成的。（剑桥大学图书馆，附加手稿 3958，fol. 78v）

用所有的专注力去突破它，问题却消失、逃逸，而你会发现自己要寻求的东西是一片空白。我相信牛顿可以持续数小时、数天、数周地专注于某个问题，直到他找到它的秘密。"[13] 正如凯恩斯所说，我们都有过竭力集中注意力、思维对象却"消失、逃逸"的经历。专注需要良好的记忆力。

2011 年，作为美国本土出生的级别最高的国际象棋棋手，罗伯特·赫斯成为耶鲁大学的新生。17 岁的时候，他就荣获了"国际特级大师"的称号。2008 年，国际象棋记者杰瑞·汉肯将赫斯最近参加的一场比赛称为"自鼎盛时期的鲍比·菲舍尔以来美国最伟大的青少年比赛之一"。[14] 出于对新生罗伯特的好奇，我找到他，邀请他参加耶鲁大学天才课的"国际象棋日"活动。为了增加比赛的趣味性，我另外找了三名经验丰富的棋手，让他们同时和蒙面的赫斯对弈。他喊出棋步时（例如 P-K4），熟知象棋记谱法的记谱员就替他移动棋子。学生们和围观者焦急地盯着棋盘。10 到 15 分钟后，三个对手都败下阵来。

但更令人震惊的还在后面。我问："罗伯特，你的记忆力有多好？[15] 这些比赛，你还能记住多少？"他满不在乎地说："我记得所有的棋步。"然后在黑板上按顺序分别写出了这三局比赛的 10 到 20 个棋步。"我可以蒙着眼睛同时对弈 10 名棋手。"他这样说并非吹牛，而是陈述事实。一个学生大声说道："当然可以，因为他拥有摄影式的记忆力。"另一个学生有些不屑："想想看，他蒙着眼睛，什么都看不见。拍摄什么呢？"也许罗伯特可以"拍摄"他脑海中看到的东西。

历史上的许多伟大人物似乎都拥有摄影式记忆或遗觉记忆的能力——看一眼就能回忆起图像——并把它作为专注的工具。有一次，在一家酒馆里，米开朗琪罗和艺术家同行在争论谁能创作出最丑的形象，最终米开朗琪罗获胜，他说这归功于他见过并能记住罗马城里的所有涂鸦。[16] 毕加索身边的人都相信，他也能摄影般地记住视觉图像，因为他曾经描述出一张原本认为丢失的图片的所有细节，后来图片重新出现时，他的记忆能力得到了验证。[17] 詹姆斯·乔伊斯被爱尔兰伍德学院的老师们称为"拥有吸墨纸般大脑的男孩"。[18] 埃隆·马斯克被他的母亲称为"天才男孩"，因为她说他拥有摄影式的记忆力。[19] 1951 年，指挥家阿图罗·托斯卡尼尼想让 N.B.C. 交响乐团演奏约阿希姆·拉夫创作的慢乐章第 5 号四重奏曲，但这首曲子名不见经传，整个纽约都找不到谱子。于是，多年没见过这首曲子的托斯卡尼尼只得费劲地、逐个音符地把它写出来。后来，一位音乐签名收藏家找到了原始乐谱，并与托斯卡尼尼的手写谱子核对，结果只发现了一处错误。[20]

生活中很少有人像上面提到的天才那样拥有摄影般的记忆力，即使是有天赋的人，也得经过努力才能获得超强的记忆力。罗伯特·赫斯从 5 岁起就在家教的监督下下棋，他日复一日地练习，背诵标准的开局、位置、残局以及历史上所有的著名棋局。达·芬奇一直在刻意地努力提升记忆力。据他同时代的传记作家乔尔乔·瓦萨里所说："达·芬奇非常喜欢留着野人般的胡子和头发的怪异面容，碰到某个吸引他的人，他会整天跟着他。他能清晰地记住他的容貌，回到家就能把他画出来，好像那个人就站在他眼前一样。"[21] 晚上，达·芬奇会躺在床上，努力地在脑海中重现白天看到的画面。[22] 我们可以效仿达·芬奇的精神，参与一些具有思维挑战性的活动，比如下棋、数独、乐器视奏或组装某个需要按顺序和字母顺序操作的东西。《哈佛健康通讯》指出，戒酒和定期运动可以增加大脑血流，从而有助于提升记忆力。[23] 正如传记作家弗里乔夫·卡普拉所说，达·芬奇经常做举重运动。[24]

不喜欢举重？我们可以采用另一种实用的技巧：设定最后期限。天才天生就有动力，对自己所做的事情充满激情。有时候，他们甚至会从最后期限中获得外部动力，确保工作完成。查尔斯·舒尔茨必须赶在刊登他作品的 2600 家报纸出版之前完成他的漫画作品；莫扎特提前租好剧院，等着观众前来聆听《唐璜》；埃隆·马斯克必须达到特斯拉汽车的生产配额；杰夫·贝佐斯必须保证亚马逊金牌会员服务在一天内送达。强制性的最后期限，能提高我们的专注力，帮助我们清除无关紧要的事情。

史蒂芬·霍金不但可以清除无关紧要的事情，还能清除重要的事情。霍金被誉为"爱因斯坦以来的最伟大的天才"，[25] 也被称为"轮椅上的天才"。霍金本人坚持认为，后者称号"是媒体的炒作，是受公众对英雄渴望的驱使"。[26] 可以肯定的是，公众一直对身残志坚的天才情有独钟。想一想《巴黎圣母院》中的驼背"钟楼怪人"卡西莫多、《歌剧魅影》中的"幽灵"丑八怪埃利克、《哈利·波特》中的"疯眼汉"阿拉斯托·穆迪——他们都是隐藏在残疾外表之下的天才。

霍金 21 岁时才开始真正地保持专注。在此之前，他似乎是一个吃喝玩乐的"差生"。据他自己承认，他直到 8 岁才学会认字；在学校里，他的学习成绩只是班上的中等水平；在大学里，他的时间大都花在社交上，每天只学习 1 个小时。[27] 然而，1963 年，21 岁的霍金突然面临一个真正的最后期限——他被诊断为肌萎缩侧索硬化症患者，只能再活两三年。1985 年，他失去了说话的能力，除了通过电脑，他无法与人正常交流。因此，他只能专注于自己选择的领域——天体物理学。我问霍金的好友、传记作家基蒂·弗格森，他与世隔绝的生活状态是否提升了他的专注力，她提出了一个重要的见解："我想说的是，霍金的残疾可能没有增强他的专注力，但确实让他更加专注，并最终获得成长，专注一事，不再浪费时间。就像他曾经对我说的：'我还有别的选择吗？'"[28]

到了 20 世纪 70 年代初，霍金已经失去了使用双手的能力。这是一个大问题，因为所有的物理学家思考的时候都需要演算方程式，不停地在纸上、黑板上、墙壁上、门上或任何平面上写写算算——在专注分析与具体演算之间来回切换。为了继续研究，霍金想出了一个变通办法：他用大脑看见并保持问题，像牛顿那样集中注意力。诺贝尔奖获得者、霍金的好友基普·索恩说："他学会了完全在脑子里研究（数学和物理），不需要把东西写下来。他在脑子里操作物体、曲线、平面状的图像，不仅建立起三维空间，还建立起包括时间的思维空间。他在所有物理学家中独树一帜，是因为他能够进行更广泛的计算。如果没有患上肌萎缩侧索硬化症，他的计算能力不会比现在更强。"[29] 霍金坦言，分心的时候，他会像爱因斯坦那样进入自己的"专注思考区"，以此集中注意力："在脑子里倒腾问题，是我这半辈子发现答案的方法。当我周围的人都在喈喈地讲话时，我常常去到遥远的地方，迷失在自己的思绪中，努力地探究宇宙的运转方式。"[30]基蒂·弗格森对霍金的专注力总结道："很少有人拥有霍金那样的专注力和自制力。很少有人拥有他那样的天才。"[31]这个黑洞的主人设法在自己的"黑洞"里茁壮成长。

2014年7月1日，我发作了缺血性脑中风，妻子急忙把我送到佛罗里达州萨拉索塔市的医院（我们现在还住在萨拉索塔市）。扫描显示，我的左颈内动脉完全阻塞（现在仍被阻塞），采用动脉内膜切除术清除阻塞是毫无意义的。三天来，我躺在病床上，身上插满各种导线，陷入"黑洞"之中。我可以思考，但我不能说话。我像是一个被囚禁在自己身体里的囚犯，我默默地说："克雷格，情况很严重，你得想办法'越狱'。思考，集中注意力，振作起来。"为了恢复我的短期记忆和言语能力，我开始从易到难地做一些自创的脑力练习：一、说"蓝色的斗牛犬"，说完"犬"之后回忆"蓝色"这个词；二、说出两位生活在巴赫和勃拉姆斯之间的作曲家；三、从南到北说出郎博特岛上的三家餐馆；四、说出坦帕到迈阿密的公路上所有四个音节的地名。我专注地练习，一个小时又一个小时——还有别的事情可做吗？这种一意孤行的练习是否就是我大脑突然好转的原因，我不能肯定；不过，在第三天，我被阻断的血液循环发生了逆转，此后的几个月里，我逐渐恢复了正常的认知功能。我很幸运。虽然我当时的病情很严重，但与霍金的肌萎缩侧索硬化症相比，当然是微不足道的。不过，这确实让我看到了他如何活在自己的精神世界里。霍金曾说："保持大脑活跃是我活下来的关键。"[32]他比医生最初预计的多活了50多年。在生活中，有时候你必须放松自己，发散思维，让思维带着你找到原创的洞见。但有时候，不管你是霍金那样的天才，还是我这样的"庸才"，都需要解决太空或其他地方的一些实际问题。在这个时候，你就必须通过自律保持专注。

每个天才都有自己的工作时间、地点、环境以及完成工作的方法。[33]你可以称之为"习惯"（就像我在本书中以及弗拉基米尔·纳博科夫和谢尔·西尔弗斯坦所称）、"例行公事"（列奥·托尔斯泰和约翰·厄普代克）、"日程安排"（艾萨克·阿西莫夫、草间弥生和斯蒂芬·金）、"常规"（安迪·沃霍尔）或"仪式"（孔子和泰拉·萨普）。这些伟人的习惯既不迷人也不崇高。画家查克·克洛斯说："灵感是给业余爱好者的，我们其他人只是按时开始工作。"[34]

正如天才各不相同，每个天才都有独特的专注方式。身高2米的作家托马斯·沃尔夫半夜才开始趴在厨房冰箱上写作；欧内斯特·海明威是早上起来，在与基韦斯特岛别墅相连的工作室里用放在书架上的安德伍德牌打字机写作；约翰·契弗早上会穿上他唯一的西装，好像是准备和其他人一起去上班，他乘坐电梯下到他在纽约市公寓楼的地下室，脱下西装，靠在储物箱上写作，到了中午，他又穿上西装回家吃午饭。[35]

在某些情况下，高强度地专注之后，需要通过身体运动得到放松。维克多·雨果会休息2个小时，走到海边，在海滩上剧烈地运动。如果精力和注意力都在减退，伊戈尔·斯特拉文斯基会短暂地倒立。诺贝尔奖得主索尔·贝娄也会这样做——也许是为了增加大脑血流。舞蹈家泰拉·萨普将身体训练当作创作过程的一部分，每天早上5:30都会去举重健身馆。但正如她在《创造性习惯》一书中写的："我每天的仪式，不是我早上在健身房进行的伸展和负重训练，而是乘坐出租车。当我告诉司机要去哪里的时候，这个仪式就已完成。"自律的仪式会让生活更简单，提升生产力。萨普说："这是主动地减少社交；另外，它有利于创作。"[36]

创造"安全区"

　　大多数天才都与外界隔绝，在办公室、实验室或工作室创作。一进画室，画家N.C.魏斯就在眼镜的侧面贴上"盲板"，这样就看不到画布之外的东西了；托尔斯泰写作时锁上房门；狄更斯的书房装有双层门，以隔绝噪声；纳博科夫在写《洛丽塔》时，每晚都在他停着的汽车后座上写作，他说："这是全国唯一没有噪声和气流的地方。"普鲁斯特的公寓墙壁用软木做衬里。这些做法的意义在于：天才们想要保持专注。爱因斯坦不止一次地鼓励初出茅庐的科学家找份儿灯塔看守人的工作，以便专注地投入思考。[37]

　　不管是称之为灯塔或是安全区，所有伟大的天才都有一个有助于进入专注状态的空间。推理小说作家阿加莎·克里斯蒂经常因为社交和职业干扰感到困扰，如其所述："一旦我能脱身，关上房门，不让人打扰，我就可以全速前进，完全沉醉于自己的创作中。"[38]

　　请跟随阿加莎的脚步，但要多走一步：不要受到网页和电子邮件的干扰，因为它们会让人分心。但一定要给自己信心和鼓励，可以把你以前取得的成就（文凭、证书、奖项）和你的英雄的肖像摆放在视线范围内。勃拉姆斯把贝多芬的肖像画放在钢琴上方。为了激励自己，爱因斯坦在书房中摆放着牛顿、法拉第和麦克斯韦的肖像。创作过程本身就令人胆怯——"伟大的作品"常常会突然变得毫无价值——而这些简单的技巧可以助你一臂之力。有了可以依靠的仪式，你就可以站起来，明天继续尝试。约翰·厄普代克说过："一个固定的日常习惯，可以让你免于放弃。"[39]

　　因此，我们从本书提及的这些天才身上学到的最后一课是：为了更高效、更有成效地工作，请为自己创造一个日常习惯，同时创造一个封闭的、有助于专注的安全区。可以去办公室、书房或工作室，确保专注思考的空间和时间。当然，要让自己接触广泛的意见和信息，但请记住：一天结束时，负责处理这些信息、创造新东西的人是你自己。我们需要成功者来让今天的世界良好地运转；我们需要天才来保证明天的世界更好地运转。

结语

意想不到的结果

我们教育孩子要"循规蹈矩"、遵守规则。我们许多人的孩子都会上大学，在那里，他们将从教授们的课程中（比如我的课程）学到那些伟大的人物，结果却发现：西方文化中的那些变革性天才都没有"守规矩"，而是打破规则。我在耶鲁大学教授"天才课程"的10多年中，在我写作本书的过程中，这只是出现的许多意想不到的结果之一。下面是我发现的其他一些意想不到的结果（顺序不分先后）。

写作之初，我脑海中浮现出的天才画面是：智力超群，从小就有"顿悟"的洞察力，但又乖僻古怪、高深莫测。现在，我发现这些刻板印象都是错误的或者大多数时候都是不准确的。比如这个观念：天才智力超群，在所有标准化测试中都能取得优异成绩。而事实上，我对天才的研究结果却表明：差生和中等生天才的例子，同优等生天才的例子一样多。霍金直到8岁才学会认字；再看看毕加索和贝多芬，他们连基础的数学题都不会做。同样，马云、约翰·列侬、托马斯·爱迪生、温斯顿·丘吉尔、沃尔特·迪士尼、查尔斯·达尔文、威廉·福克纳和史蒂夫·乔布斯都是成绩不好的差生。这些伟大的人物都很"聪明"，但其聪明的方式是非常不规范的、不可预测的。因此，我的"天才团"告诉我：预测一个人将来会成为什么样的人是不可能的；我不会再犯用标准化考试成绩或神童行为来评判年轻人潜能的错误。我要提醒所有的父母：不要把自己的孩子推上神童之路。看看过去20年有哪个神童改变了这个世界——几乎都没有。

其他意想不到的启示：成功者可能会培养出成功的后代，但事实证明，天才不会生出一代代的小天才；天才不可遗传，而是"一次性"的现象。成功者需要导师——我们都知道这一点——但天才显然可以没有导师。通常，天才的接受速度很快，直觉更敏锐，而且很快就会超越所有导师。没错，根据定义，天才意味着结果的不平等（爱因斯坦的超凡思想、巴赫的超凡音乐）以及随之而来的回报的不平等（巴赫的永恒名望，贝佐斯的巨额财富）；这就是世界的运作方式。同样，天才的行为通常伴随着破坏行为；这通常被称为进步。

事实证明，天才也不是突然产生的。"顿悟"时刻其实是大脑经过漫长的孕育期而产生的结果。别忘了，爱因斯坦与广义相对论搏斗了2年，才有了"最快乐的想法"；特斯拉花了7年时间才设想出感应电动机；奥托·洛维用了20年时间才获得了关于乙酰胆碱的梦中顿悟。那为什么好莱坞电影中的天才都有突然顿悟的"惊喜时刻"？因为观众不能坐着看上20年，连2年都不行。

"天才都会英年早逝"，喜剧演员格劳乔·马克斯如是说。但从统计学上看，这种说法是不正确的，固执与痴迷会驱使他们继续前进。天才改变世界。是的，但事实证明，他们改变世界往往是附带的结果——有时候，创造者让社会变得更好，只是他们需要自我救赎而非有意为之。有多少杰作是画家出于自己的心理需求而创作的？有多少名著更多是写给作者而不是读者的？

最后，我和我的耶鲁大学学生们获得了一个我们都应该看到的持久的洞见：许多伟大的天才都不是那么伟大的人。课程开始的时候，为了逗笑和激发讨论，我总是问学生们："这里谁是天才？是天才的，请举手。"有几个学生胆怯地举手；班上的活宝们夸张地举起手来，好让大家都看到。我接着问："如果你还不是天才，有多少人愿意成为天才？"对于这个问题，全班约四分之三的学生都给出了肯定的回答。作为这门课程的最后环节，我问他们："研究了这些天才后，你们还有多少人愿意成为天才？"只有约四分之一的学生说"愿意"。还有个学生主动发言："课程开始的时候，我想成为天才，但现在我不太确定。他们中的许多人似乎都是痴迷的、以自我为中心的浑蛋——这种人，我可不想做朋友或室友。"说得很对：痴迷、以自我为中心。尽管我们可以从天才的习惯中受益，但如果你们当中有谁是天才，请小心提防他。如果你为天才工作，那你可能会受到斥责或虐待，或者你可能会失去工作。如果你身边的某个人是天才，你会发现他们的工作或热情总是排在第一位。然而，对于那些被虐待、被裁员、被剥削或被忽视的人，我们要真诚地感谢他们"为了团队利益而牺牲个人利益"——这个团队就是人类，是从"你的"天才创造的文化利益中受益的所有人。借用作家埃德蒙·龚古尔的话说："天才去世之前几乎都不受人爱戴。"但天才去世之后，我们会爱戴他们，因为他们让现在的生活更加美好。

致谢

　　本书的写作，需要团队的通力协助。给予帮助的团队成员包括：我们的四个孩子（本书是献给他们的）；本书的共同题献对象、我们45年来的挚友与精力充沛的辩论家弗雷德博士和苏·芬克尔斯坦；最后是我亲爱的妻子雪莉，她是我最尖锐的批评家，不止一次地逐字阅读了全书。同样，我也要感谢一直对本书给予信心的我的经纪人彼得·伯恩斯坦以及哈珀柯林斯出版集团的编辑杰西卡·辛德勒，感谢她拥有神奇的材料打磨能力，使本书能与现代世界对话。我在耶鲁大学的全盛时期，几位资深同事的见解和热心让我受益匪浅，他们每年都会到访天才课程，担任"特邀主讲人"。他们包括：让我增长见识的物理学教授道格·斯通；数学家吉姆·罗尔夫；微生物学家、现任耶鲁大学教务长斯科特·斯特罗贝尔；首席投资官大卫·斯文森，我总是把他留到最后一堂课来演讲，因为作为一个慷慨慈善家的他明白：天才需要金钱，但金钱不是天才。此外，在过去的几年里，天才神经学家卡罗琳·罗伯逊的六次课堂演讲以及已故小说家安妮塔·什里夫、已故艺术史学家大卫·罗珊德和罗杰·麦克纳米、凯文·瑞恩、亚当·格利克等企业家的到访，都让我受益匪浅。天才话题非常广泛，我不断地就特定话题寻求帮助，得到了老朋友列昂·普兰廷加（贝多芬）、基蒂·弗格森（霍金）、诺贝尔奖得主基普·索恩（物理学家的思维过程）、卢卡斯·斯文福德（在线教育）以及洛克菲勒档案馆主席杰克·迈耶斯的慷慨帮助。还要感谢对本书的某些章节提出了善意批评的：儿子克里斯托弗、儿媳梅兰妮；同事基思·波尔克；邻居帕姆·雷特、肯·马什和巴沙尔·内吉德维；还有文学批评家克拉克·巴克斯特，他有一种特殊的天赋，可以发出"刺耳"的声音，击中别人看不见的靶子。谢谢你们！

注释

序言　击中隐藏的靶子

1. George Eliot, *Middlemarch* (Ware, Hertfordshire, UK:Wordsworth Editions, 1994), 620.

2. Darrin M. McMahon, *Divine Fury*: A History *of Genius* (New York: Basic Books, 2013), 229.

3. The bizarre posthumous history of Einstein's brain is recounted in Michael Paterniti, *Driving Mr. Albert*: A *Trip Across America with Einstein's Brain* (New York: Random House, 2001).

4. Paul G. Bahn, "The Mystery of Mozart's Skull: The Face of Mozart," *Archeology* (March–April 1991): 38–41; Luke Harding, "DNA Detectives Discover More Skeletons in Mozart Family Closet," *Guardian*, January 8, 2006, https://www.theguardian.com/world/2006/jan/09/arts.music.

5. "Leonardo da Vinci's DNA: Experts Unite to Shine Modern Light on a Renaissance Genius," EurekAlert!, May 5, 2016, https:// www.eurekalert.org/pub_releases/2016-05/tca-ldv050316.php.

6. Paul Israel, *Edison*: A Life *of Invention* (New York: John Wiley & Sons, 1998), 119-20.

7. As translated from the original German in Arthur Schopenhauer, *Die Welt als Wille und Vorstellung*, 3rd ed., vol. 2, book 3, chap. 31 (Leipzig: Brockhaus, 1859), https://www.amazon.com/Die-Welt-Wille-Vorstellung-German/dp/3843040400, 627.

8. Dylan Love, "The 13 Most Memorable Quotes from Steve Jobs," Business Insider,

October 5, 2011, https://www.businessinsider.com/the-13-most-memorable-quotes-from-steve-jobs-2011-10.

9. Nikola Tesla, *My Inventions*: *The Autobiography of Nikola Tesla*, edited by David Major (Middletown, DE: Philovox, 2016), 55.

10. Immanuel Kant, *Critique of Pure Reason*, quoted in McMahon, *Divine* Fury, 90.

11. See Mihaly Csikszentmihalyi, "Implications of a Systems Perspective for the Study of Creativity," in *Handbook of Creativity*, edited by Robert J. Sternberg (Cambridge, UK: Cambridge University Press, 1999), 311–34.

第 1 章　天赋或勤奋：智商或复商

1. Plato, *Apology*, translated by Benjamin Jowett, para. 8, http://classics.mit.edu/Plato/apology.html.

2. Charles Darwin, *The Autobiography of Charles Darwin*, edited by Nora Barlow (New York: W. W. Norton, 1958), 38.

3. Simone de Beauvoir, *The Second Sex*, edited and translated by H. M. Parshley (New York: Random House, 1989), 133.

4. Giorgio Vasari, *The Lives of the Artists*, translated by Julia Conaway Bondanella and Peter Bondanella (Oxford, UK: Oxford University Press, 1991), 284.

5. Leonardo da Vinci, *Codex Atlanticus*, quoted in Walter Isaacson, *Leonardo da Vinci* (New York: Simon & Schuster, 2017), 179.

6. Carmen C. Bambach, *Michelangelo*: *Divine Draftsman and Designer* (New Haven, CT: Yale University Press, 2017), 35, 39.

7. Quoted in Helia Phoenix, *Lady Gaga*: *Just Dance*: *The Biography* (London: Orion Books, 2010), 84.

8. Lewis Lockwood, *Beethoven*: *The Music and the Life* (New York: W. W. Norton, 2003), 12.

9. Tom Lutz, "Viewers Angry After Michael Phelps Loses Race to Computer-Generated Shark," *Guardian*, July 24, 2017, https:// www.theguardian.com/sport/2017/jul/24/michael–phelps–swimming–race–shark–discovery–channel.

10. Danielle Allentuck, "Simone Biles Takes Gymnastics to a New Level. Again," *New York Times*, August 9, 2019, https://www.nytimes.com/2019/08/09/sports/gymnastics–simone–biles.html.

11. Sade Strehlke, "How August Cover Star Simone Biles Blazes Through Expectations," *Teen Vogue* (June 30, 2016), https:// www.teenvogue.com/story/simone-biles–summer–olympics–cover–august–2016.

12. "Simone Biles Teaches Gymnastic Fundamentals," MasterClass, 2019, lesson 3, at 0:50.

13. Francis Galton, *Hereditary Genius: An Inquiry into Its Laws and Consequences* (London: MacMillan, 1869), http://galton.org/books/hereditary–genius/1869–FirstEdition/hereditarygenius1869galt.pdf, 1.

14. On horse breeding and inbreeding, see Allison Schrager, "Secretariat's Kentucky Derby Record Is Safe, Thanks to the Taxman," *Wall Street Journal*, May 3, 2019, https:// www.wsj.com/articles/secretariats–kentucky–derby–record–is–safe–thanks–to–the–taxman–11556920680. On the subject of biological determinism generally, see Stephen Jay Gould, *The Mismeasure of Man* (New York: W. W. Norton, 1981), chap. 5.

15. See Robert Plomin, *Nature and Nurture: An Introduction to Human Behavioral Genetics* (Belmont, CA: Wadsworth, 2004).

16. Andrew Robinson, *Sudden Genius? The Gradual Path to Creative Breakthroughs* (Oxford, UK: Oxford University Press, 2010), 9.

17. Quoted in ibid., 256.

18. Dean Keith Simonton, "Talent and Its Development: An Emergenic and Epigenetic Model," *Psychological Review* 106, no. 3 (July 1999): 440.

19. David T. Lykken, "The Genetics of Genius," in *Genius and the Mind: Studies of Creativity and Temperament*, edited by Andrew Steptoe (Oxford, UK: Oxford University Press, 1998), 28; Robinson, *Sudden Genius?*, 256.

20. Havelock Ellis, *A Study of British Genius* (London: Hurst and Blackett, 2017 [1904]), 94 ff.

21. Gilbert Gottlieb, "Normally Occurring Environmental and Behavioral Influences on Gene Activity: From Central Dogma to Probabilistic Epigenesis," *Psychological Review* 105, no. 3 (1995): 792–802.

22. K. Anders Ericsson, Ralf Th. Krampe, and Clemens Tesch–Römer, "The Role of Deliberate Practice in the Acquisition of Expert Performance," *Psychological Review* 100, vol. 3 (July 1993): 363–406. See also John A. Sloboda, Jane W. Davidson, Michael J. A. Howe, and Derek G. Moore, "The Role of Practice in the Development of Performing Musicians," *British Journal of Psychology* 87 (May 1996): 287–309.

23. Ericsson et al., "The Role of Deliberate Practice," 397.

24. Ellen Winner, *Gifted Children: Myths and Realities* (New York: Basic Books, 1997), 3.

25. On the career of Cézanne, see Alex Danchev, *Cézanne: A Life* (New York: Random House, 2012), 106, 110, 116; Lawrence Gowing, *Cézanne: The Early Years* (New York: Harry N. Abrams, 1988), 110.

26. *La Voz de Galicia*, February 21, 1895, quoted in John Richardson, *A Life of Picasso: The Prodigy*, 1881–1906 (New York: Alfred A. Knopf, 1991), 55.

27. Richardson, *A Life of Picasso*, 67.

28. David W. Galenson, *Old Masters and Young Geniuses* (Princeton, NJ: Princeton University Press, 2006), 24.

29. Ibid., 23.

30. Danchev, *Cézanne*, 12.

31. "'The Father of Us All,'" Artsy, February 6, 2014, https://www.artsy.net/article/matthew-the-father-of-us-all.

32. Brooke N. MacNamara, David Z. Hambrick, and Frederick L. Oswald, "Deliberate Practice and Performance in Music, Games, Sports, Education, and Professions: A Meta-analysis," *Psychological Science* 8 (July 2014): 1608–18.

33. On the development of a standardized IQ test, see Simonton, "Talent and Its Development," 440–48; Darrin McMahon, *Divine Fury: A History of Genius* (New York: Basic Books, 2013), 178–85.

34. Deborah Solomon, "The Science of Second-Guessing," *New York Times*, December 12, 2004, https://www.nytimes.com/2004/12/12/magazine/the-science-of-secondguessing.html.

35. Martin André Rosanoff, "Edison in His Laboratory," *Harper's Magazine* (September 1932), https://harpers.org/archive/1932/09/edison-in-his-laboratory/.

36. Gould, *The Mismeasure of Man*, 56–57.

37. *Griggs v. Duke Power Company*, 1971. IQ and similar tests can continue to be used, however, if they are a predictor of job performance and do not discriminate on the basis of race, religion, nationality, or gender.

38. William E. Sedlacek, *Beyond the Big Test: Noncognitive Assessment in Higher Education* (San Francisco: Jossey-Bass, 2004), 61–63.

39. Catherine Rampell, "SAT Scores and Family Income," *New York Times*, August

27, 2009, https://economix.blogs.nytimes.com/2009/08/27/sat-scores-and-family-income/; Zachary Goldfarb, "These Four Charts Show How the SAT Favors Rich, Educated Families," *Washington Post*, March 5, 2014, https://www.washingtonpost.com/news/wonk/wp/2014/03/05/these-four-charts-show-how-the-sat-favors-the-rich-educated-families/; Sedlacek, *Beyond the Big Test*, 68.

40. Aamer Madhani, "University of Chicago Becomes the First Elite College to Make SAT, ACT Optional for Applicants," *USA Today*, June 14, 2018, https://www.usatoday.com/story/news/2018/06/14/university-chicago-sat-act-optional/701153002/.

41. Anemona Hartocollis, "University of California Is Sued over Use of SAT and ACT," *New York Times*, December 10, 2019, https://www.nytimes.com/2019/12/10/us/sat-act-uc-lawsuit.html.

42. See, e.g., Lenora Chu, *Little Soldiers*: *An American Boy, a Chinese School, and the Global Race to Achieve* (New York: HarperCollins, 2017), 252; Sedlacek, Beyond the Big Test, 60.

43. Caitlin Macy, "AP Tests Are Still a Great American Equalizer," *Wall Street Journal*, February 22, 2019, https://www.wsj.com/articles/ap-tests-are-still-a-great-american-equalizer-11550854920.

44. See, e.g., Caroline Goldenberg, "School Removes AP Courses for Incoming Freshmen," *Horace Mann Record*, June 5, 2018, https://record.horacemann.org/2078/uncategorized/school-removes-ap-courses-for-incoming-freshman-class/.

45. Adam Grant, "What Straight-A Students Get Wrong," *New York Times*, December 8, 2018, https://www.nytimes.com/2018/12/08/opinion/college-gpa-career-success.html.

46. Tom Clynes, "How to Raise a Genius," *Nature* (September 7, 2016), https://www.nature.com/news/how-to-raise-a-genius-lessons-from-a-45-year-study-of-super-smart-children-1.20537.

47. As summarized in Nancy Andreasen, *The Creating Brain*: *The Neuroscience of Genius* (New York: Dana Foundation, 2005), 10–13. See also Barbara Burks, Dortha Jensen, and Lewis Terman, *Genetic Studies of Genius*, vol. 3: *The Promise of Youth*: *Follow-Up Studies of a Thousand Gifted Students* (Stanford, CA: Stanford University Press, 1930).

48. Marjorie Garber, "Our Genius Problem," *The Atlantic* (December 2002), https://www.theatlantic.com/magazine/archive/2002/12/our-genius-problem/308435/.

49. Malcolm Jones, "How Darwin and Lincoln Shaped Us," *Newsweek* (June 28, 2008), https://www.newsweek.com/how-darwin-and-lincoln-shaped-us-91091.

50. Thomas Montalbo, "Churchill: A Study in Oratory: Seven Lessons in Speechmaking from One of the Greatest Orators of All Time," International Churchill Society, https:// winstonchurchill.org/publications/finest–hour/finest–hour–069/churchill–a–study–in– oratory/.

51. Ann Hulbert, *Off the Charts* (New York: Alfred A. Knopf, 2018), 56. Andrew Robinson, "Is High Intelligence Necessary to be a Genius?," *Psychology Today* (January 2, 2011), https://www.psychologytoday.com/us/blog/sudden–genius/201101/is–high– intelligence–necessary–be–genius.

52. J. K. Rowling, *Very Good Lives: The Fringe Benefits of Failure and the Importance of Imagination* (New York: Little, Brown, 2008), 23.

53. Walter Isaacson, *Albert Einstein: His Life and Universe* (New York: Simon & Schuster, 2007), 48.

54. Duncan Clark, Alibaba: *The House That Jack Ma Built* (New York: HarperCollins, 2016), 44.

55. Michael Barrier, *The Animated Man: A Life of Walt Disney* (Berkeley: University of California Press, 2007), 18–19.

56. Jaime Sabartés, *Picasso: An Intimate Portrait* (London: W. H. Allen, 1948), 36–39. See also Roland Penrose, *Picasso: His Life and Work*, 3rd ed. (Berkeley: University of California Press, 1981), 18–19; Richardson, *A Life of Picasso*, 33.

57. Howard Gardner, *Frames of Mind: The Theory of Multiple Intelligences* (New York: Basic Books, 1983), esp. chap. 4.

58. Rowling, *Very Good Lives*, 11–23.

59. Alison Flood, "JK Rowling's Writing Advice: Be a Gryffindor," *Guardian*, January 8, 2019, https://www.theguardian.com/books/booksblog/2019/jan/08/jk–rowlings– writing–advice–be–a–gryffindor.

60. Some psychologists have done just that. See Robert Sternberg, Juan–Luis Castejon, M. Prieto, et al., "Confirmatory Factor Analysis of the Sternberg Triarchic Abilities Test in Three International Samples: An Empirical Test of the Triarchic Theory of Intelligence," *European Journal of Psychological Assessment* 17, no. 1 (2001): 1–16.

61. Abraham J. Tannenbaum, "The IQ Controversy and the Gifted," in *Intellectual Talent*, edited by Camilla Benbow and David Lubinsky (Baltimore: Johns Hopkins University Press, 1996), 70–74; Anders Ericsson and Robert Pool, *Peak: Secrets from the New Science of Expertise* (Boston: Houghton Mifflin Harcourt, 2016), 235. See also Robert

Sternberg, *Wisdom, Intelligence, and Creativity Synthesized* (Cambridge, UK: Cambridge University Press, 2003).

62. Quoted in Casey Miller and Keivan Stassun, "A Test That Fails," *Nature* 510 (2014): 303–4, https://www.nature.com/naturejobs/science/articles/10.1038/nj7504–303a. See also Robert J. Sternberg and Wendy M. Williams, "Does the Graduate Record Exam Predict Meaningful Success and Graduate Training of Psychologists? A Case Study," *American Psychologist* 52, no. 6 (June 1997): 630–41.

63. William Sedlacek, email to the author, October 2, 2019.

64. See George Anders, "You Can Start Anywhere," in Anders, *You Can Do Anything*: *The Surprising Power of a "Useless" Liberal Arts Education* (New York: Little, Brown, 2017), esp. 58.

65. Malcolm Gladwell, *Outliers*: *The Story of Success* (New York: Little, Brown, 2008), 80–84.

66. Billy Witz, Jennifer Medina, and Tim Arango, "Bribes and Big–Time Sports: U.S.C. Finds Itself, Once Again, Facing Scandal," *New York Times*, March 14, 2019, https://www.nytimes.com/2019/03/14/us/usc–college–cheating–scandal–bribes.html.

67. Melissa Korn and Jennifer Levitz, "In College Admissions Scandal, Families from China Paid the Most," *Wall Street Journal*, April 26, 2019, https://www.wsj.com/articles/the–biggest–clients–in–the–college–admissions–scandal–were–from–china–11556301872.

68. John Bacon and Joey Garrison, "Ex–Yale Coach Pleads Guilty for Soliciting Almost $1 Million in Bribes in College Admissions Scandal," USA Today, March 28, 2019, https://www.usatoday.com/story/news/nation/2019/03/28/rudy–meredith–ex–yale–coach–expected–plead–guilty–college–admissions–scam/3296720002/; Melissa Korn, "How to Fix College Admissions," *Wall Street Journal*, November 29, 2019, https://www.wsj.com/articles/how–to–fix–college–admissions–11575042980.

69. Long attributed to Einstein, but see "Everybody Is a Genius. But If You Judge a Fish by Its Ability to Climb a Tree, It Will Live Its Whole Life Believing That It Is Stupid," Quote Investigator, April 6, 2013, https://quoteinvestigator.com/2013/04/06/fish–climb/.

第2章 天才与性别：被操纵的比赛

1. Catherine Nichols, "Homme de Plume: What I Learned Sending My Novel Out Under a Male Name," Jezebel, August 4, 2015, https://jezebel.com/homme–de–plume–what–i–learned–sending–my–novel–out–und–1720637627.

2. See, e.g., "Employers' Replies to Racial Names," National Bureau of Economic Research, https://www.nber.org/digest/sep03/w9873.html.

3. See, e.g., "Publishing Industry is Overwhelmingly White and Female, US Study Finds," *Guardian*, January 27, 2016, https://www.theguardian.com/books/2016/jan/27/us–study–finds–publishing–is–overwhelmingly–white–and–female.

4. Sheryl Sandberg, "Women at Work: Speaking While Female," *New York Times*, January 12, 2015, https://www.nytimes.com/2015/01/11/opinion/sunday/speaking–while–female.html.

5. Christopher F. Karpowitz, Tali Mendelberg, and Lee Shaker, "Gender Inequality in Deliberative Participation," *American Political Science Review* 106, no. 3 (August 2012): 533–47, https://pdfs.semanticscholar.org/c0ef/981e1191a7ff3ca6a63f205aef12f64d2f4e.pdf?_ga=2.81127703.1000116753.15841352521227194247.1574373344.

6. Catherine Hill, Christianne Corbett, and Andresse St. Rose, *Why So Few? Women in Science, Technology, Engineering, and Mathematics*, AAUW, February 2010, https://www.aauw.org/aauw_check/pdf_download/show_pdf.php?file=why-so-few-research.

7. Suzanne Choney, "Why Do Girls Lose Interest in STEM? New Research Has Some Answers—and What We Can Do About It," Microsoft Stories, March 13, 2018, https://news.microsoft.com/features/why–do–girls–lose–interest–in–stem–new–research–has–some–answers–and–what–we–can–do–about–it/.

8. Dean Keith Simonton, *Greatness: Who Makes History and Why* (New York: Guilford Press, 1994), 33–34.

9. Ibid., 37.

10. Virginia Woolf, *A Room of One's Own* (New York: Fountain Press, 2012 [1929]), 24.

11. Ibid., 48.

12. Ibid., 56.

13. Quoted in George Gordon, Lord Byron, *The Works of Lord Byron, with His Letters and Journals, and His Life*, vol. 2, edited by Thomas Moore (New York: J. & J. Harper,

1830–31), 275.

14. Sean Smith, *J. K. Rowling*: *A Biography*: *The Genius Behind Harry Potter* (London: Michael O'Mara Books, 2001), 132.

15. Woolf, *A Room of One's Own*, 53–54.

16. Ibid., 56.

17. Ibid., 35.

18. Byron, *The Works of Lord Byron*, vol. 2, 399.

19. Quoted in Cecil Gray, *A Survey of Contemporary Music* (London: Oxford University Press, 1924), 246.

20. Charles Darwin, "This Is the Question," in *The Autobiography of Charles Darwin*, 1809—1882, edited by Nora Barlow (New York: W. W. Norton, 1958), 195–96.

21. Françoise Gilot and Carlton Lake, *Life with Picasso* (London: McGraw–Hill, 2012 [1964]), 77.

22. Arthur Schopenhauer, *The World as Will and Idea*, 6th ed., vol. 3, translated by R. B. Haldane and J. Kemp (London: Kegan Paul, 1909), Project Gutenberg, http://www.gutenberg.org/files/40868/40868–h/40868–h.html, 158.

23. Arthur Schopenhauer, *The Essays of Schopenhauer*, edited by Juliet Sutherland, Project Gutenberg, https://www.gutenberg.org/files/11945/11945–h/11945–h.htm#link2H_4_0009.

24. Quoted in Darrin McMahon, *Divine Fury*: *A History of Genius* (New York: Basic Books, 2013), 161.

25. Emma Brockes, "Return of the Time Lord," *Guardian*, September 27, 2005, https://www.theguardian.com/science/2005/sep/27/scienceandnature.highereducationprofile.

26. Suzanne Goldenberg, "Why Women Are Poor at Science, by Harvard President," *Guardian*, January 18, 2005, https://www.theguardian.com/science/2005/jan/18/educationsgendergap.genderissues.

27. Alexander Moszkowski, *Conversations with Einstein*, translated by Henry L. Brose (New York: Horizon Press, 1970), 79.

28. Nikolaus Pevsner, *Academies of Art, Past and Present* (Cambridge, UK: Cambridge University Press, 1940), 231; Linda Nochlin, "Why Have There Been No Great Women Artists?," 1971,http://davidrifkind.org/fiu/library_files/Linda%20Nochlin%20%20Why%20have%20there%20been%20no%20Great%20Women%20Artists.pdf.

29. Peter Saenger, "The Triumph of Women Artists," *Wall Street Journal*, November

23, 2018, https://www.wsj.com/articles/the–triumph–of–women–artists–1542816015.

30. Anna Klumpke, *Rosa Bonheur: Sa vie, son oeuvre* (Paris: Flammarion, 1908), 308–9.

31. Alan Greenspan and Adrian Wooldridge, *Capitalism in America: A History* (New York: Random House, 2018), 363.

32. Quoted in Jerome Karabel, *The Chosen: The Hidden History of Admission and Exclusion at Harvard, Yale and Princeton* (New York: Mariner Books, 2014), 444.

33. Celestine Bohlen, "Breaking the Cycles That Keep Women Out of Tech–Related Professions," *New York Times*, November 26, 2018, https://www.nytimes.com/2018/11/20/world/europe/women–in–stem.html?searchResultPosition=9.

34. This and the Mendelssohn quote are drawn from Craig Wright, *Listening to Music*, 7th ed. (Boston: Cengage Learning, 2017), 252–53.

35. Mason Currey, *Daily Rituals: How Artists Work* (New York: Alfred A. Knopf, 2018), 44.

36. Alexandra Popoff, *The Wives: The Women Behind Russia's Literary Giants* (New York: Pegasus, 2012), 68.

37. "Hatshepsut," Western Civilization, ER Services, https://courses.lumenlearning.com/suny–hccc–worldhistory/chapter/hatshepsut/.

38. On the sculptures of Hatshepsut and their histories in the Metropolitan Museum of Art, New York, see "Large Kneeling Statue of Hatshepsut, ca. 1479—1458 B.C.," https://www.met museum.org/art/collection/search/544449 and especially "Sphinx of Hatshepsut," https://www.metmuseum.org/toah/works–of–art/31.3.166/.

39. For an overview of Hildegard of Bingen, see Barbara Newman's introduction to her *Saint Hildegard of Bingen: Symphonia* (Ithaca, NY: Cornell University Press, 1988) and Mathew Fox, *Hildegard of Bingen: A Saint for Our Times* (Vancouver: Namaste, 2012). For sample writings, see Sabina Flanagan, *Secrets of God: Writings of Hildegard of Bingen* (Boston: Shambhala, 1996). For samples of her letters, see Matthew Fox, ed., *Hildegard of Bingen's Book of Divine Works with Letters and Songs* (Santa Fe, NM: Bear & Co, 1987).

40. One example is the painting *Lot and his Daughters*, formerly attributed to Bernardo Cavallino, in the Toledo Museum of Art. See Josef Grabski, "On Seicento Painting in Naples: Some Observations on Bernardo Cavallino, Artemisia Gentileschi and Others," *Artibus et Historiae* 6, no. 11 (1985): 23–63. See also Sarah Cascone, "Sotheby's Offers Lost Artemisia Gentileschi Masterpiece," Artnet News, June 10, 2014, https://news.artnet.

com/market/sothebys–offers–lost–artemisia–gentileschi–masterpiece–37273.

41. On the trial, see Tracy Marks, "Artemesia: The Rape and the Trial," http://www. webwinds.com/artemisia/trial.htm.

42. On Ada Lovelace, see, e.g., Betty A. Toole, *Ada, the Enchantress of Numbers: Prophet of the Computer Age* (Moreton–in–Marsh, Gloucestershire, UK: Strawberry Press, 1998) and William Gibson and Bruce Sterling, *The Difference Engine: A Novel* (New York: Bantam Books, 1991). A good synopsis of Lovelace as computer visionary is given in Walter Isaacson, *The Innovators: How A Group of Hackers, Geniuses, and Geeks Created the Digital Revolution* (New York: Simon & Schuster, 2014), 7–33.

43. See Ruth Levin Sime, *Lise Meitner: A Life in Physics* (Berkeley: University of California Press, 1996), https://www.washington post.com/wp–srv/style/longterm/books/ chap1/lisemeitner.htm?noredirect=on.

44. Adam Parfrey and Cletus Nelson, *Citizen Keane: The Big Lies Behind the Big Eyes* (Port Townsend, WA: Feral House, 2014).

45. Ariane Hegewisch and Emma Williams–Baron, "The Gender Wage Gap: 2017 Earnings Differences by Race and Ethnicity," Institute for Women's Policy Research, March 7, 2018, https://iwpr.org/publications/gender–wage–gap–2017–race–ethnicity/.

46. Rachel Bachman, "Women's Team Sues U.S. Soccer," *Wall Street Journal*, March 9, 2019, https://www.wsj.com/articles/u–s–womens–soccer–team–alleges–gender– discrimination–11552059299.

47. Gené Teare, "In 2017, Only 17% of Startups Have a Female Founder," TC, April 19, 2017, https://techcrunch.com/2017/04/19/in–2017–only–17–of–startups–have–a– female–founder/; Valentina Zarya, "Female Founders Got only 2% of Venture Capital in 2017," *Fortune* (January 31, 2018), https://fortune.com/2018/01/31/female–founders– venture–capital–2017/.

48. Adnisha Padnani, "How an Obits Project on Overlooked Women Was Born," *New York Times*, March 8, 2018, https://www.ny times.com/2018/03/08/insider/overlooked– obituary.html.

49. Mary Ann Sieghart, "Why Are Even Women Biased Against Women?," BBC Radio 4, February 4, 2018, https://www.bbc.co.uk/programmes/b09pl66d. See also Caroline Heldman, Meredith Conroy, and Alissa R. Ackerman, *Sex and Gender in the* 2016 *Presidential Election* (Santa Barbara, CA: Praeger, 2018).

50. Adrian Hoffmann and Jochen Musch, "Prejudice Against Women Leaders: Insights

from an Indirect Questioning Approach," *Sex Roles* 80, nos. 11–12 (June 2019): 681–92, https://link.springer.com/article/10.1007/s11199–018–0969–6.

51. Mahzarin R. Banaji and Anthony G. Greenwald, *Blind Spot: Hidden Biases of Good People* (New York: Bantam Books, 2013).

52. Hill et al., *Why So Few?*, 74.

53. Corinne A. Moss–Racusin, John F. Dovidio, Victoria L. Brescoll, et al., "Science Faculty's Subtle Gender Biases Favor Male Students," *Proceedings of the National Academy of Sciences of the United States of America*, October 9, 2012, https://www.pnas.org/content/109/41/16474.

54. Banaji and Greenwald, *Blind Spot*, 115.

55. Brigid Schulte, "A Woman's Greatest Enemy? A Lack of Time to Herself," *Guardian*, July 21, 2019, https://www.theguardian.com/commentisfree/2019/jul/21/woman–greatest–enemy–lack–of–time–themselves.

56. Seth Stephens–Davidowitz, "Google, Tell Me. Is My Son a Genius?," *New York Times*, January 18, 2014, https://www.ny times.com/2014/01/19/opinion/sunday/google–tell–me–is–my–son–a–genius.html.

57. Simonton, *Greatness*, 37.

第 3 章　远离神童泡沫

1. See also Melissa Eddy, "A Musical Prodigy? Sure, but Don't Call Her 'a New Mozart,'" *New York Times*, June 14, 2019, https://www.nytimes.com/2019/06/14/world/europe/alma–deutscher–prodigy–mozart.html.

2. "British Child Prodigy's Cinderella Opera Thrills Vienna," BBC News, December 30, 2016, https://www.bbc.com/news/world–europe–38467218.

3. Otto Erich Deutsch, Mozart: A Documentary Biography, translated by Eric Blom, Peter Branscombe, and Jeremy Noble (Stanford, CA: Stanford University Press, 1965), 9.

4. Mozart had two sons who more than dabbled in music: Carl Thomas (1784–1858), who trained to be a musician but ended up a civil servant in Milan, and Franz Xaver (1791–1844), who earned his living as a composer, piano instructor, and occasional public performer. Neither left progeny.

5. Erich Schenk, "Mozarts Salzburger Vorfahren," *Mozart–Jahrbuch* 3 (1929): 81–93; Erich Schenk, *Mozart and His Times*, edited and translated by Richard and Clara Winston (New

York: Knopf, 1959), 7–8; Erich Valentin, "Die Familie der Frau Mozart geb.Pertl," in Valentin, *"Madame Mutter"* : *Anna Maria Walburga Mozart* (1720—1778) (Augsburg, Germany: Die Gesellschaft, 1991).

6. Deutsch, *Mozart*, 445.

7. Ibid., 27.

8. "Prodigy," *The Compact Oxford English Dictionary* (Oxford, UK: Oxford University Press, 1991).

9. *Inside Bill's Brain*: *Decoding Bill Gates*, Netflix, September 2019, episode 1.

10. Yo–Yo Ma, conversation with the author, Tanglewood, MA, August 14, 2011.

11. Dean Keith Simonton, Kathleen A. Taylor, and Vincent Cassandro, "The Creative Genius of William Shakespeare: Histiometric Analyses of His Plays and Sonnets," in *Genius and the Mind*: *Studies of Creativity and Temperament*, edited by Andrew Steptoe (Oxford, UK: Oxford University Press, 1998), 180.

12. Deutsch, *Mozart*, 360.

13. Cliff Eisen, *New Mozart Documents*: *A Supplement to O. E. Deutsch's Documentary Biography* (Stanford, CA: Stanford University Press, 1991), 14.

14. Alissa Quart, *Hothouse Kids*: *The Dilemma of the Gifted Child* (New York: Penguin, 2006), 77; *My Kid Could Paint That*, Sony Pictures Classic, 2007.

15. Deutsch, *Mozart*, 494.

16. Marin Alsop, conversation with the author, New Haven, CT, May 22, 2017.

17. Scott Barry Kaufman and Carolyn Gregoire, *Wired to Create*: *Unraveling the Mysteries of the Creative Mind* (New York: Random House, 2016), 151.

18. Quoted in Helia Phoenix, *Lady Gaga*: *Just Dance*: *The Biography* (London: Orion House, 2010), 44–45.

19. Quoted in Dean Keith Simonton, *Greatness*: *Who Makes History and Why* (New York: Guilford Press, 1994), 243.

20. Ellen Winner, *Gifted Children*: *Myths and Realities* (New York: Basic Books, 1996), 10; Alissa Quart, *Hothouse Kids*: *The Dilemma of the Gifted Child* (New York: Alfred A. Knopf, 2006), 204–5; Ann Hulbert, *Off the Charts*: *The Hidden Lives and Lessons of American Child Prodigies* (New York: Alfred A. Knopf, 2018), 283, 291.

21. Maynard Solomon, *Mozart: A Life* (New York: Simon & Schuster, 1995), 177–209.

22. Leopold, letter to Wolfgang, February 12, 1778, in *The Letters of Mozart and His Family*, edited by Emily Anderson (London: Macmillan, 1985), 478.

23. Leopold, letter to Wolfgang, December 18, 1777, in ibid., 423.

24. Wolfgang Mozart, letter to Leopold, July 21, 1778, in ibid., 587.

25. Liz Schumer, "Why Mentoring Matters and How to Get Started," *New York Times*, September 30, 2018, https://www.nytimes.com/2018/09/26/smarter–living/why–mentoring–matters–how–to–get–started.html.

26. Quoted in John Richardson, *A Life of Picasso*: *The Prodigy*, 1881–1906 (New York: Alfred A. Knopf, 2007), 45.

27. Douglas Stone, class presentation, Exploring the Nature of Genius course, Yale University, February 2, 2014.

28. The results of the initial study, which could not be duplicated, were published in Frances H. Rauscher, Gordon L. Shaw, and Catherine N. Ky, "Music and Spatial Task Performance," *Nature* 365, no. 611 (October 14, 1993). The expansion "Makes you smarter" was introduced by music critic Alex Ross in "Listening to Prozac . . . Er, Mozart," *New York Times*, August 28, 1994, https://www.nytimes.com/1994/08/28/arts/classical–view–listening–to–prozac–er–mozart.html.

29. Tamar Levin, "No Einstein in Your Crib? Get a Refund," *New York Times*, October 23, 2009, https://www.nytimes.com/2009/10/24/education/24baby.html.

30. Winner, *Gifted Children*, 280–81.

31. Hulbert, *Off the Charts*, 291. On the "regrets of the prodigy," see Quart, *Hothouse Kids*, 210.

第 4 章　保持童心，重拾创造性想象力

1. The description of the night comes from Mary Shelley, *History of a Six Weeks' Tour Through a Part of France, Switzerland, Germany and Holland, with Letters* . . . (London: T. Hookham and C. and J. Ollier, 1817), https://archive.org/details/sixweekhistoryof00 shelrich/page/98/mode/2up, 99–100. The identification of the day is given in Fiona Sampson, *In Search of Mary Shelley* (New York: Pegasus, 2018), 124.

2. On *Frankenstein* and popular culture, see *Frankenstein*: *How a Monster Became an Icon*, edited by Signey Perkowitz and Eddy von Mueller (New York: Pegasus, 2018).

3. See, e.g., Kathryn Harkup, *Making the Monster*: *The Science Behind Mary Shelley's Frankenstein* (London: Bloomsbury, 2018).

4. Mary Shelley, *Frankenstein*: *Annotated for Scientists, Engineers, and Creators of*

All Kinds, edited by David H. Guston, Ed Finn, and Jason Scott Robert (Cambridge, MA: MIT Press, 2017), 84.

5. The introduction is reproduced at *Frankenstein*, Romantic Circles, https://www. rc.umd.edu/editions/frankenstein/1831v1/intro.html.

6. For the publication history and reception of *Frankenstein*, see Harkup, *Making the Monster*, 253–55.

7. "Harry Potter and Me," BBC Christmas Special, British Version, December 28, 2001, transcribed by "Marvelous Marvolo" and Jimmi Thøgersen, http://www.accio–quote. org/articles/2001/1201–bbc–hpandme.htm.

8. Ibid.

9. See, e.g., Arianna Stassinopoulos Huffington, *Picasso: Maker and Destroyer* (New York: Simon & Schuster, 1988), 379.

10. Quoted in Ann Hulburt, *Off the Charts: The Hidden Lives and Lessons of American Child Prodigies* (New York: Alfred A. Knopf, 2018), 260.

11. Quoted in Howard Gardner, *Creating Minds: An Anatomy of Creativity* (New York: Basic Books, 1993), 145.

12. Natasha Staller, "Early Picasso and the Origins of Cubism," *Arts Magazine* 61 (1986): 80–90; Gertrude Stein, *Gertrude Stein on Picasso*, edited by Edward Burns (New York: Liveright, 1970).

13. As told to Françoise Gilot, in Françoise Gilot and Carlton Lake, *Life with Picasso* (New York: McGraw–Hill, 1990 [1964]), 113.

14. Quoted in Max Wertheimer, *Productive Thinking* (New York: Harper & Row, 1959), 213.

15. Albert Einstein, *Autobiographical Notes*, translated and edited by Paul Schlipp (La Salle, IL: Open Court, 1979), 6–7.

16. Ibid., 49; Walter Isaacson, *Einstein: His Life and Universe* (New York: Simon & Schuster, 2007), 26; Peter A. Bucky, *The Private Albert Einstein* (Kansas City, MO: Universal Press, 1992), 26.

17. Quoted in Isaacson, *Einstein*, 196.

18. J. Robert Oppenheimer, *Robert Oppenheimer: Letters and Recollections*, edited by Alice Kimball Smith and Charles Weiner (Cambridge, MA: Harvard University Press, 1980), 190.

19. Justin Gammill, "10 ACTUAL Quotes from Albert Einstein," October 22, 2015, I

Heart Intelligence, https://iheartintelligence.com/2015/10/22/quotes–from–albert–einstein/.

20. Albert Einstein, letter to Otto Juliusburger, September 29, 1942, Albert Einstein Archives, Hebrew University, Jerusalem, folder 38, document 238.

21. J. Randy Taraborelli, *Michael Jackson: The Magic, the Madness, the Whole Story*, 1958–2009 (New York: Grand Central Publishing, 2009), 201.

22. Goodreads, https://www.goodreads.com/quotes/130291–the–secret–of–genius–is–to–carry–the–spirit–of.

23. Dann Hazel and Josh Fippen, *A Walt Disney World Resort Outing: The Only Vacation Planning Guide Exclusively for Gay and Lesbian Travelers* (San Jose: Writers Club Press, 2002), 211.

24. "The Birth of a Mouse," referencing Walt Disney's essay "What Mickey Means to Me," Walt Disney Family Museum, November 18, 2012, https://www.waltdisney.org/blog/birth–mouse.

25. Otto Erich Deutsch, *Mozart: A Documentary Biography*, translated by Eric Blom, Peter Branscombe, and Jeremy Noble (Stanford, CA: Stanford University Press, 1965), 462.

26. M. J. Coren, "John Cleese—How to Be Creative," Vimeo, https://vimeo.com/176474304.

27. Frida Kahlo, *The Diary of Frida Kahlo: An Intimate Self-Portrait* (New York: Abrams, 2005), 245–47.

28. Deutsch, *Mozart*, 493.

29. Letter of January 15, 1787, in Mozart, *The Letters of Mozart and His Family*, 904.

30. Jeff Bezos, *First Mover: Jeff Bezos in His Own Words*, edited by Helena Hunt (Chicago: Agate Publishing, 2018), 93.

31. Amihud Gilead, "Neoteny and the Playground of Pure Possibilities," *International Journal of Humanities and Social Sciences* 5, no. 2 (February 2015): 30–39, http://www.ijhssnet.com/journals/Vol_5_No_2_February_2015/4.pdf.

32. Stephen Jay Gould, "A Biological Homage to Mickey Mouse," https://faculty.uca.edu/benw/biol4415/papers/Mickey.pdf.

33. George Sylvester Viereck, "What Life Means to Einstein," *Saturday Evening Post* (October 26, 1929), http://www.saturdayevening post.com/wp–content/uploads/satevepost/einstein.pdf, 117.

34. Author's translation from Charles Baudelaire, *Le Peintre de la vie moderne* (Paris: FB Editions, 2014 [1863]), 13.

第 5 章　拥有自学的能力

1. Frank A. Mumby and R. S. Rait, *The Girlhood of Queen Elizabeth* (Whitefish, MT: Kessinger, 2006), 69–72.

2. "Queen Elizabeth I of England," Luminarium: Anthology of English Literature, http://www.luminarium.org/renlit/elizlet1544.htm.

3. Elizabeth I, *Elizabeth I: Collected Works*, edited by Leah S. Marcus, Janel Mueller, and Mary Beth Rose (Chicago: University of Chicago Press, 2002), 182.

4. William Camden, *The Historie of the Most Renowned and Victorious Princess Elizabeth, Late Queen of England* (London: Benjamin Fisher, 1630), 6.

5. Elizabeth I, *Elizabeth I: Collected Works*, 332–35. See Folger Library, Washington, D.C., V.a.321, fol. 36, as well as *Modern History Sourcebook: Queen Elizabeth I of England* (b. 1533, r. 1558–1603); *Selected Writing and Speeches*, https://sourcebooks.fordham.edu/mod/elizabeth1.asp.

6. Susan Engel, *The Hungry Mind: The Origins of Curiosity in Childhood* (Cambridge, MA: Harvard University Press, 2015), 17 and chap. 4.

7. Kenneth Clark, "The Renaissance," in *Civilisation: A Personal View*, 1969, http://www.historyaccess.com/therenaissanceby.html.

8. Drawn from Leonardo's *Codex Atlanticus*, fol. 611, quoted in Ian Leslie, *Curious: The Desire to Know and Why Your Future Depends on It* (New York: Basic Books, 2014), 16.

9. Fritjof Capra, *The Science of Leonardo: Inside the Mind of the Great Genius of the Renaissance* (New York: Random House, 2007), 2.

10. Sigmund Freud, *Leonardo da Vinci and a Memory of His Childhood*, edited and translated by Alan Tyson (New York: W. W. Norton, 1964), 85.

11. A list of confirmed left-handed luminaries, and some supposed, is given in Dean Keith Simonton, *Greatness: Who Makes History and Why* (New York: Guilford Press, 1994), 22–24.

12. Sherwin B. Nuland, *Leonardo da Vinci: A Life* (New York: Penguin, 2000), 17.

13. Quoted in ibid., 18.

14. Amelia Noor, Chew Chee, and Asina Ahmed, "Is There a Gay Advantage in Creativity?" *The International Journal of Psychological Studies* 5, no. 2 (2013), ccsenet.

org/journal/index.php/ijps/article/view/24643.

15. Giorgio Vasari, "Life of Leonardo da Vinci," in Vasari, *Lives of the Most Eminent Painters, Sculptors, and Architects*, translated by Lulia Conaway Bondanella and Peter Bondanella (Oxford, UK: Oxford University Press, 1991), 284, 294, 298.

16. Walter Isaacson, *Leonardo da Vinci* (New York: Simon & Schuster, 2017), 397.

17. Leonardo da Vinci, *The Notebooks of Leonardo da Vinci*, edited by Edward MacCurdy (New York: George Braziller, 1939), 166.

18. J. B. Bellhouse and F. H. Bellhouse, "Mechanism of Closure of the Aortic Valve," *Nature* 217 (1968), https://www.nature.com /articles/217086b0, 86–87.

19. Alastair Sooke, "Leonardo da Vinci—The Anatomist," *The Culture Show at Edinburgh*, BBC, December 31, 2013, https://www.youtube.com/watch?v=-J6MdN_fucUu&t=9s.

20. Isaacson, *Leonardo da Vinci*, 412.

21. "Blurring the Lines," *National Geographic* (May 2019): 68–69.

22. Quoted in Marilyn Johnson, "A Life in Books," *Life* (September 1997): 47.

23. Ibid., 53.

24. Ibid., 60.

25. Oprah Winfrey, *Own It: Oprah Winfrey in Her Own Words*, edited by Anjali Becker and Jeanne Engelmann (Chicago: Agate, 2017), 77.

26. Benjamin Franklin, *Benjamin Franklin: The Autobiography and Other Writings*, edited by L. Jesse Lemisch (New York: Penguin, 2014), 15.

27. Richard Bell, "The Genius of Benjamin Franklin," lecture, Northwestern University Law School, Chicago, September 28, 2019.

28. Franklin, *Autobiography*, 18.

29. Quoted in Bill Gates, *Impatient Optimist: Bill Gates in His Own Words*, edited by Lisa Rogak (Chicago: Agate, 2012), 107.

30. Franklin, *Autobiography*, 112.

31. Most of the primary source documents are given in J. Bernard Cohen, *Benjamin Franklin's Experiments* (Cambridge, MA: Harvard University Press, 1941), 49 ff.

32. *The Papers of Benjamin Franklin*, March 28, 1747, https://franklinpapers.org/framedVolumes.jsp, 3, 115.

33. Ibid., December 25, 1750, https://franklinpapers.org/framed Volumes.jsp, 4, 82–83.

34. Peter Dray, *Stealing God's Thunder* (New York: Random House, 2005), 97.

35. Franklin, letter to Jonathan Shipley, February 24, 1786, in Franklin, *Autobiography*, 290.

36. Nikola Tesla, *My Inventions: An Autobiography*, edited by David Major (San Bernardino, CA: Philovox, 2013), 15.

37. Extrapolating from what Tesla is reading in a similarly staged photo of him taken earlier in 1899 in his lab at 46–48 Houston Street in lower Manhattan.

38. W. Bernard Carlson, *Tesla: Inventor of the Electrical Age* (Princeton, NJ: Princeton University Press, 2013), 191.

39. Ibid., 282.

40. Both quotes are from Ashlee Vance, *Elon Musk: Tesla, SpaceX, and the Quest for a Fantastic Future* (New York: HarperCollins, 2015), 33.

41. shazmosushi, "Elon Musk Profiled: Bloomberg Risk Takers," January 3, 2013, YouTube, https://www.youtube.com/watch?v=CTJt547--AM, at 4:02.

42. Ibid., at 17:00.

43. Engel, *The Hungry Mind*, 33, 38.

44. Mary–Catherine McClain and Steven Pfeiffer, "Identification of Gifted Students in the United States Today: A Look at State Definitions, Policies, and Practices," *Journal of Applied School Psychology* 28, no. 1 (2012): 59–88, https://eric.ed.gov/?id=EJ956579.

45. "Eleanor Roosevelt: Curiosity Is the Greatest Gift," Big Think, December 23, 2014, quoting *Today's Health* (October 1966), https://bigthink.com/words–of–wisdom/eleanor–roosevelt–curiosity–is–the–greatest–gift.

46. Scott Kaufman, "Schools Are Missing What Matters About Learning," *The Atlantic* (July 24, 2017), https://www.theatlantic.com/education/archive/2017/07/the–underrated–gift–of–curiosity/534573/.

47. Henry Blodget, "I Asked Jeff Bezos the Tough Questions—No Profits, the Book Controversies, the Phone Flop—and He Showed Why Amazon Is Such a Huge Success," Business Insider, December 13, 2014, https://www.businessinsider.com/amazons–jeff–bezos–on–profits–failure–succession–big–bets–2014–12.

48. See, e.g., Engel, *The Hungry Mind*, 17–18; Amihud Gilead, "Neoteny and the Playground of Pure Possibilities," *International Journal of Humanities and Social Sciences* 5, no. 2 (February 2015): 30–33, http://www.ijhssnet.com/journals/Vol_5_No_2_February_2015/4.pdf; and Cameron J. Camp, James R. Rodrigue, and Kenneth R. Olson,

"Curiosity in Young, Middle–Aged, and Older Adults," *Educational Gerontology* 10, no. 5 (1984): 387–400, https://www.tandfonline.com/doi/abs/10.1080/0380127840100504?journalCode=uedg20.

49. Albert Einstein, letter to Cal Seelig, March 11, 1952, quoted in Einstein, *The New Quotable Einstein*, edited by Alice Calaprice (Princeton, NJ: Princeton University Press, 2005), 14.

50. Albert Einstein, *Autobiographical Notes*, edited and translated by Paul Schlipp (La Salle, IL: Open Court, 1979), 9.

51. Quoted in Walter Isaacson, *Einstein: His Life and Universe* (New York: Simon & Schuster, 2007), 18.

52. Max Talmey, *The Relativity Theory Simplified and the Formative Period of Its Inventor* (New York: Falcon Press, 1932), 164.

53. Einstein, *Autobiographical Notes*, 17.

54. Albert Einstein, *Ideas and Opinions*, edited by Cal Seelig (New York: Random House, 1982), 63.

55. I am indebted to Latinist Tim Robinson for helping me correctly craft this Latin phrase.

56. "Self–education Is the Only Kind of Education There Is," Quote Investigator, https://quoteinvestigator.com/2016/07/07/self–education/.

第 6 章　找到激情，撬动天赋

1. Vincent van Gogh, letter to Theo, Cuesmes, July 1880, http://www.webexhibits.org/vangogh/letter/8/133.htm.

2. Alan C. Elms, "Apocryphal Freud: Sigmund Freud's Most Famous Quotations and Their Actual Sources," *in Annual of Psychoanalysis* 29 (2001): 83–104, https://elms.faculty.ucdavis.edu/wp–content/uploads/sites/98/2014/07/20011Apocryphal–Freud–July–17–2000.pdf.

3. Jon Interviews, "Gabe Polsky Talks About 'In Search of Greatness,'" October 26, 2018, https://www.youtube.com /watch?v=fP8baSEK7HY, at 14:16.

4. Jean F. Mercier, "Shel Silverstein," *Publishers Weekly* (February 24, 1975), http://shelsilverstein.tripod.com/ShelPW.html.

5. Andrew Robinson, *Sudden Genius?: The Gradual Path to Creative Breakthroughs*

(Oxford, UK: Oxford University Press, 2010), 164.

6. Marie Curie, "Autobiographical Notes," in Curie, *Pierre Curie*, translated by Charlotte and Vernon Kellogg (New York: Dover, 2012 [1923]), 84.

7. Ibid., 92.

8. Eve Curie, *Madame Curie: A Biography by Eve Curie*, translated by Vincent Sheean (New York: Dover, 2001 [1937]), 157.

9. This and the following quote are drawn from Marie Curie, "Autobiographical Notes," 92.

10. Eve Curie, *Madame Curie*, 174.

11. Curie, "Autobiographical Notes," 92.

12. https://www.quotetab.com/quote/by-frida-kahlo/passion-is-the-bridge-that-takes-you-from-pain-to-change#GOQJ7pxSyy EPUTYw.97. I have been unable to identify the original source.

13. John Stuart Mill, *Autobiography* (New York: H. Holt, 1873), chap. 5, paraphrased in Eric Weiner, *The Geography of Bliss* (New York: Hachette, 2008), 74.

14. Arthur Schopenhauer, *The World as Will and Idea*, translated by R. B. Haldane and J. Kemp (London: Kegan Paul, 1909), vol. 1, http://www.gutenberg.org/files/38427/38427-h/38427-h.html #pglicense, 240.

15. Harriet Reisen, *Louisa May Alcott: The Woman Behind Little Women* (New York: Henry Holt, 2009), 216.

16. Louisa May Alcott, *Little Women*, pt. 2, chap. 27, http://www.literaturepage.com/read/littlewomen-296.html.

17. Mason Currey, *Daily Rituals: Women at Work* (New York: Knopf, 2019), 52.

18. John Maynard Keynes, "Newton, the Man," July 1946, http://www-groups.dcs.st-and.ac.uk/history/Extras/Keynes_Newton.html.

19. Anecdotes of this sort, coming from Newton's manservant Humphrey Newton, are preserved in Cambridge, King's College Library, Keynes MS 135, and redacted at "The Newton Project," http://www.newtonproject.ox.ac.uk/view/texts/normalized/THEM00033.

20. See "Newton Beats Einstein in Polls of Scientists and Public," The Royal Society, November 23, 2005, https://royalsociety.org/news/2012/newton-einstein/.

21. "Newton's Dark Secrets," *Nova*, PBS, https://www.youtube.com / watch?v=sdmhPfGo3fE&t=105s.

22. John Henry, "Newton, Matter, and Magic," in *Let Newton Be!: A New Perspective*

on his Life and Works, edited by John Fauvel, Raymond Flood, Michael Shortland, and Robin Wilson (Oxford, UK: Oxford University Press, 1988), 142.

23. Jan Golinski, "The Secret Life of an Alchemist," in *Let Newton Be*, 147–67.

24. Isaac Newton, letter to John Locke, July 7, 1692, in *The Correspondence of Isaac Newton*, vol. 3, edited by H. W. Turnbull (Cambridge, UK: Cambridge University Press, 1961), 215.

25. See Thomas Levenson, *Newton and the Counterfeiter: The Unknown Detective Career of the World's Greatest Scientist* (Boston: Houghton Mifflin Harcourt, 2009), 223–32.

26. As paraphrased in James Gleick, *Isaac Newton* (New York: Random House, 2003), 190.

27. Charles Darwin, *The Autobiography of Charles Darwin*, edited by Nora Barlow (New York: W. W. Norton, 2005), 53.

28. Janet Browne, *Charles Darwin: Voyaging* (Princeton, NJ: Princeton University Press, 1995), 102.

29. Darwin, *Autobiography*, 53.

30. Browne, *Charles Darwin*, 88–116.

31. American Museum of Natural History, Twitter, February 12, 2018, https://twitter.com/AMNH/status/963159916792963073.

32. Darwin, *Autobiography*, 115.

33. Abigail Elise, "Orson Welles Quotes: 10 of the Filmmaker's Funniest and Best Sayings," International Business Times, May 6, 2015, https://www.ibtimes.com/orson-welles-quotes-10-film makers-funniest-best-sayings-1910921.

34. *Harper's Magazine* (September 1932), cited in Thomas Alva Edison, *The Quotable Edison*, edited by Michele Albion (Gainesville: University Press of Florida, 2011), 82.

35. Randall Stross, *The Wizard of Menlo Park: How Thomas Alva Edison Invented the Modern World* (New York: Random House, 2007), 66.

36. Ibid., 229. See also "Edison at 75 Still a Two–Shift Man," *New York Times*, February 12, 1922, https://www.nytimes.com/1922/02/12/archives/edison-at-75-still-a-twoshift-man-submits-to-birthday-questionnaire.html.

37. "Mr. Edison's Use of Electricity," *New York Tribune*, September 28, 1878, Thomas A. Edison Papers, Rutgers University, http://edison.rutgers.edu/digital.htm, SB032142a.

38. Ladies' Home Journal (April 1898), quoted in Edison, *The Quotable Edison*, 101.

39. "I Have Gotten a Lot of Results. I Know of Several Thousand Things that Won't Work," Quote Investigator, July 31, 2012, https://quoteinvestigator.com/2012/07/31/edison-lot-results/.

40. Jim Clash, "Elon Musk Interview," AskMen, 2014, https://www.askmen.com/entertainment/right-stuff/elon-musk-interview-4.html.

41. Dana Gioia, "Work, for the Night Is Coming," Los Angeles Times, January 23, 1994, https://www.latimes.com/archives/la-xpm-1994-01-23-bk-14382-story.html.

第7章 杠杆差异：利用自己的不完美

1. A recently discovered letter from a provincial French doctor, Félix Rey, reveals how much of his ear van Gogh cut off. The discovery is discussed in Bernadette Murphy, *Van Gogh's Ear* (New York: Farrar, Straus and Giroux, 2016), chap. 14.

2. Plato discussed four different types of madness in *Phaedrus* (c. 360 b.c.), translated by Benjamin Jowett, The Internet Classics Archive, http://classics.mit.edu/Plato/phaedrus.html.

3. Aristotle, *Problems: Books* 32–38, translated by W. S. Hett and H. Rackham (Cambridge, MA: Harvard University Press, 1936), problem 30.1.

4. John Dryden, "Absalom and Achitophel," Poetry Foundation, https://www.poetryfoundation.org/poems/44172/absalom-and-achitophel.

5. Edgar Allan Poe, "Eleonora," quoted in Scott Barry Kaufman and Carolyn Gregoire, *Wired to Create: Unraveling the Mysteries of the Creative Mind* (New York: Random House, 2016), 36.

6. "Quotes from Alice in Wonderland—by Lewis Caroll," Book Edition, January 31, 2013, https://booksedition.wordpress.com/2013/01/31/quotes-from-alice-in-wonderland-by-lewis-caroll/.

7. "Live at the Roxy," HBO (1978), https://www.youtube.com/watch?v=aTRtH1uJh0g.

8. Cesare Lombroso, *The Man of Genius*, 3rd ed. (London: Walter Scott, 1895), 66–99.

9. Kay R. Jamison, *Touched with Fire: Manic-Depressive Illness and the Artistic Temperament* (New York: Simon & Schuster, 1993), esp. chap. 3, "Could It Be Madness—This?" See also Nancy C. Andreasen, "Creativity and Mental Illness: Prevalence Rates in Writers and Their First-Degree Relatives," *American Journal of Psychiatry* 144 (1987):

1288–92, as well as Andreasen's *The Creating Brain: The Neuroscience of Genius* (New York: Dana Press, 2005), esp. chap. 4, "Genius and Insanity."

10. Kay Redfield Jamison, "Mood Disorders and Patterns of Creativity in British Writers and Artists," *Psychiatry* 52, no. 2 (1989): 125–34; Jamison, *Touched with Fire*, 72–73.

11. François Martin Mai, "Illness and Creativity," in Mai, *Diagnosing Genius: The Life and Death of Beethoven* (Montreal: McGill–Queens University Press, 2007), 187; Andrew Robinson, *Sudden Genius?: The Gradual Path to Creative Breakthroughs* (Oxford, UK: Oxford University Press, 2010), 58–61; Jamison, *Touched with Fire*, 58–75.

12. Quoted on the back cover of Christopher Zara, *Tortured Artists: From Picasso and Monroe to Warhol and Winehouse, the Twisted Secrets of the World's Most Creative Minds* (Avon, MA: Adams Media, 2012).

13. Roger Dobson, "Creative Minds: The Links Between Mental Illness and Creativity," LewRockwell.com, May 22, 2009, https://www.lewrockwell.com/2009/05/roger–dobson/creative–minds–the–links–between–mentalillness–andcreativity/.

14. M. Schneider, "Great Minds in Economics: An Interview with John Nash," *Yale Economic Review* 4, no. 2 (Summer 2008): 26–31, http://www.markschneideresi.com/articles/Nash_Interview.pdf.

15. Sylvia Nasar, *A Beautiful Mind* (New York: Simon & Schuster, 2011), back cover.

16. See, e.g., Anna Greuner, "Vincent van Gogh's Yellow Vision," *British Journal of General Practice* 63, no. 612 (July 2013): 370–71, https://bjgp.org/content/63/612/370.

17. Derek Fell, *Van Gogh's Women: Vincent's Love Affairs and Journey into Madness* (New York: Da Capo Press, 2004), 242–43, 248.

18. Vincent van Gogh, letter to Theo, January 28, 1889, Vincent van Gogh: The Letters, http://vangoghletters.org/vg/letters/let743/letter.html.

19. See Alastair Sooke, "The Mystery of Van Gogh's Madness," BBC, July 25, 2016, YouTube, https://www.youtube.com/watch?v=Ag MBRQLhgFE.

20. See, e.g., the middle of the letter to Theo of January 28, 1886, Vincent van Gogh: The Letters, http://vangoghletters.org/vg/letters/let555/letter.html.

21. See, e.g., Marije Vellekoop, *Van Gogh at Work* (New Haven, CT: Yale University Press, 2013); Nina Siegal, "Van Gogh's True Palette Revealed," *New York Times*, April 30, 2013, https://www.nytimes.com/2013/04/30/arts/30iht-vangogh30.html.

22. Vincent van Gogh, letter to Theo, July 1, 1882, Vincent van Gogh: The Letters,

http://vangoghletters.org/vg/letters/let241/letter.html.

23. Vincent van Gogh, letter to Theo, July 6, 1882, Vincent van Gogh: The Letters, http://vangoghletters.org/vg/letters/let244/letter.html.

24. Vincent van Gogh, letter to Theo, July 22, 1883, Vincent van Gogh: The Letters, http://vangoghletters.org/vg/letters/let364/letter.html.

25. Gordon Claridge, "Creativity and Madness: Clues from Modern Psychiatric Diagnosis," in *Genius and the Mind*, edited by Andrew Steptoe (Oxford, UK: Oxford University Press, 1998), 238–40.

26. Quoted in Thomas C. Caramagno, *The Flight of the Mind: Virginia Woolf's Art and Manic-Depressive Illness* (Berkeley: University of California Press, 1991), 48.

27. Leonard Woolf, *Beginning Again: An Autobiography of the Years 1911 to 1918* (Orlando, FL: Harcourt Brace Jovanovich, 1963), 79.

28. Caramagno, *The Flight of the Mind*, 75.

29. Virginia Woolf, *Virginia Woolf: Women and Writing*, edited by Michèle Barrett (Orlando, FL: Harcourt Brace Jovanovich, 1979), 58–60.

30. *The Diary of Virginia Woolf*, vol. 3: 1925–30, edited by Anne Olivier Bell (Orlando, FL: Harcourt Brace & Company, 1981), 111.

31. *The Diary of Virginia Woolf*, vol. 4: 1931–35, edited by Anne Olivier Bell (San Diego: Harcourt Brace & Company, 1982), 161.

32. Yayoi Kusama, *Infinity Net: The Autobiography of Yayoi Kusama* (London: Tate Publishing, 2011), 205.

33. Ibid., 57, 191.

34. Ibid., 20.

35. Natalie Frank, "Does Yayoi Kusama Have a Mental Disorder?," Quora, January 29, 2016, https://www.quora.com/Does–Yayoi–Kusama–have–a–mental–disorder.

36. Kusama, *Infinity Net*, 66.

37. Vincent van Gogh, letter to Theo, July 8 or 9, 1888, Vincent van Gogh: The Letters, http://vangoghletters.org/vg/letters/let637. Woolf: Woolf, *The Diary of Virginia Woolf*, vol. 3, 287. Kusama: Natalie Frank, "Does Yayoi Kusama Have a Mental Disorder?" Picasso: quoted in Jack Flam, *Matisse and Picasso* (Cambridge, MA: Westview Press, 2003), 34; Sexton: Kaufman and Gregoire, *Wired to Create*, 150. Churchill: quoted in his 1921 essay "Painting as a Pastime." Graham: quoted in her *Blood Memory: An Autobiography* (New York: Doubleday, 1991). Lowell: Patricia Bosworth, "A Poet's Pathologies: Inside

Robert Lowell's Restless Mind," *New York Times*, March 1, 2017. Close: Society for Neuroscience, "My Life as a Rolling Neurological Clinic," Dialogues between Neuroscience and Society, New Orleans, October 17, 2012, YouTube, https://www.youtube.com / watch?v=qWadil0W5GU, at 11:35. Winehouse: interview with *Spin* (2007), quoted in Zara, *Tortured Artists*, 200.

38. Ludwig van Beethoven, "Heiligenstadt Testament," October 6, 1802, in Maynard Solomon, *Beethoven*, 2nd rev. ed. (New York: Schirmer Books, 1998), 152; see also 144 for a facsimile of the document.

39. Author's translation from Paul Scudo, "Une Sonate de Beethoven," *Revue des Deux Mondes*, new series 15, no. 8 (1850): 94.

40. Mai, *Diagnosing Genius*; D. Jablow Hershman and Julian Lieb, "Beethoven," in *The Key to Genius: Manic-Depression and the Creative Life* (Buffalo, NY: Prometheus Books, 1988), 59–92; Solomon, *Beethoven*, see index under "mood swings" and "alcohol excesses" ; Leon Plantinga, author of *Beethoven's Concertos: History, Style, Performance* (1999), conversations with the author, March 7, 2017.

41. Beethoven, letter to Franz Wegeler, June 29, 1801, reproduced in Ludwig van Beethoven, *Beethoven: Letters, Journals and Conversations*, edited and translated by Michael Hamburger (Garden City, NY: Doubleday, 1960), 24.

42. Solomon, *Beethoven*, 158.

43. A point emphasized to me by the Beethoven scholar Leon Plantinga in a personal conversation, December 11, 2019.

44. Solomon, *Beethoven*, 161.

45. I owe my awareness of this issue to the kindness of Professor Caroline Robertson of Dartmouth College.

46. Caroline Robertson, "Creativity in the Brain: The Neurobiology of Autism and Prosopagnosia," lecture, Yale University, March 4, 2015.

47. Close, "My Life as a Rolling Neurological Clinic," at 46:00. See also Eric Kandel, *The Disordered Mind: What Unusual Brains Tell Us About Ourselves* (New York: Farrar, Straus and Giroux, 2018), 131.

48. Close, "My Life as a Rolling Neurological Clinic," at 28:20.

49. For an overview of the question of autistic savants, see Joseph Straus, "Idiots Savants, Retarded Savants, Talented Aments, Mono–Savants, Autistic Savants, Just Plain Savants, People with Savant Syndrome, and Autistic People Who Are Good at Things: A

View from Disability Studies," in *Disability Studies Quarterly* 34, no. 3 (2014), http://dsq-sds.org/article/view/3407/3640.

50. Oliver Sacks, *The River of Consciousness* (New York: Alfred A. Knopf, 2019), 142. See also Oliver Sacks, *An Anthropologist on Mars: Seven Paradoxical Tales* (New York: Vintage, 1995), 197–206; Kandel, *The Disordered Mind*, 152; Eric Kandel, *The Age of Insight: The Quest to Understand the Unconscious in Art, Mind, and Brain, from Vienna 1900 to the Present* (New York: Random House, 2012), 492–94.

51. Hans Asperger, "'Autistic Psychopathy' in Childhood," in *Autism and Asperger Syndrome*, edited by Ute Firth (Cambridge, UK: Cambridge University Press, 1991), 37–92. On this topic generally, see Ioan James, *Asperger's Syndrome and High Achievement: Some Very Remarkable People* (London: Jessica Kingsley, 2006), and Michael Fitzgerald, *Autism and Creativity: Is There a Link Between Autism in Men and Exceptional Ability?* (London: Routledge, 2004).

52. Many Things, *Robin Williams: Live on Broadway*, HBO, 2002, YouTube, www.youtube.com/watch?v=FS376sohiXc.

53. James Lipton, interview with Robin Williams, *Inside the Actors Studio*: 2001, www.dailymotion.com/video/x64ojf8.

54. ZoëKessler, "Robin Williams' Death Shocking? Yes and No," PsychCentral, August 28, 2014, https://blogs.psychcentral.com/adhd–zoe/2014/08/robin–williams–death–shocking–yes–and–no/.

55. Dave Itzkoff, *Robin* (New York: Henry Holt, 2018), 41.

56. See, e.g., johanna–khristina, "Celebrities with a History of ADHD or ADD," IMDb, March 27, 2012, https://www.imdb.com/list/ls004079795/; Kessler, "Robin Williams' Death Shocking?"

57. Leonard Mlodinow, "In Praise of A.D.H.D.," *New York Times*, March 17, 2018, https://www.nytimes.com/2018/03/17/opinion/sunday/praise–adhd–attention–hyperactivity.html; Scott Kaufman, "The Creative Gifts of ADHD," *Scientific American* (October 21, 2014), blogs.scientificamerican.com/beautiful–minds/2014/10/21/the–creative–gifts–of–adhd.

58. A. Golimstok, J. I. Rojas, M. Romano, et al., "Previous Adult Attention–Deficit and Hyperactivity Disorder Symptoms and Risk of Dementia with Lewy Bodies: A Case–Control Study," *European Journal of Neurology* 18, no. 1 (January 2011): 78–84, https://www.ncbi.nlm.nih.gov/pubmed/20491888. See also Susan Schneider Williams, "The Terrorist Inside

My Husband's Brain," *Neurology* 87 (2016): 1308–11, https://demystifyingmedicine. od.nih.gov/DM19/m04d30/reading02.pdf.

59. Jamison, *Touched with Fire*, 43.

60. Lisa Powell, "10 Things You Should Know About Jonathan Winters, the Area's Beloved Comic Genius," *Springfield News-Sun*, November 10, 2018, https://www. springfieldnewssun.com/news/local/things–you–should–know–about–jonathan–winters– the–area–beloved–comedic–genius/Dp5hazcCY9z2sBpVDfaQGI/.

61. Quoted in Dick Cavett, "Falling Stars," in *Time*: *Robin Williams* (November 2014): 28–30.

62. *Robin Williams*: *Live on Broadway*, 2002, YouTube, www.you tube.com/ watch?v=FS376sohiXc.

63. YouTube Movies, *Robin Williams*: *Come Inside My Mind*, HBO, January 20, 2019, YouTube, https://www.youtube.com/watch?v=6xrZBgP6NZo, at 1:08 and 1:53.

64. "The Hawking Paradox," *Horizon*, BBC, 2005, https://www.dailymotion.com/video/ x226awj, at 10:35.

65. Simon Baron–Cohen, quoted in Lizzie Buchen, "Scientists and Autism: When Geeks Meet," *Nature* (November 2, 2011), https://www.nature.com/news/2011/111102/ full/479025a.html; Judith Gould, quoted in Vanessa Thorpe, "Was Autism the Secret of Warhol's Art?," *Guardian*, March 13, 1999, https://www.the guardian.com/uk/1999/mar/14/ vanessathorpe.theobserver.

66. This was the question asked by the Scottish psychiatrist J. D. Laing. See Bob Mullan, *Mad to Be Normal*: *Conversations with J. D. Laing* (London: Free Association Books, 1995).

67. Martin Luther King, Jr., "1966 Ware Lecture: Don't Sleep Through the Revolution," speech delivered at the Unitarian Universalist Association General Assembly, Hollywood, Florida, May 18, 1966, https://www.uua.org/ga/past/1966/ware.

68. Motoko Rich, "Yayoi Kusama, Queen of Polka Dots, Opens Museum in Tokyo," *New York Times*, September 26, 2017, https:// www.nytimes.com/2017/09/26/arts/design/ yayoi–kusama–queen–of–polka–dots–museum–tokyo.html?mcubz=3&_r=0.

69. Itzkoff, *Robin*, 221–22.

70. Lewina O. Lee, Peter James, Emily S. Zevon, et al., "Optimism Is Associated with Exceptional Longevity in 2 Epidemiologic Cohorts of Men and Women," *Proceedings of the National Academy of Sciences of the United States of America* 116, no. 37 (August 26,

2019): 18357–62, https://www.pnas.org/content/116/37/18357.

71. "New Evidence That Optimists Live Longer," Harvard T. H. Chan School of Public Health, August 27, 2019, https://www.hsph.harvard.edu/news/features/new–evidence–that–optimists–live–longer/?utm_source=SilverpopMailing&utm_medium=email&utm_campaign=Daily%20Gazette%2020190830(2)%20(1).

72. Catherine Clifford, "This Favorite Saying of Mark Zuckerberg Reveals the Way the Facebook Billionaire Thinks About Life," CNBC Make It, November 30, 2017, https://cnbc/207/11/30/why–facebook–ceo–mark–zuckerberg–thinks–the–optimists–are–successful.html.

第 8 章　反叛者、异类和麻烦制造者

1. John Waller, *Einstein's Luck*: *The Truth Behind Some of the Greatest Scientific Discoveries* (Oxford, UK: Oxford University Press, 2002), 161.

2. David Wootton, *Galileo*: *Watcher of the Skies* (New Haven, CT: Yale University Press, 2010), 259.

3. Dennis Overbye, "Peering into Light's Graveyard: The First Image of a Black Hole," *New York Times*, April 11, 2019, https://www.nytimes.com/2019/04/10/science/black–hole–picture.html.

4. Jonathan Swift, *Essay on the Fates of Clergymen*, Forbes Quotes, https://www.forbes.com/quotes/5566/.

5. Recent research on this point is summarized in Jennifer S. Mueller, Shimul Melwani, and Jack A. Goncalo, "The Bias Against Creativity: Why People Desire but Reject Creative Ideas," *Psychological Science* 23, no. 1 (November 2011): 13–17, https://digitalcommons.ilr.cornell.edu/cgi/viewcontent.cgi?article=1457&context=articles.

6. Erik L. Wesby and V. L. Dawson, "Creativity: Asset or Burden in the Classroom?," *Creativity Research Journal* 8, no. 1 (1995): 1–10, https://www.tandfonline.com/doi/abs/10.1207/s15326934 crj0801_1.

7. Amanda Ripley, "Gifted and Talented and Complicated," *New York Times*, January 17, 2018, https://www.nytimes.com/2018/01/17/books/review/off–the–charts–ann–hulbert.html.

8. Wootton, Galileo, 218.

9. Ibid., 145–47.

10. Ibid., 222–23.

11. Printed with English translations in Eric Metaxas, *Martin Luther: The Man Who Rediscovered God and Changed the World* (New York: Viking, 2017), 115–22.

12. Ibid., 104.

13. On Luther's escape from Augsburg and Worms, see ibid., 231–36.

14. Ibid., 113.

15. Martin Luther, *Luther's Works*, vol. 32, edited by George W. Forell (Philadelphia and St. Louis: Concordia Publishing House, 1957), 113.

16. On Darwin and the subversion of God, see Janet Browne, *Charles Darwin: Voyaging* (Princeton, NJ: Princeton University Press, 1995), 324–27.

17. Quoted in Walter Isaacson, *Albert Einstein: His Life and Universe* (New York: Simon & Schuster, 2007), 527.

18. Steve Jobs, *I, Steve: Steve Jobs in His Own Words*, edited by George Beahm (Chicago: Agate, 2012), 75.

19. The Art Channel, *Andy Warhol: A Documentary Film*, pt. 2, directed by Ric Burns, PBS, 2006, YouTube, https://www.youtube.com/watch?v=r47Nk4o08pI&t=5904s.

20. Bob Colacello, *Holy Terror: Andy Warhol Close Up*, 2nd ed. (New York: Random House, 2014), xxiv.

21. Ibid., xiii.

22. Quoted in Cameron M. Ford and Dennis A. Gioia, eds., *Creative Action in Organizations: Ivory Tower Visions and Real World Voices* (Thousand Oaks, CA: Sage Publications, 1995), 162.

23. Ryan Riddle, "Steve Jobs and NeXT: You've Got to Be Willing to Crash and Burn," Zurb, February 10, 2012, https://zurb.com/blog/steve-jobs-and-next-you-ve-got-to-be-will.

24. A biography of Harriet Tubman, *Scenes in the Life of Harriet Tubman*, was published by Sarah Hopkins Bradford as early as 1869. A recent scholarly biography is Kate Clifford Larson, *Bound for the Promised Land: Harriet Tubman: Portrait of an American Hero* (New York: Random House, 2004).

25. The obituary is printed in Becket Adams, "103 Years Later, Harriet Tubman Gets Her Due from the New York Times," *Washington Examiner* (April 20, 2016), https://www.washingtonexaminer.com/103-years-later-harriet-tubman-gets-her-due-from-the-new-york-times.

26. See Jennifer Schuessler, Binyamin Appelbaum, and Wesley Morris, "Tubman's In. Jackson's Out. What's It Mean?," *New York Times*, April 20, 2016, https://www.nytimes.com/2016/04/21/arts/design/tubmans-in-jacksons-out-whats-it-mean.html?mtrref=query.nytimes.com.

27. Will Ellsworth-Jones, *Banksy: The Man Behind the Wall* (New York: St. Martin's Press, 2012), 14–16; Banksy, *Wall and Piece* (London: Random House, 2005), 178–79.

28. Hermione Sylvester and Ashleigh Kane, "Five of Banksy's Most Infamous Pranks," Dazed, October 9, 2018, https://www.dazed digital.com/art-photography/article/41743/1/banksy-girl-with-balloon-painting-pranks-sotherbys-london.

29. Christina Burrus, "The Life of Frida Kahlo," in *Frida Kahlo*, edited by Emma Dexter and Tanya Barson (London: Tate, 2005), 200–201.

30. Andrea Kettenmann, *Kahlo* (Cologne: Taschen, 2016), 85.

31. Christina Burrus, *Frida Kahlo: I Paint My Reality* (London: Thames and Hudson, 2008), 206.

32. Frida Kahlo, *Pocket Frida Kahlo Wisdom* (London: Hardie Grant, 2018), 78.

33. Nikki Martinez, "90 Frida Kahlo Quotes for Strength and Inspiration," Everyday Power, https://everydaypower.com/frida-kahlo-quotes/.

34. Oprah Winfrey, *Own It: Oprah Winfrey in Her Own Words*, edited by Anjali Becker and Jeanne Engelmann (Chicago: Agate, 2017), 35.

35. Randall Stross, *The Wizard of Menlo Park: How Thomas Alva Edison Invented the Modern World* (New York: Random House, 2007), 28.

36. "Edison's New Phonograph," *Scientific American* (October 29, 1887), 273; reproduced in Thomas Edison, *The Quotable Edison*, edited by Michele Wehrwein Albion (Gainesville: University of Florida Press, 2011), 7.

37. Rich Winley, "Entrepreneurs: 5 Things We Can Learn from Elon Musk," Forbes (October 8, 2015), https://www.forbes.com/sites/richwinley/2015/10/08/entrepreneurs-5-things-we-can-learn-from-elon-musk/#24b3688c4098.

38. Jeff Bezos, "Read Jeff Bezos's 2018 Letter to Amazon Shareholders," *Entrepreneur* (April 11, 2019), https://www.entrepreneur.com/article/332101.

39. Jobs, I, Steve, 63.

40. J. K. Rowling, *Very Good Lives: The Fringe Benefits of Failure and the Importance of Imagination* (New York: Little, Brown, 2015), 9.

41. Ibid., 32, 37.

42. Sean Smith, *J. K. Rowling: A Biography*: *The Genius Behind Harry Potter* (London: Michael O'Mara Books, 2001), 122.

43. Alex Carter, "17 Famous Authors and Their Rejections," Mental Floss, May 16, 2017, http://mentalfloss.com/article/91169/16–famous–authors–and–their–rejections.

44. Testimony of fellow student Victor Hageman as recorded in Louis Pierard, *La Vie tragique de Vincent van Gogh* (Paris: Correa & Cie, 1939), 155–59, http://www.webexhibits.org/vangogh/data/letters/16/etc–458a.htm.

45. See, e.g., Andrea Petersen, "The Overprotected American Child," *Wall Street Journal*, June 2–3, 2018, https://www.wsj.com/articles/the–overprotected–american–child–1527865038.

46. Among college students surveyed by the American College Health Association, 21.6% reported that they had been diagnosed with or treated for anxiety problems during the previous year (2017), up from 10.4% in a 2008 survey. Ibid.

47. Christopher Ingraham, "There Has Never Been a Safer Time to Be a Kid in America," *Washington Post*, April 14, 2015, https://www.washingtonpost.com/news/wonk/wp/2015/04/14/theres–never–been–a–safer–time–to–be–a–kid–in–america/; "Homicide Trends in the United States, 1980–2008," U.S. Department of Justice, November 2011, https://www.bjs.gov/content/pub/pdf /htus8008.pdf; Swapna Venugopal Ramaswamy, "Schools Take on Helicopter Parenting with Free–Range Program Taken from 'World's Worst Mom,'" *Rockland/Westchester Journal News*, September 4, 2018, https://www.usatoday.com/story/life/allthe moms/2018/09/04/schools–adopt–let–grow–free–range–program–combat–helicopter–parenting/1191482002/.

48. Libby Copeland, "The Criminalization of Parenthood," *New York Times*, August 26, 2018, https://www.nytimes.com/2018/08/22/books/review/small–animals–kim–brooks.html.

49. Nim Tottenham, Mor Shapiro, Jessica Flannery, et al., "Parental Presence Switches Avoidance to Attraction Learning in Children," *Nature Human Behaviour* 3, no. 7 (2019): 1070–77.

50. See Hanna Rosin, "The Overprotected Kid," *The Atlantic* (April 2014), https://www.theatlantic.com/magazine/archive/2014/04/hey–parents–leave–those–kids–alone/358631/.

第9章 跨界思维：做有好奇天性的狐狸

1. Samuel Johnson, *The Works of Samuel Johnson*, vol. 2, edited by Arthur Murray (New York: Oxford University Press, 1842), 3.

2. Leonardo da Vinci, *A Treatise on Painting*, translated by John Francis Rigaud (London: George Bell, 2005 [1887]), 10.

3. Albert Einstein, letter to David Hilbert, November 12, 1915, as quoted in Walter Isaacson, *Einstein: His Life and Universe* (New York: Simon & Schuster, 2007), 217.

4. Carl Swanson and Katie Van Syckle, "Lady Gaga: The Young Artist Award Is the Most Meaningful of Her Life," *New York* (October 20, 2015), http://www.vulture.com/2015/10/read-lady-gagas-speech-about-art.html.

5. From an interview in *Entertainment Weekly* quoted in Helia Phoenix, Lady Gaga: *Just Dance: The Biography* (London: Orion, 2010), 19.

6. Kevin Zimmerman, "Lady Gaga Delivers Dynamic Dance-Pop," BMI, December 10, 2008, https://www.bmi.com/news/entry/lady_gaga_delivers_dynamic_dance_pop.

7. Jessica Iredale, "Lady Gaga: 'I'm Every Icon,'" *WWD*, July 28, 2013, https://wwd.com/eye/other/lady-gaga-im-every-icon-7068388/.

8. Benjamin Franklin, "Proposals Relating to the Education of Youth in Pennsylvania," September 13, 1749, reprinted in Franklin, *The Papers of Benjamin Franklin*, vol. 3, 404, https://franklinpapers.org/framedVolumes.jsp. What follows is drawn from this source, 401–17. See also Franklin's earlier broadside "A Proposal for Promoting Useful Knowledge," May 14, 1743.

9. C. Custer, "Jack Ma: 'What I Told My Son About Education,'" Tech in Asia, May 13, 2015, https://www.techinasia.com/jack-ma-what-told-son-education.

10. Abby Jackson, "Cuban: Don't Go to School for Finance—Liberal Arts Is the Future," Business Insider, February 17, 2017, https://www.businessinsider.com/mark-cuban-liberal-arts-is-the-future-2017-2.

11. Rebecca Mead, "All About the Hamiltons," *The New Yorker* (February 9, 2015), https://www.newyorker.com/magazine/2015/02/09/hamiltons.

12. Todd Haselton, "Here's Jeff Bezos's Annual Shareholder Letter," CNBC, April 11, 2019, https://www.cnbc.com/2019/04/11/jeff-bezos-annual-shareholder-letter.html.

13. Interview with Tim Berners-Lee, Academy of Achievement, June 22, 2007, quoted in Walter Isaacson, *The Innovators: How a Group of Hackers, Geniuses, and Geeks*

Created the Digital Revolution (New York: Simon & Schuster, 2014), 408.

14. Isaacson, *Einstein*, 67.

15. From Nabokov's 1974 novel *Look at the Harlequins!*, in "Genius: Seeing Things That Others Don't See. Or Rather the Invisible Links Between Things," Quote Investigator, May 11, 2018, https://quoteinvestigator.com/2018/05/11/on–genius/.

16. Gary Wolf, "Steve Jobs: The Next Insanely Great Thing," *Wired* (February 1, 1996), https://www.wired.com/1996/02/jobs–2/.

17. Matt Rosoff, "The Only Reason the Mac Looks like It Does," Business Insider, March 8, 2016, https://www.businessinsider.sg/robert–palladino–calligraphy–class–inspired–steve–jobs–2016–3/.

18. Walter Isaacson, *Steve Jobs* (New York: Simon & Schuster, 2011), 64–65.

19. Aristotle, *The Poetics of Aristotle*, XXII, translated by S. H. Butcher, Project Gutenberg, https://www.gutenberg.org/files/1974/1974–h/1974–h.htm.

20. Quoted in David Epstein, *Range: Why Generalists Triumph in a Specialized World* (New York: Random House, 2019), 103.

21. See, e.g., Leah Barbour, "MSU Research: Effective Arts Integration Improves Test Scores," Mississippi State Newsroom, 2013, https://www.newsarchive.msstate.edu/newsroom/article/2013/10/msu–research–effective–arts–integration–improves–test–scores; Brian Kisida and Daniel H. Bowen, "New Evidence of the Benefits of Arts Education," Brookings, February 12, 2019, https://www.brookings.edu/blog/brown–center–chalkboard/2019/02/12/new–evidence–of–the–benefits–of–arts–education/; and Tom Jacobs, "New Evidence of Mental Benefits from Music Training," *Pacific Standard*, June 14, 2017, https://psmag.com/social–justice/new–evidence–brain–benefits–music–training–83761.

22. Samuel G. B. Johnson and Stefan Steinerberger, "Intuitions About Mathematical Beauty: A Case Study in the Aesthetic Experience of Ideas," *Cognition* 189 (August 2019): 242–59, https://www.ncbi.nlm.nih.gov/pubmed/31015078.

23. Barry Parker, *Einstein: The Passions of a Scientist* (Amherst, NY: Prometheus Books, 2003), 13.

24. For a complete treatment of the subject, see Wright, "Mozart and Math," available at the author's website.

25. Friedrich Schlichtegroll, *Necrolog auf das Jahr* 1791, in Franz Xaver Niemetschek, *Vie de W. A. Mozart*, edited and translated by Georges Favier (Paris:

CIERCE, 1976), 126, surely reporting information acquired from Nannerl.

26. Peter Bucky, *The Private Albert Einstein* (Kansas City, MO: Andrews McMeel, 1992), 156.

27. Donald W. MacKinnon, "Creativity: A Multi–faceted Phenomenon," paper presented at Gustavus Adolphus College, 1970, https://webspace.ringling.edu/~ccjones/curricula/01–02/sophcd/readings/creativity.html.

28. Jack Flam, *Matisse and Picasso: The Story of Their Rivalry and Friendship* (Cambridge, MA: Westview Press, 2018), 33–39.

29. Ibid., 34.

30. "Copyright, Permissions, and Fair Use in the Visual Arts Communities: An Issues Report," Center for Media and Social Impact, February 2015, https://cmsimpact.org/resource/copyright–permissions–fair–use–visual–arts–communities–issues–report/; "Fair Use," in *Copyright & Fair Use*, Stanford University Libraries, 2019, https://fairuse.stanford.edu/overview/fair–use/.

31. On the state of thinking regarding human evolution prior to Darwin, see in particular Janet Browne, *Darwin: Voyaging* (Princeton, NJ: Princeton University Press, 1995), chap. 16.

32. On this point, see Steven Johnson, *Where Good Ideas Come From* (New York: Riverhead, 2010), 80–82.

33. Charles Darwin, *The Autobiography of Charles Darwin*, edited by Nora Barlow (New York: W. W. Norton, 2005), 98.

34. As posited in Charles Darwin, *On the Origin of Species by Means of Natural Selection* (London: Taylor and Francis, 1859), introduction.

35. Browne, *Darwin*, 227.

36. Among many treatments of this topic, see "Thomas Edison: 'The Wizard of Menlo Park,'" chap. 3 in Jill Jonnes, *Empires of Light: Edison, Tesla, Westinghouse, and The Race to Electrify the World* (New York: Random House, 2003).

37. Paul Israel, *Edison: A Life of Invention* (New York: John Wiley & Sons, 1999), 208–11.

38. David Robson, *The Intelligence Trap: Why Smart People Make Dumb Mistakes* (New York: W. W. Norton, 2019), 75.

39. Donald W. MacKinnon, "Creativity: A Multi–faceted Phenomenon," paper presented at Gustavus Augustus College, 1970, https://webspace.ringling.edu/~ccjones/

curricula/01–02/sophcd/readings/creativity.html.

40. Quoted in Margaret Cheney, *Tesla: Man Out of Time* (Mattituck, NY: Amereon House, 1981), 268.

41. Daniel Kahneman, *Thinking, Fast and Slow* (New York: Farrar, Straus and Giroux, 2011), 216–20.

42. Research summarized in Epstein, *Range*, 107–9.

43. For this and the following statement, see Robert Root–Bernstein, Lindsay Allen, Leighanna Beach, et al., "Arts Foster Scientific Success: Avocations of Nobel, National Academy, Royal Society, and Sigma Xi Members," *Journal of Psychology of Science and Technology* 1, no. 2 (2008): 51–63, https://www.researchgate.net/publication/247857346_Arts_Foster_Scientific_Success_Avocations_of_Nobel_National_Academy_Royal_Society_and_Sigma_Xi_Members; and Robert S. Root–Bernstein, Maurine Bernstein, and Helen Garnier, "Correlations Between Avocations, Scientific Style, Work Habits, and Professional Impact of Scientists," *Creativity Research Journal* 8, no. 2 (1995): 115–37, https://www.tandfonline.com/doi/abs/10.1207/s15326934crj0802_2.

44. Patricia Cohen, "A Rising Call to Promote STEM Education and Cut Liberal Arts Funding," *New York Times*, February 21, 2016, https://www.nytimes.com/2016/02/22/business/a–rising–call–to–promote–stem–education–and–cut–liberal–arts–funding.html. See also Adam Harris, "The Liberal Arts May Not Survive the 21st Century," *The Atlantic* (December 13, 2018), https://www.the atlantic.com/education/archive/2018/12/the–liberal–arts–may–not–survive–the–21st–century/577876/; and "New Rules for Student Loans: Matching a Career to Debt Repayment," LendKey, September 1, 2015, https://www.lendkey.com/blog/paying–for–school/new–rules–for–student–loans–matching–a–career–to–debt–repayment/.

45. Frank Bruni, "Aristotle's Wrongful Death," *New York Times*, May 26, 2018, https://www.nytimes.com/2018/05/26/opinion/sunday/college–majors–liberal–arts.html.

46. Scott Jaschik, "Obama vs. Art History," Inside Higher Ed, January 31, 2014, https://www.insidehighered.com/news/2014/01/31/obama–becomes–latest–politician–criticize–liberal–arts–discipline.

47. Tad Friend, "Why Ageism Never Gets Old," *The New Yorker* (November 20, 2017), https://www.newyorker.com/magazine/2017/11/20/why–ageism–never–gets–old.

48. Alina Tugent, "Endless School," *New York Times*, October 13, 2019, https://www.nytimes.com/2019/10/10/education/learning/60–year–curriculum–higher–education.

html; author's conversation with Christopher Wright, director of strategic partnerships, 2U, December 17, 2019.

49. Steve Jobs, *I, Steve: Steve Jobs in His Own Words*, edited by George Beahm (Agate: Chicago, 2011), 73.

50. Albert Einstein, *Ideas and Opinions* (New York: Crown, 1982), 69.

第 10 章　逆向思考

1. "NASA Announces Launch Date and Milestones for SpaceX Flight," December 9, 2011, https://www.nasa.gov/home/hqnews/2011/dec/HQ_11-413_SpaceX_ISS_Flight.html.

2. Mariella Moon, "SpaceX Is Saving a Ton of Money by Re-using Falcon 9 Rockets," Engadget, April 6, 2017, https://www.engadget.com/2017/04/06/spacex-is-saving-a-ton-of-money-by-re-using-falcon-9-rockets/.

3. Quoted in Elon Musk, *Rocket Man: Elon Musk in His Own Words*, edited by Jessica Easto (Chicago: Agate, 2017), 16.

4. For a discussion of left-handed persons and creativity, see Dean Keith Simonton, *Greatness: Who Makes History and Why* (New York: Guilford Press, 1994), 20–24.

5. I am indebted to the late David Rosand for introducing me to the mirror images present in many of Leonardo's drawings. See his *Drawing Acts: Studies in Graphic Representation and Expression* (Cambridge, UK: Cambridge University Press, 2002).

6. Bronwyn Hemus, "Understanding the Essentials of Writing a Murder Mystery," Standout Books, May 5, 2014, https://www.standoutbooks.com/essentials-writing-murder-mystery/.

7. Bruce Hale, "Writing Tip: Plotting Backwards," Booker's Blog, March 24, 2012, https://talltalestogo.wordpress.com/2012/03/24/writing_tip_plotting_backwards/.

8. Kip Thorne, *Black Holes and Time Warps: Einstein's Outrageous Legacy* (New York: W. W. Norton, 1994), 147.

9. Quoted in David M. Harrison, "Complementarity and the Copenhagen Interpretation of Quantum Mechanics," UPSCALE, October 7, 2002, https://www.scribd.com/document/166550158/Physics-Complementarity-and-Copenhagen-Interpretation-of-Quantum-Mechanics.

10. Albert Rothenberg, *Creativity and Madness: New Findings and Old Stereotypes* (Baltimore: Johns Hopkins University Press, 1990), 14.

11. Author's translation from Albert Einstein, *The Collected Papers of Albert Einstein*, vol. 7: *The Berlin Years: Writings*, 1918—1921, edited by Michael Janssen, Robert Schulmann, József Illy, et al., document 31: "Fundamental Ideas and Methods of the Theory of Relativity, Presented in Their Development," II: "The Theory of General Relativity," https://einsteinpapers.press.princeton.edu/vol7–doc/293, 245.

12. Albert Rothenberg, *Flight from Wonder: An Investigation of Scientific Creativity* (Oxford, UK: Oxford University Press, 2015), 28–29.

13. Cade Metz, "Google Claims a Quantum Breakthrough That Could Change Computing," *New York Times*, October 23, 2019, https://www.nytimes.com/2019/10/23/technology/quantum–computing–google.html.

14. Elon Musk, "The Secret Tesla Motors Master Plan (Just Between You and Me)," Tesla, August 2, 2006, https:/www.tesla.com/blog/secret–tesla–motors–master–plan–just–between–you–and–me.

15. Franklin Foer, "Jeff Bezos's Master Plan," *The Atlantic* (November 2019), https://www.theatlantic.com/magazine/archive/2019/11/what–jeff–bezos–wants/598363/.

16. Jeff Bezos, *First Mover: Jeff Bezos in His Own Words*, edited by Helena Hunt (Chicago: Agate, 2018), 95.

17. Quoted in Foer, "Jeff Bezos's Master Plan."

18. Rothenberg, *Creativity and Madness*, 25.

19. Martin Luther King, Jr., "I Have a Dream," "Great Speeches of the Twentieth Century," *Guardian*, April 27, 2007, https://www.theguardian.com/theguardian/2007/apr/28/greatspeeches.

20. Bradley J. Adame, "Training in the Mitigation of Anchoring Bias: A Test of the Consider–the–Opposite Strategy," *Learning and Motivation* 53 (February 2016): 36–48, https://www.sciencedirect.com/science/article/abs/pii/S0023969015000739?via%3Dihub.

第 11 章　越努力练习，越幸运

1. First published in *Harper's Magazine* (December 1904): 10; reprinted in John Cooley, ed., *How Nancy Jackson Married Kate Wilson and Other Tales of Rebellious Girls and Daring Young Women* (Lincoln, NE: University of Nebraska Press, 2001), 209.

2. "The Harder I Practice, the Luckier I Get," Quote Investigator, https://quoteinvestigator.com/2010/07/14/luck/. I owe my knowledge of this quote to the kindness

of Clark Baxter.

3. Frances Wood, "Why Does China Love Shakespeare?," *Guardian*, June 28, 2011, https://www.theguardian.com/commentisfree/2011/jun/28/china–shakespeare–wen–jiabao–visit.

4. Quoted in Noah Charney, *The Thefts of the Mona Lisa: On Stealing the World's Most Famous Painting* (Columbia, SC: ARCA Publications, 2011).

5. Evan Andrews, "The Heist That Made the Mona Lisa Famous," History, November 30, 2018, https://www.history.com/news/the–heist–that–made–the–mona–lisa–famous.

6. Charney, *The Thefts of the Mona Lisa*, 74.

7. Quoted in the introduction to James D. Watson and Francis Crick, "Molecular Structure of Nucleic Acids: A Structure for Deoxyribose Nucleic Acid," *Nature* 171, no. 4356 (April 25,1953): 737–38, in The Francis Crick Papers, U.S. National Library of Medicine, https://profiles.nlm.nih.gov/spotlight/sc/catalog/nlm:nlmuid–101584582X381–doc.

8. Reprinted with facsimile in James D. Watson, *The Double Helix: A Personal Account of the Discovery of the Structure of DNA*, edited by Gunther S. Stent (New York: W. W. Norton, 1980), 237–41.

9. On Pauling's error, see Linus Pauling, "The Molecular Basis of Biological Specificity," reproduced in ibid., 152.

10. Ibid., 105; Robert Olby, *The Path to the Double Helix: The Discovery of DNA* (New York: Dover, 1994), 402–3.

11. Watson, *The Double Helix*, 14.

12. "Statutes of the Nobel Foundation," The Nobel Prize, https://www.nobelprize.org/about/statutes–of–the–nobel–foundation/.

13. For an update on the odds of winning the Nobel for CRISPR, see Amy Dockser Marcus, "Science Prizes Add Intrigue to the Race for the Nobel," *Wall Street Journal*, June 1, 2018, https://www.wsj.com/articles/science–prizes–add–intrigue–to–the–race–for–the–nobel–1527870861.

14. Author's translation from Louis Pasteur, inaugural address, Faculty of Sciences, University of Lille, December 7, 1854, Gallica Biblioth è que Numérique, https://upload.wikimedia.org/wikipedia/commons/6/62/Louis_Pasteur_Universit%C3%A9_de_Lille_1854–1857_dans_les_champs_de_l%27observation_le_hasard_ne_favorise_que_les_esprits_pr%C3%A9par%C3%A9s.pdf.

15. John Waller, *Einstein's Luck: The Truth Behind the Greatest Scientific Discoveries* (Oxford, UK: Oxford University Press, 2002), 247.

16. Upon his appointment as prime minister, May 10, 1940, in Winston Churchill, *The Second World War*, vol. 1: *The Gathering Storm* (1948), quoted in "Summer 1940: Churchill's Finest Hour," International Churchill Society, https://winstonchurchill.org/the-life-of-churchill/war-leader/summer-1940/.

17. Waller, *Einstein's Luck*, 249.

18. Kevin Brown, *Penicillin Man: Alexander Fleming and the Antibiotic Revolution* (London: Sutton, 2005), 102.

19. Ibid., 120.

20. Mark Zuckerberg, *Mark Zuckerberg: In His Own Words*, edited by George Beahm (Chicago: Agate, 2018), 1.

21. Ben Mezrich, *The Accidental Billionaires: The Founding of Facebook: A Tale of Sex, Money, Genius, and Betrayal* (New York: Random House, 2010), 45.

22. Katharine A. Kaplan, "Facemash Creator Survives Ad Board," *Harvard Crimson*, November 19, 2003, https://www.thecrimson.com/article/2003/11/19/facemash-creator-survives-ad-board-the/.

23. Mezrich, *The Accidental Billionaires*, 105.

24. Roger McNamee, *Zucked: Waking Up to the Facebook Catastrophe* (New York: Random House, 2019), 54; David Enrich, "Spend Some Time with the Winklevii," *New York Times*, May 21, 2019, https://www.nytimes.com/2019/05/21/books/review/ben-mezrich-bitcoin-billionaires.html?searchResult Position=5.

25. Farhad Manjoo, "How Mark Zuckerberg Became Too Big to Fail," *New York Times*, November 1, 2018, https://www.nytimes.com/2018/11/01/technology/mark-zuckerberg-facebook.html.

26. Mezrich, *The Accidental Billionaires*, 108.

27. Zuckerberg, *Mark Zuckerberg*, 46.

28. Oprah Winfrey, *Own It: Oprah Winfrey in Her Own Words*, edited by Anjali Becker and Jeanne Engelmann (Chicago: Agate, 2017), 7.

29. Yayoi Kusama, *Infinity Net: The Autobiography of Yayoi Kusama* (London: Tate Publishing, 2011), 77.

30. Vincent van Gogh, letter to Theo, January 12–16, 1886, Vincent van Gogh: The Letters, http://vangoghletters.org/vg/letters/let552/letter.html.

31. Both quotes in *Paris: The Luminous Years: Towards the Making of the Modern*, written, produced, and directed by Perry Miller Adato, PBS, 2010, at 0:40 and 1:10.

32. Eric Weiner, *The Genius of Geography* (New York: Simon & Schuster, 2016), 167.

33. Quoted in Dan Hofstadter, "'The Europeans' Review: Engines of Progress," *Wall Street Journal*, October 18, 2019, https://www.wsj.com/articles/the-europeans-review-engines-of-progress-11571409900.

34. James Wood, *Dictionary of Quotations from Ancient and Modern, English and Foreign Sources* (London: Wame, 1893), 120.

35. Richard Florida and Karen M. King, "Rise of the Global Startup City: The Geography of Venture Capital Investment in Cities and Metros Across the Globe," Martin Prosperity Institute, January 26, 2016, http://martinprosperity.org/content/rise-of-the-global-startup-city/.

第12章　迅速行动，破旧立新

1. Quoted in Mary Dearborn, *Ernest Hemingway: A Biography* (New York: Vintage, 2018), 475.

2. Albert Einstein, *Ideas and Opinions* (New York: Random House, 1982), 12.

3. Author's translation and paraphrase of the original French. See also Edmond and Jules de Goncourt, *Pages from the Goncourt Journals*, edited and translated by Robert Baldick (Oxford, UK: Oxford University Press, 1962), 100.

4. Oprah Winfrey, *Own It: Oprah Winfrey in Her Own Words*, edited by Anjali Becker and Jeanne Engelmann (Chicago: Agate, 2017), 65.

5. Quoted in Andrew Ross Sorkin, "Tesla's Elon Musk May Have Boldest Pay Plan in Corporate History," *New York Times*, January 23, 2018, https://www.nytimes.com/2018/01/23/business /dealbook/tesla-elon-musk-pay.html/.

6. David Kiley, "Former Employees Talk About What Makes Elon Musk Tick," *Forbes* (July 14, 2016), https://www.forbes.com/sites/davidkiley5/2016/07/14/former-employees-talk-about-what-makes-elon-musk-tick/#a48d8e94514e; "What Is It Like to Work with/ for Elon Musk?," Quora, https://www.quora.com/What-is-it-like-to-work-with-for-Elon-Musk.

7. Mark Zuckerberg, *Mark Zuckerberg: In His Own Words*, edited by George Beahm (Chicago: Agate, 2018), 189.

8. Joseph Schumpeter, *Capitalism, Socialism and Democracy*, 3rd ed. (New York: Harper, 1962), chap. 11.

9. Alan Greenspan and Adrian Wooldridge, *Capitalism in America: A History* (New York: Random House, 2018), 420–21.

10. Zaphrin Lasker, "Steve Jobs: Create. Disrupt. Destroy," *Forbes* (June 14, 2011), https://www.forbes.com/sites/marketshare/2011/06/14/steve–jobs–create–disrupt–destroy/#6276e77f531c.

11. Joe Nocera, "Apple's Culture of Secrecy," *New York Times*, July 26, 2008, https://www.nytimes.com/2008/07/26/business/26nocera.html.

12. Quoted in Walter Isaacson, *Steve Jobs* (New York: Simon & Schuster, 2011), 124.

13. Dylan Love, "16 Examples of Steve Jobs Being a Huge Jerk," Business Insider, October 25, 2011, https://www.businessinsider.com/steve–jobs–jerk–2011–10#everything–youve–ever–done–in–your–life–is–shit–5.

14. Isaacson, *Steve Jobs*, 122–23.

15. See, e.g., the story of Steve Jobs and freshly squeezed orange juice in Nick Bilton, "What Steve Jobs Taught Me About Being a Son and a Father," *New York Times*, August 7, 2015, https://www.ny times.com/2015/08/07/fashion/mens–style/what–steve–jobs–taught–me–about–being–a–son–and–a–father.html.

16. This and the following quote are from Nellie Bowles, "In 'Small Fry,' Steve Jobs Comes Across as a Jerk. His Daughter Forgives Him. Should We?," *New York Times*, August 23, 2018, https://www.nytimes.com/2018/08/23/books/steve–jobs–lisa–brennan–jobs–small–fry.html.

17. Quoted in Isaacson, *Steve Jobs*, 32.

18. Quoted in ibid., 119.

19. Kevin Lynch, *Steve Jobs: A Biographical Portrait* (London: White Lion, 2018), 73.

20. "On Thomas Edison and Beatrix Potter," *Washington Times*, April 7, 2007, https://www.washingtontimes.com/news/2007/apr/7/20070407–095754–2338r/.

21. "Thomas A. Edison," *The Christian Herald and Signs of Our Times*, July 25, 1888, http://edison.rutgers.edu/digital/files/full size/fp/fp0285.jpg. See also Randall Stross, *The Wizard of Menlo Park: How Thomas Alva Edison Invented the Modern World* (New York: Random House, 2007), 15–16.

22. Neil Baldwin, *Edison: Inventing the Century* (Chicago: University of Chicago Press, 2001), 60.

23. Stross, *The Wizard of Menlo Park*, 174.

24. Much of the information is drawn from Michael Daly, *Topsy: The Startling Story of the Crooked-Tailed Elephant, P. T. Barnum, and the American Wizard, Thomas Edison* (New York: Grove Press, 2013), chap. 26.

25. James Gleick, *Isaac Newton* (New York: Random House, 2003), 169–70.

26. The relationship between the color spectrum and the harmonic series in music is a good example. See Penelope Gouk, "The Harmonic Roots of Newtonian Science," in *Let Newton Be!: A New Perspective on his Life and Works*, edited by John Fauvel, Raymond Flood, Michael Shortland, and Robin Wilson (Oxford, UK: Oxford University Press, 1988), 101–26.

27. Sheldon Lee Glashow, "The Errors and Animadversions of Honest Isaac Newton," *Contributions to Science* 4, no. 1 (2008): 105–10.

28. Quoted in ibid., 105.

29. Stephen Hawking, *A Brief History of Time* (New York: Bantam Books, 1998), 196.

30. Walter Isaacson, *Einstein: His Life and Universe* (New York: Simon & Schuster, 2007), 174–75.

31. Albert Einstein, *Ideas and Opinions* (New York: Crown, 1982), 9.

32. Stross, *The Wizard of Menlo Park*, 81.

33. Quoted in Scott Barry Kaufman and Carolyn Gregoire, *Wired to Create: Unraveling the Mysteries of the Creative Mind* (New York: Random House, 2016), 122.

34. Ludwig van Beethoven, letter to Franz Wegeler, June 29, 1801, in *Beethoven: Letters, Journals and Conversations*, edited and translated by Michael Hamburger (Garden City: Doubleday, 1960), 25.

35. Thomas Alva Edison, *The Diary and Sundry Observations of Thomas Alva Edison*, edited by Dagobert D. Runes (New York: Greenwood, 1968), 110.

36. Sam Bush, "Faulkner as a Father: Do Great Novelists Make Bad Parents?," Mockingbird, July 31, 2013, https://www.mbird.com/2013/07/faulkner–as–a–father–do–great–novelists–make–bad–parents/.

37. Otto Erich Deutsch, *Mozart: A Documentary Biography*, translated by Eric Blom, Peter Branscombe, and Jeremy Noble (Stanford, CA: Stanford University Press, 1965), 423.

38. Maria Anna Mozart, letter to Friedrich Schlichtegroll, 1800, translated from *Mozart-Jahrbuch* (Salzburg: Internationale Stiftung Mozarteum, 1995), 164.

39. Quoted in Dave Itzkoff, *Robin* (New York: Henry Holt, 2018), 354.

40. Keith Caulfield, "Michael Jackson Sales, Streaming Decline After 'Leaving Neverland' Broadcast," *The Hollywood Reporter*, March 8, 2019, https://www. hollywoodreporter.com/news/michael–jacksons–sales–streaming–decline–leaving– neverland–1193509.

41. Emma Goldberg, "Do Works by Men Implicated by #MeToo Belong in the Classroom?," *New York Times*, October 7, 2019, https://www.nytimes.com/2019/10/07/us/ metoo–schools.html.

42. Farah Nayeri, "Is It Time Gauguin Got Canceled?," *New York Times*, November 18, 2019, https://www.nytimes.com/2019/11/18/arts/design/gauguin–national–gallery– london.html.

43. Robin Pogrebin and Jennifer Schuessler, "Chuck Close Is Accused of Harassment. Should His Artwork Carry an Asterisk?," *New York Times*, January 28, 2018, https://www. nytimes.com/2018/01/28/arts/design/chuck–close–exhibit–harassment–accusations.html.

44. Lionel Trilling, *Beyond Culture: Essays on Literature and Learning* (New York: Viking, 1965), 11.

45. Arianna Stassinopoulos Huffington, *Picasso: Creator and Destroyer* (New York: Simon & Schuster, 1988), 234.

46. Françoise Gilot and Carlton Lake, *Life with Picasso* (New York: McGraw–Hill, 1964), 77.

47. Ibid., 326.

48. Author's translation from Pierre Cabanne, quoting Marie–Thérèse Walter, in "Picasso et les joies de la paternité," *L'Oeil: Revue d'Art* 226 (May 1974): 7.

49. Gilot and Lake, *Life with Picasso*, 42.

50. Huffington, *Picasso*, 345.

51. Gilot and Lake, *Life with Picasso*, 77.

52. Henry Blodget, "Mark Zuckerberg on Innovation," Business Insider, October 1, 2009, https://www.businessinsider.com/mark–zuckerberg–innovation–2009–10.

53. Brainyquote, https://www.brainyquote.com/authors/margaret_atwood. The quote appears to be a compilation of phrases taken from Maddie Crum, "A Conversation with Margaret Atwood About Climate Change, Social Media and World of Warcraft," Huffpost, November 12, 2014, https://www.huffpost.com/entry/margaret–atwood–interview_ n_6141840.

54. See Sam Schechner and Mark Secada, "You Give Apps Sensitive Personal

Information. Then They Tell Facebook," *Wall Street Journal*, February 22, 2019, https://www.wsj.com/articles/you-give-apps-sensitive-personal-information-then-they-tell-facebook-11550851636.

55. Sandy Parakilas, "We Can't Trust Facebook to Regulate Itself," *New York Times*, November 19, 2017, https://www.nytimes.com/2017/11/19/opinion/facebook-regulation-incentive.html?ref=todayspaper.

56. Ibid.

57. Digital, Culture, Media and Sport Committee, "Disinformation and 'Fake News': Final Report," House of Commons, https://publications.parliament.uk/pa/cm201719/cmselect/cmcumeds/1791/1791.pdf; and Graham Kates, "Facebook 'Misled' Parliament on Data Misuse, U.K. Committee Says," CBS News, February 17, 2019, https://www.cbsnews.com/news/facebook-misled-parliament-on-data-misuse-u-k-committee-says/.

58. Discussions of Zuckerberg's obsession with computer code as the solution to all of Facebook's problems can be found in Roger McNamee, *Zucked: Waking Up to the Facebook Catastrophe* (New York: Random House, 2019), 64–65, 159, 193. See also Shoshona Zuboff, *The Age of Surveillance Capitalism: The Fight for a Human Future at the New Frontier of Power* (New York: Public Affairs, 2019), 480–88.

59. Nicholas Carlson, "'Embarrassing and Damaging' Zuckerberg IMs Confirmed by Zuckerberg, The New Yorker," Business Insider, September 13, 2010, https://www.businessinsider.com/embarrassing-and-damaging-zuckerberg-ims-confirmed-by-zuckerberg-the-new-yorker-2010-9.

60. Arthur Koestler, *The Act of Creation* (London: Hutchinson, 1964), 402.

第 13 章　在放松中寻找灵感

1. Jean Kinney, "Grant Wood: He Got His Best Ideas While Milking a Cow," *New York Times*, June 2, 1974, https://www.nytimes.com/1974/06/02/archives/grantwood-he-got-his-best-ideas-while-milking-a-cow-grant-wood-he.html.

2. Amir Muzur, Edward F. Pace-Schott, and J. Allan Hobson, "The Prefrontal Cortex in Sleep," *Trends in Cognitive Sciences* 6, no. 11 (November 2002): 475–81, https://www.researchgate.net/publication/11012150_The_prefrontal_cortex_in_sleep; Matthew Walker, *Why We Sleep: Unlocking the Power of Sleep and Dreams* (New York: Scribner, 2017), 195.

3. Walker, *Why We Sleep*, chap. 11.

4. Matthew P. Walker, Conor Liston, J. Allan Hobson, and Robert Stickgold, "Cognitive Flexibility Across the Sleep–Wake Cycle: REM–Sleep Enhancement of Anagram Problem Solving," *Brain Research* 14, no. 3 (November 2002): 317–24, https://www.ncbi.nlm.nih.gov/pubmed/12421655.

5. Robert Stickgold and Erin Wamsley, "Memory, Sleep, and Dreaming: Experiencing Consolidation," *Journal of Sleep Research* 6, no. 1 (March 1, 2011): 97–108, https://www.ncbi.nlm.nih.gov/pmc/articles/PMC3079906/.

6. Walker, *Why We Sleep*, 219.

7. Tori DeAngelis, "The Dream Canvas: Are Dreams a Muse to the Creative?," *Monitor on Psychology* 34, no. 10 (November 2003): 44, https://www.apa.org/monitor/nov03/canvas.

8. Igor Stravinsky, *Dialogues and a Diary*, edited by Robert Craft (Garden City, NY: Doubleday, 1963), 70.

9. Jay Cridlin, "Fifty Years Ago, the Rolling Stones' Song 'Satisfaction' Was Born in Clearwater," *Tampa Bay Times*, May 3, 2015, https://www.tampabay.com/things-to-do/music/50–years–ago–the–rolling–stones–song–satisfaction–was–born–in–clearwater/2227921/.

10. The concert/interview is available at "Paul McCartney Singing Yesterday at the Library of Congress," YouTube, https://www.youtube.com/watch?v=ieu_5o1LiQQ.

11. Walker, *Why We Sleep*, 202.

12. Quoted in Elliot S. Valenstein, *The War of the Soups and the Sparks*: *The Discovery of Neurotransmitters and the Dispute over How Nerves Communicate* (New York: Columbia University Press, 2005), 58.

13. Leon Watters, quoted in Walter Isaacson, *Albert Einstein: His Life and Universe* (New York: Simon & Schuster, 2007), 436.

14. In 2017, Kip Thorne won the Nobel Prize in Physics, in part for having proved, as part of the LIGO project, Einstein's theory about collapsing black holes to be correct. I don't know how Professor Thorne sleeps, but in an email to me he reminded me of a passage in his 2014 book *The Science of Interstellar* (p. 9), in which he says "my best thinking was in the dead of night. The next morning I would write up my thoughts in a several–paged memo with diagrams and pictures."

15. Jacquelyn Smith, "72% of People Get Their Best Ideas in the Shower—Here's Why," Business Insider, January 14, 2016, https://www.businessinsider.com/why–people–

get–their–best–ideas–in–the–shower–2016–1.

16. Walker, *Why We Sleep*, 208, 223.

17. A. R. Braun, T. J. Balkin, N. J. Wesenten, et al., "Regional Cerebral Blood Flow Throughout the Sleep–Wake Cycle. An H2(15)O PET Study," Brain 120, no. 7 (July 1997): 1173–97, https://www.ncbi.nlm.nih.gov/pubmed/9236630.

18. Quoted in Jagdish Mehra, *Einstein, Hilbert, and the Theory of Gravitation* (Boston: Reidel, 1974), 76.

19. Barry Parker, *Einstein: The Passions of a Scientist* (Amherst, NY: Prometheus Books, 2003), 30.

20. Quoted in Gerald Whitrow, *Einstein: The Man and His Achievement* (New York: Dover Publications, 1967), 21.

21. David Hindley, "Running: An Aid to the Creative Process," *Guardian*, October 30, 2014, https://www.theguardian.com/lifeandstyle/the–running–blog/2014/oct/30/running–writers–block–creative–process.

22. Among these are Marily Oppezzo and Daniel L. Schwarz, "Give Your Ideas Some Legs: The Positive Effect of Walking on Creative Thinking," *Journal of Experimental Psychology: Learning, Memory, and Cognition* 40, no. 4 (2014): 1142–52, https://www.apa.org/pubs/journals/releases/xlm–a0036577.pdf; Lorenza S. Colzato, Ayca Szapora, Justine N. Pannekoek, and Bernhard Hommel, "The Impact of Physical Exercise on Convergent and Divergent Thinking," *Frontiers in Human Neuroscience* 2 (December 2013), https://doi.org/10.3389/fnhum.2013.00824; and Prabha Siddarth, Alison C. Burggren, Harris A. Eyre, et al., "Sedentary Behavior Associated with Reduced Medial Temporal Lobe Thickness in Middle–Aged and Older Adults," *PLOS ONE* (April 12, 2018), http://journals.plos.org/plosone/article?id=10.1371/journal.pone.0195549.

23. Eric Weiner, *The Geography of Genius: A Search for the World's Most Creative Places from Ancient Athens to Silicon Valley* (New York: Simon & Schuster, 2016), 21.

24. Ibid., 21.

25. *Inside Bill's Brain: Decoding Bill Gates*, Netflix, 2019, https://www.netflix.com/watch/80184771?source=35.

26. Henry David Thoreau, journal, August 19, 1851, in *The Portable Thoreau*, edited by Jeffrey S. Cramer, https://www.penguin.com/ajax/books/excerpt/9780143106500.

27. Mason Currey, *Daily Rituals: Women at Work* (New York: Random House, 2019), 52.

28. Daniel Kahneman, *Thinking, Fast and Slow* (New York: Farrar, Straus and Giroux,

2011), 40.

29. W. Bernard Carlson, *Tesla*: *Inventor of the Electrical Age* (Princeton, NJ: Princeton University Press, 2013), 50–51.

30. Nikola Tesla, *My Inventions*, edited by David Major (Middletown, DE: Philovox, 2016), 35. The original German of the poem has been translated by the author.

31. Carlson, *Tesla*, 404.

32. Rebecca Mead, "All About the Hamiltons," *The New Yorker* (February 9, 2015), https://www.newyorker.com/magazine/2015/02/09/hamiltons.

33. Ludwig van Beethoven, letter to Tobias Haslinger, September 10, 1821, in *Beethoven*: *Letters, Journals and Conversations*, edited and translated by Michael Hamburger (Garden City, NY: Doubleday, 1960), 174–75. The autograph letter is preserved in the Beethoven–Haus, Bonn, and the canon carries the Kinsky number WoO 182.

34. Danille Taylor–Guthrie, ed., *Conversations with Toni Morrison* (Jackson: University Press of Mississippi, 2004), 43.

35. Francis Mason, ed., *I Remember Balanchine*: *Recollections of the Ballet Master by Those Who Knew Him* (New York: Doubleday, 1991), 418.

第 14 章　保持极致的专注

1. David Michaelis, *Schulz and Peanuts*: *A Biography* (New York: Harper Perennial, 2007), 370, quoted and condensed in Mason Currey, *Daily Rituals*: *How Artists Work* (New York: Alfred A. Knopf, 2018), 217–18.

2. Françoise Gilot and Carlton Lake, *Life with Picasso* (New York: McGraw–Hill, 1964), 109–10.

3. Fritjof Capra, *The Science of Leonardo* (New York: Random House, 2007), 30.

4. Giorgio Vasari, *The Lives of the Artists*, translated by Julia Conaway Bondanella and Peter Bondanella (Oxford, UK: Oxford University Press, 1991), 290.

5. Jaime Sabartés, *Picasso*: *An Intimate Portrait* (London: W. H. Allen, 1948), 79.

6. Quoted in Barry Parker, *Einstein*: *The Passions of a Scientist* (Amherst, NY: Prometheus Books, 2003), 137.

7. Walter Isaacson, *Einstein*: *His Life and Universe* (New York: Simon & Schuster, 2007), 161.

8. Albert Einstein, *The Complete Papers of Albert Einstein*, vol. 1, xxii, quoted in

ibid., 24.

9. Abraham Pais, *Subtle Is the Lord: The Science and the Life of Albert Einstein* (New York: Oxford University Press, 1982), 454.

10. Author's translation from Joseph Heinze Eibl, "Ein Brief Mozarts ü ber seine Schaffensweise?," *Österreichische Musikzeitschrift* 35 (1980): 586.

11. *Allgemeine musikalische Zeitung* 1 (September 1799): 854–56. This account of Constanze Mozart was repeated by her in Salzburg in 1829; see Vincent and Mary Novello, *A Mozart Pilgrimage: Being the Travel Diaries of Vincent & Mary Novello in the Year 1829*, edited by Nerina Medici di Marignano and Rosemary Hughes (London: Novello, 1955), 112.

12. Humphrey Newton, letter to John Conduitt, January 17, 1728, The Newton Project, http://www.newtonproject.ox.ac.uk/view/texts/normalized/THEM00033.

13. *Let Newton Be!: A New Perspective on his Life and Works*, edited by John Fauvel, Raymond Flood, Michael Shortland, and Robin Wilson (Oxford, UK: Oxford University Press, 1988), 15.

14. Jerry Hanken, "Shulman Wins, but Hess Wows," *Chess Life* (June 2008): 16, 20.

15. For a discussion of memory for chess and memory in general, see William G. Chase and Herbert A. Simon, "The Mind's Eye in Chess," in *Visual Information Processing: Proceedings of the Eighth Annual Carnegie Psychology Symposium on Cognition*, edited by William G. Chase (New York: Academic Press, 1972). For related studies by Simon, Chase, and others, see David Shenk, *The Immortal Game: A History of Chess* (New York: Random House, 2006), 303–4.

16. David Rosand, Meyer Shapiro Professor of Art History, Columbia University, presentation in the Yale "genius course," January 29, 2009.

17. Howard Gardiner, *Creating Minds: An Anatomy of Creativity* (New York: Basic Books, 1993), 148, 157.

18. Elyse Graham, Joyce scholar and professor of modern literature at Stony Brook University, conversation with the author, August 1, 2010.

19. Bloomberg, "Elon Musk: How I Became the Real 'Iron Man,'" https://www.youtube.com/watch?v=mh45igK4Esw, at 3:50.

20. Alan D. Baddeley, *Human Memory*, 2nd ed. (East Essex, UK: Psychology Press, 1997), 24.

21. Giorgio Vasari, *Lives of the Artists*, 1550 edition, quoted in Capra, *The Science of Leonardo*, 25.

22. Rosand, presentation in the Yale "genius course," January 29, 2009.

23. Heidi Godman, "Regular Exercise Changes the Brain to Improve Memory, Thinking Skills," Harvard Health Publishing, April 9, 2018, https://www.health.harvard.edu/blog/regular–exercise–changes–brain–improve–memory–thinking–skills–201404097110.

24. Capra, *The Science of Leonardo*, 20.

25. "The Hawking Paradox," *Horizon*, BBC, 2005, https://www.dailymotion.com/video/x226awj, at 3:00.

26. Dennis Overbye, "Stephen Hawking Taught Us a Lot About How to Live," *New York Times*, March 14, 2018, https://www.nytimes.com/2018/03/14/science/stephen–hawking–life.html.

27. Niall Firth, "Stephen Hawking: I Didn't Learn to Read Until I Was Eight and I Was a Lazy Student," *Daily Mail*, October 23, 2010, http://www.dailymail.co.uk/sciencetech/article–1322807/Stephen–Hawking–I–didnt–learn–read–8–lazy–student.html.

28. Kitty Ferguson, email communication with the author, April 18, 2018.

29. "The Hawking Paradox," at 9:00.

30. *Hawking*, directed by Stephen Finnigan, 2013, YouTube, https://www.youtube.com/watch?v=hi8jMRMsEJo, at 49:00.

31. Kitty Ferguson, quoted in Kristine Larsen, *Stephen Hawking: A Biography* (New York: Greenwood, 2005), 87.

32. *Hawking*, at 49:30.

33. Much of the material in this and the next paragraph was drawn from Mason Currey, *Daily Rituals: How Artists Work* (New York: Random House, 2013); and Currey, Daily Rituals: Women at Work (New York: Random House, 2019). For specific individuals, consult the indices of each.

34. Currey, *Daily Rituals: How Artists Work*, 64.

35. Ibid., 110.

36. Twyla Tharp, *The Creative Habit: Learn It and Use It for Life* (New York: Simon & Schuster, 2003), 14, 237.

37. Isaacson, *Einstein*, 424.

38. Agatha Christie, *An Autobiography* (New York: Dodd, Mead, 1977), quoted in Currey, *Daily Rituals: How Artists Work*, 104.

39. John Updike, interview with the Academy of Achievement, June 12, 2004, quoted in Currey, *Daily Rituals: How Artists Work*, 196.